2018년 지방선거

당선 노하우

2018년 지방선거
당선 노하우

2017년 9월 1일 초판 1쇄 발행
2017년 9월 21일 초판 2쇄 발행
2022년 3월 23일 초판 3쇄 발행

지은이 정창교
펴낸이 조광현
기획편집 김종수 박상혁
디자인 석윤지 이요한
경영기획·마케팅 박주필 김세원
인쇄 한영문화사

펴낸곳 호두나무
출판등록 제313-2009-147호

주소 서울시 영등포구 국회대로 70길 18 1203호(여의도동, 한양빌딩)
대표 전화 02-761-0823
팩스 02-761-0824
전자우편 marsco@hanmail.net

ISBN 979-11-85589-03-9 (03340)

화성그룹 정치총서 3

2018
지방선거

당선
노하우

정창교 지음

후보가 만든
최초의 선거전략서

호두나무

공무원의 '안정'과 민간의 '창의'를 연결하는 가교
관악구의 스티브 잡스, **정창교** 관악구 정책실장

이 사람, 재밌다.

'재밌다'는 표현이 조금 경박스럽지만 그를 설명하기엔 어떤 단어보다 맞춤하다. 유종필 관악구청장은 그를 "영혼이 자유롭고 삶을 즐기는 아이디어맨, 관악구의 스티브 잡스"라고 평했다. 정창교(56) 관악구 정책실장 이야기다.

유 구청장의 말마따나 정 실장은 애플 창업자 스티브 잡스와 많이 닮았다. 우선 생김새가 비슷하다. 잡스와 정 실장의 모습을 비교하면, 그 싱크로율에 웃음을 참기 어렵다. 창의성과 실험정신도 마찬가지다. 2010년 유 구청장이 취임한 후 관악구가 벌인 다양한 혁신과 실험은 대개 그의 손을 거쳤다. 서울시가 2011년부터 시작한 '올해의 자치구 행정 우수사례 발표회'에서 지난해까지 네 차례나 1등을 차지한 정책들이 대표적이다. 다른 구의 처지에선 '배가 아플' 만하다.

– 정책실장이라는 직책이 독특하다. 무슨 업무를 하나?

"전국의 기초자치단체에서 유일한 직함이다. 민간 경험을 구의 창의적인 정책이나 사업에 접목하는 역할을 한다."

2011년 관악구 정책실장으로 오면서 자칭 '어공'(어쩌다 공무원)이 됐지만, 그 이전까지 그는 잘 알려진 중앙정치 전문가이자 정치 컨설턴트였다. 2000년 이후 10년가량을 민주당의 기조국장·정세분석국장, 국회정책연구위원 등으로 일했다. 그사이 전자투표(2000년 8월 당 최고위원 선거), 국민경선제(2002년 대선후보 경선), 모바일 투표(2007년 대선후보 경선) 등 정치제도 혁신과 실험의 아이디어를 냈다.

대학 졸업 뒤인 1980~90년대엔 인천지역에서 노동운동을 하며 세 차례 구속된 전력도 있다. 1988년 이적표현물 소지 등의 혐의로 처음 구속됐을 때, 그를 기소한 이가 초임 검사 시절의 황교안 대통령 권한대행이었다고 한다. 정 실장은 "당시 징역 6월, 집행유예 1년을 선고받았는데, 황 검사가 재판을 끄는 바람에 감옥에서 나온 날이 징역 6개월을 다 채우기 이틀 전이었다"고 기억했다.

– 왜 갑자기 '중앙'에서 '지역'으로 옮겨왔나?

"여의도 정치 생활을 10년 이상 하다 보니 삶이 많이 각박해지더라. 상대를 공격하는 방식으로 생존하는 이분법이 여의도 정치 아닌가. 2010년 지방선거 때 유 구청장을 도운 것이 인연이 됐다."

– 관악구의 혁신이 긍정적인 평가를 받고 있는 것 같다.

"그동안 '작은도서관', '175교육지원', 청년사회적기업 지원, 자원봉사 활성화 사업이 자치구 행정 우수사례로 최우수상을 받았다. 관악구의 모토인 '사람중심 관악특별구'를 현장에서 구현하는 정책들이다. '작은도서관'의 경우, 2010년에 관악구 전체로 5개에 불과했지만 지금은 43개로 늘었다. 도서관 회원도 7만 명에서 15만 명으로 늘었다. '175교육지원'은 방학이나 토·일요일 등 학생들이 학교에 가지 않는 175일 동안에 지자체가 다양한 교육 프로그램을 제공하는 사업이다. 대표적인 게 '청소년 영화 아카데미'다. 이런 사업은 지금도 꾸준하게 진행되고 있다."

– 기존 공무원들과의 화합은 어떤가?

"처음엔 낯선 존재라서 거부감이 없지 않았다. 일을

통해 실질적으로 보탬이 되고, 공무원들을 돕는다는 태도로 임하니 거리가 좁혀지더라. 공무원의 안전성과 민간의 창의성이 결합하는 것이니 바람직한 모델 아닌가. 나처럼 시간임기제 공무원이 된 민간 전문가가 관악구청에만 7~8명 된다."

– '지역정치'나 '지역행정'에서의 지역은 우리 삶에 어떤 의미가 있나?

"우리나라는 너무 중앙 중심적이다. 오죽하면 고 신영복 선생이 '변방이 중심이 될 때 세상이 바뀐다'고 했겠나. 지방은 경쟁이 아니라 협력과 연대, 통합의 공간이다. 여야나 진보·보수의 차이도 크지 않다. 박근혜 대통령 탄핵 국면에서 촛불이 위력을 발휘한 것은 '마을 공동체 사업' 등을 통해 시민들의 공동체성이 강화된 것도 큰 영향을 미쳤다고 생각한다. 지역이 강해지면 내 삶이 바뀐다."

– '중앙정부'와 '지역·지방 정부'의 관계에선 무엇이 달라져야 하나?

"당연히 지역정부에 더 많은 권한이 이양되어야 한다. 우리는 예산·인력에서 중앙이 차지하는 몫이 80%나 되고 지역은 20%에 불과하다. '8 대 2'의 사회다. 선진국은 대개 '5 대 5' 구조다. 자치분권 개헌이 필요한 이유다. 프랑스는 아예 헌법 1조에 '프랑스는 지방분권으로 이루어진다'라고 규정하고 있다. 미국의 경우 선거를 하면 주민들이 뽑는 자리가 60개가량이나 된다. 대통령 후보, 연방 상·하원 의원, 주지사 등은 물론이고 검사, 판사 등 가지가지다. 그만큼 지역 권한이 크다는 얘기다."

– 왜 '관악구의 스티브 잡스로 불리나?'

"2015년 관악책잔치 행사를 열었을 때, 자기가 읽은 책의 주인공 차림을 해서 분위기를 띄우자는 아이디어를 냈다. 그 행사에 잡스 얼굴과 함께 그의 캠페인 슬로건인 'Think Different!'(다르게 생각하라)라는 글귀가 쓰인 티셔츠를 입었다. 그 뒤 그런 별칭이 붙었다."

– 다양한 아이디어는 어디서 나오나?

"막걸리다. 하하, 정확히는 막걸리와 함께 만나는 사람이다. 그다음은 책. 간접적으로 사람을 만나는 거니까."

정 실장은 올해 힘을 쏟고 싶은 사업으로 독서동아리 확충을 꼽았다. 관악구는 5명 이상이 모여 독서동아리를 만든 뒤 신청을 하면 50만원을 지원하고 있다. 이런 동아리가 지난해 말 281개였다. 올해 300개를 넘기는 게 목표라고 한다. 그는 "독서는 품격 있는 마을 공동체 활동이다. 나는 어떻게, 우리는 어떻게 살아야 하나를 고민하게 되고, 이 고민이 지역사회를 긍정적으로 바꾸는 원동력이 된다"고 말했다.

정재권 선임기자 jjk@hani.co.kr

선거는 과학이다

당신의 이상을 실현하고 싶다면, 먼저 당선되어야 한다.

미국 유일의 4선 대통령인 루스벨트가 한 말이다. 루스벨트가 당선되지 않았으면 그의 이상인 뉴딜도 없었을 것이다. 그는 자신의 당선노하우를 이렇게 이야기한다. "당신이 진심으로 믿고 있는 이야기를 하라!" 그렇다. 최고의 선거 전략은 진심이다.

"출마하지 않고 당선된 사람은 없다!" 7번 출마해서 4번이나 낙선한 박우섭 인천 남구청장이 한 말이다. 그는 "떨어질 선거라면 떨어지는 게 예의이다. 낙선이야 말로 최고의 다음 선거운동이다."라는 오뚜기 정신으로 마침내 당선의 영광을 안았다.

웬만하면 출마하지 마라!

이 글을 쓰면서 필자가 직간접으로 참여한 선거를 세어 보니 무려 100번이 넘었다. 그 많은 선거를 치르는 동안 가슴 벅찬 승리도 있었고, 심장을 도려내는 패배의 아픔도 적지 않았다. 그 중 가장 쓰라린 경험은 내가 직접 출마했던 지난 17대 총선이다. 나는 인천 계양구에서 민주당 후보로 나섰다가 말 그대로 쫄딱 망했다. 대통령 탄핵의 후폭풍이 워낙 거셌던 탓이다. 선거에 패배해 본 사람만 그 아픔이 얼마나 크고 강한지 안다.

그래서 필자는 출마를 고민하는 후보들에게 가장 먼저 "웬만하면 출마하지 마라. 잘못하면 나처럼 패가망신한다."고 조언한다. 최선을 다하는 것은 어느 분야에서나 아름다운 일이다. 그러나 선거에서 아름다운 2등이란 없다. 오로지 승자만 있는 살벌한 경쟁이다. 때문에 시작부터 패배의 아픔을 감내할 수 있는 배짱이 필요하다. 선거에서 최선을 다하는 것은 기본이다. 최선을 뛰어 넘는 과감한 도전 정신이 함께해야 선거 자체를 즐길 수 있다. 지금까지의 경험으로 미루어 보건대 선거에서 승리하는 사람은 '천재보다 노력하는 자가 우선'이고, '노력하는 자보다 선거 자체를 즐기는 자가 더 우선'이다. 지금 책을 읽고 있는 후보자들에게 감히 충고하노니 선거를 준비하는 지금의 과정이 즐겁기는커녕 골치만 지끈거린다면 책을 덮고 당장 출마 결심을 접으시라. 차라리 내가 아닌 다른 사람을 돕는 편이 나의 미래는 물론이며 우리 사회를 위해서도 더 좋은 일이다.

선거는 과학이다!

정치 컨설턴트의 아버지로 불리는 조셉 나폴리탄Joseph Napolitan의 말이다. 조셉 나폴리탄은 1968년 프랑스에서 미국식 선거 시스템을 도입해 선거에 승리함으로써 선거 전략이 국경을 가리지 않고 세계 모든 곳에서 통용된다는 사실을 입증한 주인공이다. 이후 그는 세계 최초로 '국제정치 컨설턴트 협회'를 창립했으며, 수많은 선거에 참여하여 유권자에게 효과적인 메시지를 전달하는 방법을 연구해왔다. 선거 전략과 메시지의 달인이라고 할 수 있는 그의 주장은 단순하면서도 명쾌하다.

나라마다 선거 문화가 다르지만 선거 캠페인의 목적은 오직 하나, 유권자가 상대 후보가 아닌 우리 편 후보에게 투표하도록 설득하는 것이며, 성공적인 설득을 위해서는 주먹구구식이 아니라 과학적인 원칙이 필요하다는 것이다. 한국에서는 침대가 과학이라고 우기지만 사실 선거만큼 과학적인 분야는 없다.

내가 처음 선거에 뛰어든 것은 1995년이다. 당시 필자는 택시 노조 사무국장을 하고 있었는데, 그 해 치러진 인천광역시 시의원에 택시 기사 출신의 노조원이 출마를 했다. 난생 처음 선거사무장을 맡았다. 처음 선거를 시작했을 때는 그야말로 거대한 바위 벽 앞에 계란을 든 심정이었다. 표면상 드러난 전력은 시쳇말로 게임이 안 됐다. 상대 후보는 엄청난 재력과 조직을 갖춘 사람이었던 반면 우리 후보는 초등학교도 졸업하지 못한 학력에 돈은 커녕 선거 조직이라는 것조차 없다시피 했기 때문이다. 우리가 가진 무기라고는 일당백의 투철한 용기와 새로운 아이디어뿐이었다. 지성이면 감천이라고 했던가. 우리는 정말 최선을 다했고, 결국 하늘도 감동했는지 기적을 만들어냈다. 그것도 압도적인 승리였다. 첫 선거에서 맛본 짜릿한 승리의 감동이 나를 정치 컨설팅의 세계로 빠져들게 했다. 그 후 각종 지방선거 및 국회의원 선거 그리고 대선 캠프에서 기획 책임자로 활동하면서 다양한 실전 경험을 쌓았다. 그리고 그 과정에서 정치 컨설팅에 대한 이론적 토대를 구축했다. 선거의 경험이 쌓여갈수록 필자는 선거야말로 철저한 과학이라는 사실을 체감했다. 이제 우리 선거도 침대보다는 나아져야 하지 않겠는가.

시간이 돈을 이긴다!

내가 이 책을 쓰게 된 이유는 선거에 관한 각종 이론서는 많지만 후보와 참모들이 당장 실전에 적용할 만한 책은 턱없이 부족했기 때문이다. 미국의 경우, 수많은 선거를 데이터베이스화하여 모범적인 선거 사례나 창의적인 아이디어는 다음 선거에 바로 활용하고 있다. 하지만 한국에서는 이와 같은 지식이 축적되지 못하여 선거를 준비하는 사람들이 항상 처음부터 다시 시작해야 하는 어려움을 안고 있다.

이 책은 2010년 지방선거 1년여 전에 했던 필자의 선거 강의를 토대로 만든《당선 노하우 99》를 기본으로 하고 있다. 당시 선거 강의를 나가면 들려주고 싶은 이야기는 많은데 두어 시간의 강의로는 턱없이 모자라 항상 시간이 아쉬웠다. 그래서 시간 제약 없이 꼭 필요한 노하우만 담아 후보들에게 실질적인 도움을 줄 수 있는 방법을 찾다보니 책까지 쓰게 된 것이다. 당시 출간된《당선 노하우 99》는 필자의 예상을 뛰어넘고 2쇄까지 제작됐으며, 국회도서관 대출 1위를 기록할 만큼 현장에 있는 사람들에게 긍정적인 호응을 얻었다. 최근에도 지방 출장을 가면 필자의 책이 큰 도움이 되었다는 의원들을 만나곤 하는데, 그럴 때마다 큰 보람을 느낀다.

선거 결과는 '구도 60%, 인물 경쟁력 30%, 캠페인 10%'의 함수로 이루어진다. 지역과 정당, 후보의 자질로 90%는 이미 당락이 결정된다는 것이다. 따라서 이 책에서는 10%에 불과한 효과적인 선거운동 방식을 알려줄 뿐이다. 그러나 선거 캠프가 발휘할 수 있는 99%의 노력을 기울인다면, 10% 캠페인의 힘으로도 100% 당선을 거머쥘 수 있다.

한 선거구에서 2~4명을 뽑는 기초의원의 경우 투표율이 50%라면 득표율이 15~25%일 때 무난히 당선될 수 있다. 유권자 10명 중 5명이 투표하고, 그중 한 명만 자신을 찍으면 유효 득표율이 20%가 되는 것이다. 열 명 중 한 명만 잡는 것이 선거 목표가 되면, 캠페인도 단순 명확해진다. 이 책에서는 '돈보다 힘이 센 시간을 어떻게 보내야 할지', '지금 당장 무엇을 해야 하는지'를 설명하려 했다.

이 책이 나오기까지 도움을 주신 비타베아타 출판사(김현종 대표, 전상희 편집자)에 감사를 드린다. 원고를 써놓고도 출판을 망설이던 내게 이 시점에서 꼭 필요한 책이라며 아낌없는 지원을 해주었기에 비로소 빛을 보게 되었다. 그리고 작가이며 선거 메시지 전문가로 문장을 다듬고 책을 더욱 풍성하게 만들어 준 후배 조성만 군과 2006년에 처음 만나 이 책의 초고를 함께 만든, 사실상 이 책의 공동 저자인 후배 김상진, 이응석 군에게도 감사를 표한다. 그리고 유종필 구청장과 태은이 아빠 김종수·김미연 부부, 채현일 보좌관, e원컴 김능구 대표, KSOI 김헌태 전 소장, 한국 매니페스토 실천본부 이광재 사무총장, 리서치뷰 안일원 대표, 장안식, 황호곤, 이규동, 윤상혁, 진병춘에게도 지면을 빌어 고마운 마음을 표현하고 싶다.

마지막으로 100번의 선거 과정에서 당선의 기쁨과 낙선의 아픔을 함께 나누었던 많은 후보들과 참모들에게 고마울 따름이다. 그들과의 애정 어린 교감 덕분에 이 책을 쓸 수 있었다. 특히 '낙선거사'임에도 불구하고 늘 사랑으로 감싸주고 다시 일어설 수 있도록 격려해준 광주와 서천의 부모님 그리고 아내와 하나밖에 없는 딸에게도 진한 사랑을 전한다.

2017년 9월
관악구의 스티브잡스 정창교

목차

Part 03

**Organization
조직**

변화에 걸맞은 새로운 조직이 필요하다

Part 04

Publicity
홍보

미리 준비한 사람이 승리한다

Part 05 스마트할수록 강해진다

**SNS
뉴미디어**

부록　매니페스토 선거홍보물 사례

"선거 캠페인 기획에 너무 이른 것은 없다.
캠페인 자체를 너무 일찍 시작하는 경우는 있으나 이것은 앞의 것과 다른 의미이다.
빠른 기획은 여론 조사를 하고 분석할 충분한 시간적 여유를 주며,
상대 후보를 면밀히 연구하게 해주고 다양한 전략을 논의하고 최고의 전문가들을
선발할 수 있게 하고, 정신적으로 후보자를 무장하게 해준다. 늦게 시작했다고 해서,
해야 하는 것들이 줄어드는 것은 결코 아니다. 다만 시간이 더 줄어들었을 뿐이다."
– '정치 컨설턴트의 아버지', 조셉 나폴리탄의 충고

Part 01

Warm-up
준비

지금 당장
무엇을 해야 하나

일찍 시작하라

출마는 인생의 전환점이 되는 중요한 순간이다. 또한 선거에서 승리한다는 것은 개인과 가족의 명예가 되는 것은 물론이며, 사회 변화를 통해 새로운 역사를 만드는 영광스러운 일이기도 하다. 따라서 출마 여부를 독단적으로 판단하거나 단순한 정치적 야망에 따라 결정해서는 안 된다. 반드시 상황을 잘 아는 주변 사람들과 상의에 상의를 거듭하고 심사숙고해서 결정해야 한다. 특히 가족의 동의 없이는 절대 나서지 마라. 선거운동의 가장 큰 우군은 가족이다. 가족의 전폭적인 지지는 후보자의 사기는 물론이며 캠프 분위기를 좌우할 정도로 중요하다. 하지만 힘들게 결정을 했다고 해서 선거가 바로 시작되는 것은 아니다. 출마의 결심은 선거의 출발일 뿐 정작 해야 할 일은 그때부터 시작된다. 대부분 후보들이 출마 결심을 하고도 허둥대는 이유는 이 때문이다. 도대체 어디서부터 무엇을 시작해야 할지 막막한 것이다. 강의 현장에서 만난 대부분의 후보들이 지금 시기에 가장 많이 하는 질문은 아래와 같다.

"출마를 하려면 선거자금을 마련하고 핵심 참모나 컨설턴트를 고용하고 조직을 만드는 등 해야 할 일이 많다는 것은 알고 있습니다. 그런데 도대체 무엇부터 시작을 해야 합니까? 맨 처음 해야 할 일이 뭡니까?"

그 심정 잘 안다. 지금부터 이 책에서 설명하는 당선 노하우는 선거 출마가 처음인 후보들에게 생생한 사례를 통해, 지금 당장 무엇을 해야 할 것인지에 대한 해답을 줄 것이다. 아울러 현직에 있으면서 다음 선거를 준비하는 후보들에게도 지난 선거를 되돌아보고 자신을 점검하는 기회를 마련해 줄 것이다. 자, 준비들 되셨는가? 그러면 이제부터 필자와 함께 신나는 선거 여행을 떠나 보자!

당선되려면, 출마부터 해라

"출마하지 않고 당선된 사람은 없다."

이 말을 처음 한 사람은 박우섭 인천 남구청장이다. 네 번이나 낙선한 박우섭 후보의 인생 역전이 담긴 표현이라고 하겠다.

후보가 선거 승리라는 최종 목표에 도달하기 위해서는 수많은 난관을 극복해야한다. 그 첫 관문은 우선 자신을 되돌아보고 공직 출마가 자신의 인생과 경력에서 어떤 의미인지를 생각해 보는 일이다. 스스로 선거에 자신이 있고 정신적으로 굳건해야 선거에 뛰어들 수 있다. 단호한 출마 결심이 없으면 유능하고 헌신적인 참모나 지지자들을 얻기 불가능하다. 아무리 참모가 유능하고 헌신적이라도 결국선거는 후보가 하는 것이다.

최종적으로 출마를 결심하기 전에 스스로에게 질문해 보라.

'출마하고 싶은 이유가 무엇인가?', '당선되면 하고 싶은 일이 무엇인가?', '선거운동을 하는데 충분한 시간을 낼 수 있는가?', '출마 시기는 적절한가?', '승산이 있는

'의지의 인물' 박우섭 구청장의 인생 역정

"출마하지 않고 당선된 사람은 없다"

박우섭 구청장은 서울대 72학번으로 이해찬 전 국무총리, 정동영 전 통일부 장관과 절친한 동기로 이 세 사람은 당시 문리대 삼총사로 불렸다. 그는 70~80년대에 민주화운동을 하다가 평화민주당에 입당, 1992년 14대 총선에서 당시 총재였던 김대중 전 대통령으로부터 인천 북구 공천을 내락 받았으나 당시 통합민주당의 이기택 계보에 밀려 출마하지 못했다. 이것이 첫 번째 좌절이었다. 당시 이해찬 의원은 관악구에서 재선했다.

1996년 15대 총선에서는 지역구를 옮겨 인천 남구에 출마했으나 1천여 표차로 아쉽게 낙선했다. 이것이 두 번째 좌절이었다. 당시 이해찬 의원은 3선에 성공했고, 정동영 의원은 전국 최다 득표로 전주에서 당선되었다.

만일 그가 2000년 16대 총선에서 민주당 공천만 받았다면 압도적으로 당선되었을 것이다. 당시 여론조사에서 상대 후보를 10% 이상 앞설 정도로 지역구 관리를 열심히 해왔기 때문이다. 그러나 비주류였던 그는 민주당 공천을 받지 못했다. 그래서 무소속으로 출마했으나

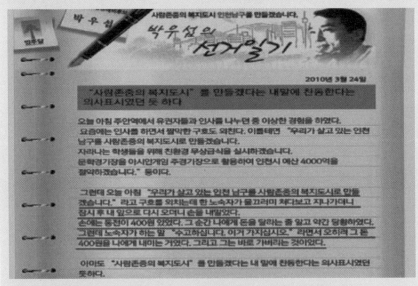

박우섭 구청장이 후보 시절 선거운동을 하며 블로그에 올렸던 선거 일기 중 ⓒ 박우섭

3위로 낙선했다. 이것이 세 번째 좌절이었다. 당시 이해찬 의원은 4선, 정동영 의원은 재선에 성공했다.

2002년에는 급기야 당을 바꿔 한나라당 공천으로 인천 남구청장에 출마, 인천 최다 득표로 당선되었다. 가장 모범적인 구청장으로 평가받았으나 2006년 선거에서는 열린우리당 후보로 출마하여 또다시 낙선의 쓴잔을 맛봐야 했다. 대학 동기인 이해찬 의원이 국무총리까지 지내고, 정동영 의원이 대선 후보까지 출마했던 것과 비교하면 그는 정말로 운이 없는 사람이다. 그래도 박우섭 구청장은 좌절하지 않았다. "출마하지 않고 당선된 사람은 없다" 는 소신으로 재도전하여 2010년에 다시 인천 남구청장으로 당선되었다.

1996년(2위)

2000년(3위)

2002년(1위)

2006년(2위)

2014년 지방선거에서는 같은 당 소속 송영길 시장후보가 인천 남구에서 15,506표를 지는 악조건 속에서도 698(0.41%)표 차이로 신승을 거두어 3선 구청장이 되었다.

7전 4패 3승의 선거 전적을 기록한 그의 소망은 승률을 5할로 올리는 것이라고 한다.

2006년(3위)

2010년(1위)

2014년(1위)

선거인가?', '패배하더라도 감수할 수 있는가?', '충분한 자금은 가지고 있는가?'

이 질문에 스스럼없이 확고한 대답이 나온다면 최종적인 출마 결심은 된 것이라고 볼 수 있다. 그런 사람은 스스로 출마할 준비가 되었다고 판단하고 과감하게 선거에 뛰어들어라. 하지만 머뭇거리고 스스로 생각해도 자신이 없다면 다른 사

미국의 선거 소개

"미국은 일반선거를 통해 뽑힌 공직자가 약 51만3천2백여 명에 달하며(우리나라의 경우 대통령 1명, 국회의원 300명, 단체장 및 지방의원, 교육감 3,952명 등 선출직은 총 4,253명), 4년 주기로 백만 가지 이상의 선거가 실시된다. 정치 컨설턴트의 수는 약 7천여 명이며, 이들은 대통령, 연방 상·하의원, 대도시 시장, 주지사 선거는 물론이고, 주 의회 의원직과 각종 지방선거직에 이르기까지 거의 모든 선거 캠페인에 관여하고 있다. 대체로 1년에 약 5만 건의 선거 캠페인을 전문 정치 컨설턴트들이 관리하거나 지원한다."

– 《선거 캠페인의 CEO, 정치 컨설턴트》중

정치 컨설턴트라는 직업은 미국에서도 일반 국민에게는 상대적으로 낯선 직종이지만 언론이나 정치권에서는 이미 없어서는 안 될 존재로 자리 잡았다. 가장 큰 이유는 미디어 정치의 도래이며, 이와 맞물려 진행된 당파성의 약화와 선거법 개정이 전업 정치 전문가에 대한 의존도를 심화했기 때문이다. 그 시초는 1956년 미국에서 '정치 컨설턴트'라는 명함을 만들어 자신을 소개하기 시작한 조셉 나폴리탄이다. 그는 정치 컨설턴트란 후보자와 유권자가 제대로 소통할 수 있도록 후보자 입장에서 자문을 해주는 사람이라고 말했다.

정치 컨설턴트의 사전적 정의는 '입후보자를 당선시키기 위해 선거에 필요한 모든 사항을 조언하는 사람'이다. 체계적인 선거 전략 수립은 물론 후보의 이미지 제고를 위한 패션과 표정 관리, 말투 등에 관한 연구 및 조언, 다양한 계층의 유권자에 대한 접근법, 연설 문안 작성, 캠페인 등 모든 과정을 치밀한 계획과 여론조사를 통해 수립한다는 점에서 그동안의 '선거꾼'이나 '정치 광고 회사'와는 엄연히 다르다.

람이 출마하도록 양보하고 차라리 그를 도와라.

유권자와 만나기 어려운 우리나라 선거법

현행 선거법은 공식적인 선거운동기간(13일)과 예비후보자 선거운동기간을 제외하고 원천적으로 선거운동을 금지하고 있다. 출마자들은 사실상 예비후보자등록 직후부터 선거운동을 할 수 있다. 그 이전에는 출마예정자가 단순하게 출마 의사를 표현하는 정도 이외에는 할 수 있는 선거운동 방법이 없는 것이 우리나라의 현실이다.

반면 대부분의 선진국은 항시적 선거운동의 자유를 보장하고 있다. 미국의 힐러리 클린턴 전 국무장관의 자서전을 보면, 그녀가 뉴욕 주 상의원 선거 18개월 전에 공식 출마 선언을 하고 지역을 순회하면서 주민들을 자유롭게 만났음을 알 수 있다. 호별 방문을 통해 유권자를 직접 만나는 다운타운 미팅도 수천 회나 개최했다. 이를 통해 후보자는 떳떳하게 자신의 비전을 이야기하고, 유권자는 자신의 요구를 전달하는 상호 소통이 일상적으로 이루어지는 것이다. 이러한 선거 문화는 일상적인 정치 참여로 이어져 미국 민주당의 경우 평상시 자원봉사 당원이 백만 명 정도에 이르고, 후보를 선출하는 예비경선에는 수천만명이 참여한다.

이처럼 평상시에 선거운동이 자유롭게 이루어지는 미국에서는 사전선거운동 단속이라는 개념이 없다. 선거운동은 규제와 단속의 대상이 아니라, 후보의 자유와 창의의 공간이며 유권자에게는 즐거운 축제이기 때문이다.

일제의 잔재가 온존하는 대한민국 선거법

대한민국 선거법에는 부끄럽게도 여전히 일제의 잔재가 남아있다. 미군정 치하에서 치러진 1948년 5월 10일 제헌국회의원 선거(미군정법령 제175호) 때에는 선거운동기간, 방법 등에 대한 규제가 없었다. 그러나 박정희 정권 때 일본의 공직선거법을 바탕으로 선거법을 제정하여 규제 중심의 선거제도가 시작되었고, 이후 집권당의 정권 연장에 유리한 방향으로 개정되었다. 민주화가 진전되면서 1991년 지방자치 부활과 1993년 통합선거법으로 선거운동에 대한 포괄적 제한이 개별적 제한으로 변화하였고, 2004년 20차 개정안에서 예비후보자 등록제도 도입되어 제한적이나마 선거운동의 자유가 확대되었다.

하지만 현행 선거운동 제도는 사전 선거운동 제한, 호별 방문 금지 등 여전히 규제와 단속 중심이다. 특히 인지도가 낮은 정치 신인에게는 절대적으로 불리하다.

정치와 선거를 규제와 단속의 대상으로만 보아서는 안 된다. 정치권에 대한 선

선거 사례　　　05년 충남 아산시 국회의원 재선거

정치신인에게 선거는 무덤이다

중앙선관위 사무총장(장관급)을 지낸 열린우리당 임좌순 후보는 중앙 정치권에서는 유명했지만 지역에서는 낯선 인물이었다. 반면 한나라당 이진구 후보는 30대부터 출마하여 일곱 번째 도전하는, 지역에서는 잘 알려진 인물이었다. 선거 직전에 조사한 지역 인지도는 임좌순 후보 25.3%, 이진구 후보 60.3%였다. 특히 투표참가율이 높았던 40대 이상 중장년층에서는 그 격차가 더욱 컸다. 결국 임 후보는 자신을 제대로 알리지도 못한 채 눈물을 흘리며 선거를 마쳐야 했다. 선거 패배 이후 6월 27일 임좌순 후보는 중앙일보와의 인터뷰에서 "심판일 때는 몰랐는데 직접 출마해서 선수로 뛰어보니 정말 선거법이 문제가 많다", "신인이 법을 지키면서 유권자에게 자신을 알릴 방법이 거의 없더라"고 호소했다. 37년간 선관위에서 일하면서 가장 개혁적이라고 하는 현재의 선거법을 만든 임 후보도 그 덫에 걸린 것이다.

거관리위원회, 검찰 등의 과도한 관료적 통제와 선정적인 언론 보도가 국민의 정치 불신을 가중시키는 악순환을 초래하고 있다. 따라서 선거운동의 정의 규정 등의 삭제 및 선거운동기간 규제 철폐, 선거운동의 주체·기구 및 물건 등에 대한 규제 완화, 선거운동 방법에 대한 규제 폐지 등 선거운동의 자유를 확대하는 방향으로 법 개정이 이루어져야 한다.

선거법 개정이 우선이다

2013년 5월 2일 중앙선관위는 규제 위주의 선거법을 대폭한 손질하는 개정안을 국회에 제출했다.

첫째, 유권자의 선거운동 방법을 확대한다. 유권자가 온라인 뿐만아니라 오프라인, 전화운동 등 말로 하는 선거운동은 언제든지 할 수 있도록 전면 허용한다. 선거기간에는 누구나 표지판, 표찰, 표시물 게시를 허용한다.

둘째, 후보자에 대한 정보 제공을 다양화한다. 후보자의 신상 정보, 선거 공약을 비교할 수 있는 정보를 제공한다. 기존의 대통령과 단체장에게만 의무화했던 매니페스토를 국회의원과 지방의원 후보자에게도 확대한다.

미국은 60개 이상의 사안에 대해 동시 투표

미국의 경우, 한 번 투표할 때 대통령 선거가 있는 해이면 대통령 후보부터 연방 상·하의원, 주지사, 카운티 행정관, 시장, 주·카운티·시 의회 의원, 주·카운티·시의 고위관료, 지방 판사, 검사, 주 교육위원, 주립대학교 이사, 카운티 보안관 등 수십 명 이상에게 투표한다. 여기에 주민발의나 주민투표 법안 안건이 있으면 이것에도 투표한다. 2006년 중간선거의 경우에는 총 60개 이상의 사안(후보 선택, 주민발의 법안 투표를 모두 포함해)에 대해 투표했다.

－《선거 캠페인의 CEO, 정치 컨설턴트》중

셋째, 유권자와 후보자의 쌍방향 의사소통을 활성화한다. 단체나 언론 기관의 초청 대담, 토론을 언제든지 할 수 있도록 한다. 특히 옥내 정책토론을 허용하여 유권자와 만나 정책과 선거 공약을 설명하고, 참석자와 문답할 수 있도록 한다. 이는 사실상 호별방문을 허용하는 것으로 선진국처럼 타운홀 미팅이 가장 중요한 선거운동 방식이 될 것이다.

넷째, 언제라도 예비후보자등록을 할 수 있어 현역과 정치 신인 간의 불평등을 완화한다.

다만 미흡한 부분은 여전히 홍보물의 제한에 대한 내용이다. 예비후보자등록 이후에 직접 배부할 수 있는 것은 명함 한 장(9㎝×5㎝)뿐이다. 그 작은 명함 한 장에 후보의 자질과 능력, 비전과 정책을 어떻게 알릴 수 있겠는가? 최소한 A4 한 장 정도는 허용해서 절반은 정책을 게재토록 하면 어떨까 싶다. 어차피 현역들은 지금도 의정보고서를 제한 없이 배부하고 있지 않은가?

필자는 2004년 총선 출마 당시, 현역이 넘버1, 지구당 위원장이 넘버2, 정치 신인은 넘버3라는 현실의 벽을 절감했다. 그래서 다른 정당의 정치신인과 연대하여 예비 선거운동 제도 도입을 촉구하는 운동을 전개했다. 당시 현역들의 반발로 선거법 개정이 뒤늦게 이루어져 우리들은 혜택을 전혀 받지 못했지만, 그로 인해 정치 신인들이 그나마 선거운동을 해볼 만한 환경을 만들었다고 자부한다.

이제 여러분이 나서야 한다. 자기 선거운동도 중요하지만 공정한 기회의 룰을

선거는 3찍이다
유권자는 후보자를 알아야 찍고, 좋아야 찍고, 투표장에 가야 찍을 수 있다. 이를 인지도, 호감도, 참여도라고 한다. 따라서 선거운동은 후보자가 유권자에게 자신의 이름을 알리고, 좋은 이미지를 남겨야하며, 최종적으로는 자신의 지지자를 투표하도록 하는 것이다.

만드는 것이 더 우선이다. 현역과 도전자가 공정한 경쟁을 통해 정책을 겨룰 때 좋은 당선자가 나올 수 있다. 이것이 바로 새 정치이다.

그래도 '틈새'는 있다

현행 선거법대로라면 출마자는 예비후보자등록 전까지 이런저런 활동에 많은 제약을 받을 수밖에 없다. 하지만 사전 선거운동으로 보지 않는 사례를 잘 연구하면 제한적이지만 출마 예정자의 활동 공간을 다양하게 만들어 낼 수 있다.

선거법에서는 선거운동을 '(자기가) 당선되기 위해서 하는 행위와 (남을) 당선시키거나 낙선시키기 위해서 하는 행위'로 규정하고 있다. 이처럼 당선을 위해서 하는 모든 활동과 낙선을 위해서 하는 모든 활동이 선거운동에 포함된다. 시각을 달리하면 선거운동은 선거법 등 기타 법률에서 제한하는 경우가 아니라면 누구나 할 수 있다. 중요한 것은 그 방법이 선거법을 지키는 범위여야 한다는 것이다. 따라서 우선적으로 선거법에 대해 충분히 알아야 한다.

선거운동에 해당되지 않는 행위

다음은 선거운동이 아닌 대표적인 행위들이다. 일반 국민의 정치활동 영역 속에 있는 것이므로 일상적 사전 선거운동으로 제약해서는 안 되기 때문이다.

1. 선거에 관한 자신의 단순한 의견 발표와 의사 표시를 하는 행위
   - 공직선거 및 당내 경선에 관하여 입후보 예정자나 제3자가 자신의 견해나 전망 및 자신의 진로 등을 개진하는 것은 무방함
2. 각 공천자에 대한 지지·반대 의견을 말하거나 의사 표시를 하는 행위
3. 입후보와 선거운동을 하기 위해 필요한 준비를 하는 행위

- 입후보를 하기 위해서 무소속 출마자의 경우 추천장을 받는 행위
- 가까이에서 선거운동을 도와줄 사람들을 섭외하는 행위
- 사무실을 물색하고 계약하는 행위
- 출마를 준비하기 위해 후보자가 활동하는 행위
- 선거운동을 도와줄 사람들을 교육하거나 업무 분장하는 행위
- 예비후보자 홍보물, 경선후보자 홍보물, 법정 선거 홍보물 등 선전물의 사전 제작 및 준비 행위
- 연설 원고, 자서전, 매니페스토 등의 집필을 의뢰하는 행위
- 거주하는 친척·친지의 집을 방문하여 자신의 출마 의지를 표시하는 행위

선거 관련법을 꼼꼼히 체크하고 대응 시스템을 구축하라

2005년 4월 30일, 충남 아산 국회의원 재선거에서 열린우리당 공천을 받은 이명수 후보는 선거법상 절차를 무시하다가 출마조차 하지 못했다. 그는 선거를 앞두고 자민련 탈당 선언을 했지만, 탈당계를 내지 않아 자민련 당적이 그대로 유지되고 있다는 사실을 잊고 있었던 것이다.

결국 이중당적 논란을 불러일으켜 출마를 포기해야 했다. 선거법상 후보자등록기간에는 당적을 바꿀 수 없다는 규정이 있다. 당연히 경쟁 상대였던 자민련은 이명수 후보의 탈당 증명서를 끊어주지 않았다. 결국 선거도 치러보지도 못한 채 꿈을 접을 수밖에 없었다.

이런 어처구니없는 경우 말고도 후보와 캠프가 반드시 지켜야만 하는 법적 의무는 많다. 후보들은 선거 회계 보고서를 잘 정리하여 보관해야 하는 것은 물론이고, 경우에 따라서는 개인의 수입 명세를 발표해야 하는 경우도 있다. 때문에 선거법을 어기지 않기 위해서는 모든 법적 문제를 담당할 전문가와 선거 회계를 책임질 경험 많은 회계 책임자가 필요하다.

가능하다면 이들을 늘 선거 책임자와 정치 컨설턴트의 곁에 있게 해야 한다. 사소한 법적 문제가 심각하고 난처한 이슈가 된다는 사실을 명심하라. 사소해 보이지만 기본적인 것이 승패를 가늠한다.

4. 통상적으로 하는 정당 활동
- 소속 당원을 대상으로 하는 당원 교육, 연수, 집회 등
- 당원 배가운동 등 정당의 당세 확장을 위한 조직 활동
- 정책의 보급, 선전을 위해 당보를 발간하고 강연회를 개최하는 활동 등

5. 의례적 사교적 행위
- 평소 지면이나 친교가 있는 자에 한해 문자메시지를 발송하는 행위
- 입후보 예정자가 의례적·사교적 행위로서 공적·사교적인 사회적 지위에 따라 행사에 초대받아 참석하거나, 관계있는 기념행사에 참석하여 축사하는 행위

6. 통상적으로 수행하는 직무상·업무상의 행위
- 국회의원, 지방의원, 자치단체장, 기타 공무원 등이 그 직위에 따른 통상적인 직무를 수행하는 행위
- 영업행위 등 사람이 그 생활상의 지위에서 계속·반복의 의사로 종사하는 업무에 의한 행위

예비후보 등록 전까지 해야 할 일

2018년 6월 13일에 치러지는 지방선거 예비후보 등록일은 광역단체장과 교육감 후보는 2월 13일(D-120일), 시장, 구청장, 시의원, 구의원 후보는 3월 2일(D-90일), 군수, 군의원 후보는 4월 1일(D-60일)부터이다.

1. 기획 – 시간이 돈을 이긴다.

출마 준비를 하는 지금부터 예비후보로 등록하기 전까지 날짜를 역산하여 지금

당장 무엇을 준비할 것인지 기획한다. 백문백답 작성으로 자신을 객관화하고, 상대 후보의 약점과 비교한 나의 강점을 찾는다. 선거 지도 활용, 각종 문헌 조사, 현장 방문, 투표구 분석, 여론조사 등을 통해 지역에 대한 공부를 한다. 나는 누구이고, 왜 출마했으며, 무엇을 할 수 있는지 정리한다. 구체적으로 득표 목표를 정하고, 이를 달성할 수 있는 방안을 찾는 것이 선거 전략이다. 이를 문서화한 선거 전략서 작성이 빠르고 정확할수록 과학적인 선거운동을 할 수 있다.

2. 조직 – 가까운 곳부터 챙겨라

핵심 참모 조직을 우선적으로 구축하고, 자원봉사자 조직으로까지 확대한다. 또한 지역 현안을 중심으로 한 이슈 조직을 찾는다. 홍보물 및 전자우편 발송의 타깃 층을 분명히 하고 이들의 명단을 확보하는 노력이 필요하다. 예비홍보물을 보낼 수 있는 1/10세대의 명부를 지금부터 모은다.

3. 홍보 – 준비하고 또 준비하라

홍보를 위하여 언론 기고 및 인터뷰, 보도자료 배포, 인상적인 명함 교부와 명함 받기, 출판기념회 등을 통해 후보자의 인지도와 선호도를 최대한 높힌다. 정책 설문조사를 통해 자신만의 독특한 공약과 매니페스토를 준비한다. 페이스북, 트위터, 인스타그램, 블로그 등 SNS를 활용하여 상시적 선거운동이 가능한 인터넷 공간을 잘 활용한다.

1단계에서 실행하는 기획·홍보·조직 활동의 목표는 2단계 예비후보 등록 이후에 합법적으로 보장된 선거운동을 잘 준비하기 위해서이다. 예비후보자등록 이후 후보의 준비 정도에 따라 선거사무실 개소, 명함배부, 1/10세대에게 예비 홍보물 발송, 전자우편 발송 등 활발한 선거운동을 할 수 있다. 잘 기획된 예비 홍보물을 보낼 데이터베이스가 정확한 후보자는 그만큼 당선 문턱에 가까이 다가선 것이다.

예비홍보물이 왜 중요한가요?

필자는 예비홍보물에 목숨을 걸으라고 조언한다.

선거법 제약 때문에 지금 당장은 출마이야기 조차 제대로 할 수 없는 답답한 심정을 잘 안다. 하지만 지금은 참아라. 그리고 공부하라!

예비후보자가 되면 명함 한 장에 담을 수 없는 "나는 누구인가, 왜 출마했는가, 정책 공약이 무엇인가"를 8P 홍보물에는 충분히 담을 수 있다. 그런데 이 홍보물을 10세대 중에서 한 세대에게만 보낼 수 있다. 대부분의 후보자들은 관할 시, 군, 구청에서 교부받은 세대주 명단으로 한꺼번에 보낸다. 그럴 경우 절반은 투표하지 않을 사람에게, 또 일부는 지지하지 않을 사람에게 전달된다. 정성껏 만든 홍보물이 버려지는 것이다. 제대로 보내면 이 홍보물의 효과는 투표자의 40%에 이른다. 그래서 지금부터 지지자 주소를 모으는 것이 중요한 것이다. 그리고 홍보물을 한꺼번에 보내지 않아도 된다. 명단이 모이는 대로 차근차근 보내도 된다.

다양한 형식의 예비홍보물

예비후보자의 선거운동 방법

구분	세부 사항
선거사무소 (법 제61조)	• 사무소 수: 1개소 • 간판·현판·현수막 첨부: 수량 제한 없음
선거사무관계자 (법 제62조)	• 선거사무장·사무원: 광역단체장(5명), 기초단체장(3명), 지방의원(2명) • 회계책임자: 각 1인
예비후보자 명함 (법 제60조의 3)	• 규격: 9×5 cm 이내 • 명함을 배포할 수 있는 자 – 예비후보자와 수행원 1인, 배우자와 수행원 1인 – 후보자의 직계존비속, 후보자와 함께 다니는 선거사무관계자
예비후보자 홍보물 (법 제60조의 3)	• 종수: 1종 • 수량: 세대수의 1/10 이내 • 면수: 8면 이내 • 자치단체장선거의 경우: 표지를 포함한 전체 면수의 1/2 이상의 면수에 선거공약 및 이에 대한 추진 계획으로 각 사업목표·우선순위·이행절차·이행기간·재원조달방안을 게재하여야 하며, 이를 게재한 면에는 다른 정당이나 후보자가 되려는 자에 관한 사항은 게재할 수 없음
예비후보자 공약집 (법 제60조의 4) 단체장선거의 경우	• 종수: 1종(도서의 형태로 제작) • 규격 및 면수, 작성 수량: 제한 없음 • 예비후보자 홍보에 관한 사항은 전체 면수의 1/10 이내로 게재할 수 있고, 다른 정당이나 후보자가 되려는 자에 관한 사항은 게재할 수 없음
전화·문자메시지 (법 제60조의 3)	• 예비후보자: 전화를 이용한 지지·호소 가능 • 문자메시지 – 자동송신방법으로 총 5회 이내(본선기간 포함) – 휴대폰으로 전송하는 경우 횟수 제한 없음
어깨띠·표지 (법 제60조의 3)	• 예비후보자: '어깨띠' 나 '표지'를 부착하고 선거운동 가능
전자우편 (법 제60조의 3)	• 방법: 예비후보자 홍보에 필요한 사항을 전송 • '선거운동정보' 전송 시 유의사항 준수
홈페이지·블로그 (법 제59조)	• 시기: 자신이 개설한 홈페이지를 통해 언제든지 선거운동이 가능함 • 방법: 입후보 예정자 홍보에 필요한 모든 사항 • 유의사항: 학력은 반드시 '정규 학력'만 게재

Part 02

Planning
기획

시간이
돈을 이긴다

선거는 사주팔자,
운칠기삼이다

2004년 제17대 총선에서 나는 무모한 도전(?)을 감행했다. 아내와 상의도 없이 인천 계양 을 선거구에 민주당 후보로 직접 출마했던 것이다. 나름대로 인천에서 20여 년 동안 노동 운동과 정당 활동을 해온 경험을 믿고 당당하게 출사표를 던진 것이다. 2004년 1월 초에 실시한 후보 지지도 여론조사에서 한나라당 이상권후보는 24%, 현역 의원이었던 열린우리당 송영길후보가 22%, 민주당 후보인 나는 20%의 지지율을 나타냈다. 하지만 이는 내 인물 경쟁력이 뛰어나서가 아니라 당시의 정당 지지도를 반영한 결과였다. 당시 정당 지지도는 한나라당 20.7%, 민주당 17.5%, 열린우리당 16.1%, 민주노동당 3.3%를 기록하고 있었다. 민주당과 열린우리당의 분당으로 인해 지지층이 분산됐던 시점이라 한나라당이 상대적으로 높은 지지율을 보였던 것이다. 어쨌든 출마 당시의 조사 결과는 팽팽한 3강 구도로, 해볼 만한 판세였다.

그런데 시간이 지날수록 내게 불리한 환경이 조성되기 시작했다. 열린우리당은 전당대회를 기점으로 지지도가 상승하는 반면, 민주당은 지도부의 당내 분란으로 점차 지지도가 하락했던 것이다. 정당 지지도가 반영된 내 지지율 역시 점점 떨어지기 시작하더니 2월 말에는 급기야 13%대로 추락했다. 당시의 심정은 기왕 출마했으니 득표율 15%를 넘어서 선거비용이라도 보전 받았으면 좋겠다는 것이었다.

그러나 3월 9일 노무현 전 대통령의 탄핵 사태가 벌어지면서 일말의 기대마저 처참히 무너지고 말았다. 나는 그날도 아무 생각 없이 지역에서 열심히 예비후보자 명함을 돌리고 있었다. 그런데 유권자들이 민주당이 표기된 내 명함을 찢어버리는 것이었다. TV를 보고서야 비로소 탄핵사태가 벌어진 것을 알았다. 후보 개인으로는 어쩔 수 없는 중앙 정치와 선거 구도 앞에 나는 무기력하기 짝이 없는 존재였다. 당시 나의 지지도는 이미 10%대 이하로 추락했다.

현명한 사람이라면, 아니 정상적인 사람이라면 그쯤에서 빨리 출마를 포기하고 손실을 최소화하는 것을 선택했을 것이다. 게다가 나는 민주당 정세분석국장을 지낸 만큼 누구보다도 여론조사 결과를 신뢰하는 사람이다. 하지만 막상 후보가 되고 보니, 객관적인 조사 결과보다는 혹시 앞으로 상황이 바뀌지 않을까 하는 주관적인 착각에 빠지게 되었다. 결국 무모하게 후보 등록을 하고, 선거 전날까지 미친 듯이 뛰어다녔다. 법정 선거비용만 1억 원이 넘는데, 혹시 당선되거나 득표율 15%를 넘겨 선거비용을 보전 받을 수 있으리라 기대하고 라디오 연설 등 할 수 있는 것은 다했다. 선거 3일 전 여론조사에서도 7%대의 지지율이 나왔지만, 마지막까지 최선을 다한다면 그래도 10%는 넘지 않을까 하는 희망을 버리지 않았다. 그러면 1억 원 중 5천만 원은 보전 받을 수 있기 때문이다. 하지만 기적은 일어나지 않았다. 나는 당시 수도권 민주당 후보의 평균 득표율인 6.2%를 득표했다. 후보 개인이 해결할 수 없는 선거 구도를 무시하고, 무모하게 출마한 결과 완전히 패가망신했다.

그 후 송영길후보는 인천시장에도 당선되었고 현재 4선 국회의원이며, 이상권 후보는 2010년 국회의원 보궐선거에 당선되어 2년 동안 국회의원 활동을 했다. 나는 낙선경험을 토대로 선거 컨설턴트로 일하고 있다.

2004년 17대 총선 인천 계양을 선거벽보

선거는 구도 싸움이다

선거에서는 선거 구도가 당락을 좌우한다. 여기에서 말하는 선거 구도란 출마 지역구에서 선거를 둘러싼 정치 환경과 출마자 경쟁 상황 등을 말한다. 호남 지역에서 자유한국당 후보의 당선이 어렵고, 영남 지역에서 민주당 후보의 당선이 기적인 것처럼 지역구의 정당 지지도가 가장 큰 경쟁력을 가진다. 지역 구도는 타파되어야 마땅하지만 엄연한 현실이기도 하다.

비교적 정당 지지도가 경합 지역인 수도권에서는 해당 지역구의 정당 지지층의 결집도와 충성도가 당락을 좌우한다. 정당 지지도와 충성도가 비슷한 경우에는 해당 선거구가 양자 대결인가, 다자 대결인가에 따라 선거 결과가 좌우된다. 구도가 차지하는 비중은 전체 선거에서 60% 이상을 차지할 정도로 압도적이며, 후보자 개인이 넘기 어려운 벽이다.

선거에서 구도가 얼마나 중요한지를 가장 극명하게 보여준 사례는 1987년 대선 당시 민주정의당 노태우 후보의 승리이다. 6·10항쟁의 뜨거운 민주화 열망에도 불구하고 노태우 후보가 불과 36%의 지지로 대통령에 당선될 수 있었던 가장 큰 이유는 지지 기반이 중복되는 평화민주당 김대중 후보와 통일민주당 김영삼 후보의 분열 구도 때문이었다. 마찬가지로 1997년 대선에서는 국민신당 이인제 후보의 출마가 여권표의 분열을 가져왔다. 만약 이인제 후보가 출마하지 않았다면 국민회의 김대중 후보의 당선은 어려웠을 것이다. 거꾸로 당시 이회창 후보가 낙선한 것은 이인제 후보의 출마를 막지 못했기 때문이다.

반집승부처도 많다

후보의 경쟁력과 캠페인 효과

하지만 구도가 다소 불리하더라도 후보자의 자질과 능력이 뛰어나다면 당선 가능성은 높다.

제19대 총선에서 통합진보당 후보로 출마했던 심상정 의원은 경기도 고양시 덕양(갑)에서 전국 최소표 차이로 당선됐다. 심상정 의원은 새누리당 손범규 후보와 금배지를 놓고 대결을 벌였는데, 선거 결과 43,928표를 얻으며 43,758표를 득표한 새누리당 손범규 후보를 170표 차이로 이겼다. 제18대 총선에서 같은 지역에 출마하여 낙선한 심상정 의원은 이후로 절치부심해 지역을 단단히 관리하고 각종 정치적 사건에 대해 지속적으로 발언하면서 전국적 진보 정치인으로 부상했다. 여기에 덕양(갑)지역이 야권 연대 지역으로 분류되면서 단일 후보로 출마한 것이 승리의 가장 큰 요인이 되었다. 하지만 끊임없는 열정으로 지역 민심을 다져놓지 않았다면 쉽지 않았을 승리였다. 심 의원의 노력이 전국 최소 표차 승리라는 결과로 이어진 것이다. 그리고 손범규 후보와 세 번째 대결이었던 20대 총선에서는 여유 있게 승리했다.

	18대	19대	20대
손범규	43.50%	49.18%	36.80%
심상정	37.67%	49.37%	52.97%

"2012년 총선에서 심상정의원, 단일화를 하고도 170표 차이로 간신히 이겼다. 이후 투표소별 득표율을 4년 내내 머릿속에 넣고 다녔다. 이 지역 주민을 만나면 어떤 메시지를 던져야 하나, 이 동네를 위해서 어떤 일을 해야하나, 어떻게 해야 표가 나올까, 농촌지역 어르신들 표는 2표짜리니까, 더 잘하자, 그렇게 생각하고 활동하면서 4년을 심상정과 함께 보냈다. 2016년 심상정득표율 53.5%. 단순히 젊은 사람들이 이사 많이와서 이렇게 받은거 아니다. 70여개소의 투표소 중 3-4개 정도를 빼고 1등 득표였다. 유시민 작가가 장관되었을 때 축하 현수막 하나 걸어주지 않았던 아파트 단지에서도 심상정이 1등을 했다. 개표장에서 옆에 있던 '전' 새누리당 시의원이 "거기에서 우리가 졌다구요? 그럴 리가 없는데" 라는 말을 할 정도였다."

(심상정 후보의 참모 김혜련 고양시의원)

이처럼 구도가 다소 불리하다고 해서 지레 포기할 필요는 없다. 선거의 변수는 항상 있기 마련이다. 중요한 것은 불리한 구도에도 불구하고 어떤 방식으로 후보자의 경쟁력을 높여 유권자에게 다가가느냐이다.

캠페인이란 효율적인 선거운동을 말한다

선거에서 유리한 정치 구도와 후보자의 경쟁력을 단기간에 만드는 것은 어려운 일이다. 하지만 선거 캠페인은 구도나 후보자의 경쟁력과 상관없이 법 테두리 내에서 마음껏 펼칠 수 있다. 일반적으로 캠페인이 선거 결과에 미치는 효과는 실제 득표의 5~10%라고 한다. 효율적이고 과학적인 선거 캠페인으로 얻을 수 있는 득표 효과는 실제 선거에서 승부를 가름하는 결정적 요인이 된다.

다시 말해 뛰어난 선거 캠페인이 곧 승리를 만들 수 있다. 선거는 작은 것에서 출발해 큰 것을 이루는 일이라는 점을 명심하자. 기본에 충실하고 최선을 다하는 것이 왕도이다. 한 표가 모여서 결국 승리를 만들어내는 것이 선거이다.

국회의원 선거 사상 최소 표차는 민주당 문학진 전 의원이다.

문학진 전 의원은 지난 16대 총선 당시 경기도 광주에서 한나라당 박혁규 전 의원에게 3표 차로 패배했다. 법원의 재검표 결과 표차가 2표로 줄어들었으나 승패는 뒤바뀌지 않았다.

2010년 6·2 지방선거에서 최소 득표 차를 보인 곳은 아이러니하게도 서울시장 선거였다. 한나라당 오세훈 후보와 민주당 한명숙 후보가 밤새 0.1~1%의 근소한 차이로 엎치락뒤치락한 결과, 오 후보(47.4%)가 한 후보(46.8%)를 불과 0.6%차로 앞서 서울시장에 당선된 것이다. 당시 한명숙 후보는 당선을 예측하고 광화문에서 이른 승리의 샴페인을 터트렸지만 자정이 넘어가자 승리는 결국 오세훈 후보에게 돌아갔다. 선거에서 천국과 지옥은 단 한 표 차이임을 명심해야 한다. 오늘 내가 만나는 유권자 한 명이 바로 당선을 만드는 주인공이라는 사실을 되새기자.

한 표에 천당과 지옥을 오간 사례

2006년 지방선거에서 충북 충주시의원 가선거구에 출마한 한나라당 곽호종 당선자는 1,459표를 얻어 같은 당의 김원석 후보를 1표차로 따돌리고 시의회에 입성하게 되었다.

곽후보는 4년전인 2002년 지방선거 때는 1,108표를 얻은 김종하 후보에게 단 1표차이로 뒤져 고배를 마신 바 있다. 그는 당선이 확정된 뒤 "표 하나에 천당과 지옥을 오고 갔다." 며 가슴을 쓸어내렸다.

소름돋는 2표차 승리

강구덕 새누리당 후보가 불과 2표 차이로 당선되는 초박빙 승부를 보이며 자신이 출마한 지역을 2014년 6.4지방선거 최대 접전 지역으로 만들었다.

중앙선거관리위원회 5일 "강구덕 서울시의원 후보가 5만8429명이 투표한 금천구 제2선거구 개표결과 2만7202표를 획득해 47.77%의 득표율로 당선했다"고 전하며 "개표 결과 이원기 후보 역시 강 후보와 같이 47.77%의 득표율을 얻은 것으로 집계됐다"고 밝혔다.

이원기 후보와의 득표수는 2만7200표였고 당선자와는 불과 2표 차이였다. 그야말로 초박빙 승부였던 것이다.

캠페인 사례

'도서관'을 콘셉트로 유권자를 공략한 유종필 관악구청장

2010년 지방선거에서 서울 관악구의 민주당 후보로 출마한 유종필 현 관악구청장은 선거운동 당시 기발한 아이디어와 발상의 전환으로 유권자의 눈길을 사로잡는 데 성공했다. 유종필 구청장은 본선거 공보물 첫 면에 인물 사진을 빼고 대신 눈에 띄는 카피를 게재했다. 으레 후보자의 사진만 보아 온 유권자 입장에서는 오히려 신선하게 느껴질 수 있었다. 또한 그는 국회도서관장을 역임한 경력을 특화시켜 선거의 모든 정책과 홍보의 방향을 '도서관'으로 통일해 유권자를 공략했다. 유 구청장이 가지고 있던 노회한 정치인 이미지를 과감하게 벗어 던지고 정책으로 승부를 건 것이다.

출판기념회에 선보인 책도 천편일률적인 자서전이 아닌, 세계 도서관을 둘러보며 보고 배우고 느낀 것들을 기록해 엮은 것이었다. 국회도서관장 당시 발간한 《세계 도서관 기행》은 여느 정치인의 책과 달리 문화관광부 우수 도서로 추천될 만큼 알찬 내용을 담은 책이었다. 관악구의 비전과 미래 발전을 도서관과 연계시켜 학문을 통한 도시 발전의 비전을 제시한 것이다.

관악구는 서울대가 위치하고 있어 학문적 자부심이 강한 지역이다. 유종필 구청장의 경우, 정확한 선거 콘셉트와 일관된 캠페인 전략을 구사함으로써 유권자를 설득한 좋은 사례라고 할 수 있다.

국내뿐 아니라 대만과 일본에서도 번역돼 소개된 유종필 구청장의 저서, 《세계 도서관 기행》 ⓒ유종필

다양한 형태의 연설대담용 차량

잘 잡은 메시지가
당락을 좌우한다

미국 대선 후보의 선거 사무장이었던 스콧 리드는 선거운동은 유권자를 교육시키는 일이라고 정의했다. 즉 선거운동이란 유권자들에게 '나의 후보는 누구인가, 그의 원칙은 무엇인가, 그리고 후보의 목표와 비전은 무엇인가'를 효과적으로 알리는 것이다. 그러기 위해서 후보자와 참모들은 아래의 질문에 명확하게 답변할 수 있어야 한다.

(1) WHO(후보자는 누구인가) – 출신, 연령, 학력, 경력, 업적, 자산, 평판 등
(2) WHY(왜 나왔는가) – 출마의 명분
(3) FOR WHAT(공약) – 무엇을 해줄 수 있는가

위의 질문에 대해 분명하게 규정하는 것이 선거 전략 수립의 첫 출발이다. 후보

는 누구를 만나든지 자신이 누구이며 왜 출마했는지, 무엇을 해줄 수 있는지를 분명하게 밝혀야 유권자를 설득할 수 있다. 나의 가장 큰 강점과 상대의 약점을 누를 수 있는 이유(유권자가 다른 후보가 아닌 당신을 찍어야 할 이유), 그것이 바로 메시지이다. 그리고 그 메시지는 누구나 이해할 수 있는 가장 쉬운 말로 단순화시켜야 한다. 또한 확정된 메시지를 앵무새처럼 반복적이고 지속적으로 말해야 한다. 메시지는 지역 유권자의 정서와 요구에 부합해야 하며 경쟁 후보보다 우위에 있어야 한다. 후보가 선거라는 전쟁에서 싸우기 위해 가장 필요한 무기는 바로 구호, 즉 메시지인 것이다. 선거는 결국 말로 싸우는 것이라는 점을 잊어서는 안 된다. 선거는 메시지 싸움이다.

차별화된 메시지가 필요하다

1997년 대통령 선거 당시 김대중 국민회의 대선 후보가 내건 '준비된 대통령'이란 슬로건은 IMF 상황에서 유권자들의 감성과 요구를 파고든, 잘 만든 메시지였다. 김대중 후보의 약점이었던 대권 4수, 나이 문제 등을 '준비된 후보'라는 이미지로 커버하고, 정치 초년생이었던 이회창 후보에 비해 경험과 경륜을 가진 정치인이라는 강점을 부각시켰다.

2014년 지방선거를 앞두고 현직 단체장에 맞서 출마했던 모 지역의 후보는 지역이 갈수록 낙후되는 것을 지적하며 현직 단체장의 무능을 공격 포인트로 삼았다. 그러나 단체장이 무능해서 지역이 낙후되었다는 주장은 그 후보뿐 아니라 모든 도전자의 출마 이유였다. 그 후보가 다른 사람과 차별화되는 경력은 성공한 경영인 출신이라는 점이었다. 그는 자신의 캐치프레이즈를 "지역 발전, 이제는 유능한 사장이 필요합니다!"로 만들었다.

출마 이유를 간결하고 분명하게 정리하는 것이 선거의 첫 출발이다. 메시지를 만들고 지지자와 유권자에게 제대로 전달하기 위해서는 나와 상대 후보에 대한 비교·분석, 출마 지역에 대한 충분한 이해가 전제되어야 한다. 선거 전략은 현재 선거 상황에 대한 철저한 분석에서부터 시작한다. 주체적 요인이라 할 수 있는 나와 상대 후보의 비교·분석, 객관적 요인인 선거구의 상황에 대한 분석이 우선되어야 한다.

메시지는 단·무·지(단순, 무식, 지속)다

선거는 자신의 출마 이유를 명징한 언어로 단순화시켜 지속적으로 알리는 작업이다. 아무리 선거운동을 열심히 해도 도시의 경우 전체 유권자의 5%도 만나지 못하는 것이 현실이다. 그 5%에게 단순하지만 반복적으로 자신을 알려서 그들이 95%에게 전파하도록 하는 것이 선거이다.

그러나 많은 후보는 반복하는 것을 싫어한다. 새롭고 검증되지 않은 메시지를 시도하고 싶다는 유혹을 떨치지 못한다. 그러나 이러한 달콤한 유혹은 유권자에게 주요 메시지가 효과적으로 전달되지 못하게 만드는 결정적 요인이 된다. 그런 점에서 다음의 말은 참고할 만하다.

"제발 언론에 항상 새로운 기사를 써달라고 하지 마십시오. 현재 효과가 나오고 있는 것을 계속 말하십시오. 사람들이 기억할 때까지 적어도 네 번 이상 반복해야 합니다. 우리 모두는 그 말을 계속해야 합니다. 링컨은 100번 이상 같은 말을 의회에서 반복했습니다."

– 리차드 닉슨, 미국 전 대통령

메시지의 선택은 치밀한 전략이 뒷받침되어야 한다. 듣기에 좋은 말, 멋있는 구

2012년, 2016년 경기도 파주(갑) 선거

윤후덕 후보, "할 일 많은 파주, 일 잘하는 사람"

2012년 민주당 윤후덕 후보는 경기도 파주에서 헌정사상 처음으로 야당 국회의원으로 당선되었다. 파주지역은 2004년 탄핵 열풍이 수도권을 휩쓸 때도 한나라당 후보가 당선될 만큼 보수여당이 철옹성을 쌓아왔다. 1996년 15대 총선 때 신한국당에 공천 신청을 했다가 탈락한 이재창 후보가 자민련으로 당선된 뒤 곧바로 신한국당에 입당한 적이 있지만, 진정한 야권 후보 당선은 이번이 처음이다.

그는 2008년에 떨어질 것이 뻔한 국회의원 선거에 처음으로 도전한다. 노무현 대통령의 말 때문이었다. "부산에서 출마하고 떨어졌는데, 늘 떨어지는 지역에서도 정당을 지키고 민주주의 깃발을 내세워 출마하는 사람이 있어야 한다. 그런 사람들이 있어야 거기서 나온 표와 이긴 지역의 표가 합산돼서 정권을 잡을 수 있는 것 아닌가. 그렇기 때문에 어려운 지역에서, 떨어지는 것이 당연할 수 있는 지역에서 출마하는 사람이 가장 귀중한 사람이다." 그 말을 운명처럼 받아들인 그는 28.73% 득표에 그쳐 상대후보에게 30.24% 차이의 압도적 패배를 당했다.

담담하게 패배를 받아들인 그는 곧바로 2012년 총선을 준비했다. 야당의 지역위원장으로 지역의 가장 큰 현안인 운정3지구 토지보상 문제 해결에 적극 나섰다. 삭발과 10일간의 단식농성까지 벌이는 지독한 투쟁으로 주민들에게 강한 인상을 남겼다. 구제역 사태가 벌어졌을때는 34일간 방역초소 자원봉사를 했고 평소에는 장애인 돕기 봉사활동을 꾸준하게 했다.

그리고 노무현대통령 비서실 정책조정비서관, 정무비서관, 기획조정비서관, 업무조정비서관, 국정과제비서관(1급상당) 등 5개 비서관과 국무총리 비서실장(차관급)을 역임한 경력을 부각시켰다. 이를 바탕으로 일찌감치 "할 일 많은 파주, 일 잘하는 사람"이라는 메시지를 확정하고, 예비후보 등록 직후 대형 현수막을 통해 기선을 제압했다.

한편 30대에 국회의원 보좌관을 시작으로 청와대 비서관까지 역임한 정책통답게 정책공약 준비도 소홀히 하지 않았다. 선거 1년여 전에 관악구의 도서관정책을 벤치마킹하고 영감을

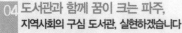

얻어 지역도서관을 찾았다. 교하도서관 '동네책방 리더학교'에 입학해 기초과정, 심화과정을 다 마치고 독서동아리 '책벗'에 가입해 활동했다. 그 경험을 바탕으로 아파트단지 내 작은도서관 지원 확대, 중규모 공공도서관 신축, 책 읽는 파주운동 생활정치 공약을 미리 준비했다.

파주갑은 전통적으로 여당세가 강한 지역이지만 운정·교하 등 새도시 조성으로 외지에서 들어온 인구가 전체 유권자의 70%를 차지하는 지역의 변화도 그에게는 유리한 환경이었다.

상대후보는 새누리당에 전략공천된 SBS 앵커 출신인 정성근 후보였다. 자연스럽게 선거 메시지는 '할 일 많은 파주 국회의원은 일 잘하는 사람이냐, 말 잘하는 사람이냐'의 대결이 되었다. 선거 결과는 15%차이의 승리였다.

메시지는 이처럼 전략적이면서도 유권자의 마음을 움직일 수 있는 분명한 의미를 담아야 한다. 그런 점에서 윤후덕 후보가 구사한 메시지는 선거 메시지의 표본이다.

2016년 총선에서 그와 정성근 후보는 다시 대결하게 된다. "한번 더 부려먹자, 일 잘하는 윤후덕"이라는 일관된 메시지로 이번에는 17%차이로 승리했다.

호는 결코 좋은 메시지가 될 수 없다. 메시지는 생물이다. 메시지가 살아 움직이기 위해서는 선거의 구도와 지역 유권자가 원하는 것이 무엇인지가 반영되어야 한다. 그리고 후보자의 정체성과 이미지에 들어 맞는 메시지를 찾아야 한다. 물론 이처럼 적확한 메시지를 찾아내기란 쉬운 일이 아니다. 때문에 지역 유권자에 대한 심층 그룹 인터뷰와 후보의 자질과 능력을 알 수 있는 PI(Personal Identity, 이미지 구축) 작업이 선행되어져야 한다.

많은 후보들이 메시지를 수시로 변경하는 우를 범한다. 사람들의 이런저런 말에 휩쓸려 하루는 이 메시지, 또 하루는 저 메시지를 그 때 그 때의 상황에 따라 남발하고 만다. 가장 실패하는 메시지가 바로 이처럼 통일되지 않은 '많은 말'이다. 메시지는 일관성을 가져야 하며 단일화되어야 한다.

이때 메시지는 셋보다는 둘이 좋고 둘보다는 하나가 좋다. 선거에서 많은 말은 오히려 독이 된다는 사실을 명심하라. 첫째도 반복, 둘째도 반복, 셋째도 반복이다. 주위에서 "저 사람은 왜 같은 말만 되풀이 하지?" 라는 평가가 들려온다면 만세를 불러도 좋다. 당신의 메시지가 성공하고 있다는 증거이다. 한번 정해진 메시지는 비록 반응이 좋지 않더라도 바꾸지 말고 일관되게 유지하는 것이 훨씬 더 효과적이다.

당신의 메시지는 당신만이 실천할 수 있는 것이어야 한다

지명도를 채 갖추지 못한 정치 신인들에게 공약은 신뢰도를 단시간에 높일 수 있는 좋은 방법 중 하나다. 선거에서 공약만큼 후보자를 알리는데 좋은 무기는 없다. 후보자는 기억하지 못하더라도 공약을 기억하고 있는 경우가 많은 것도 그런 이유이다. 서울시장 후보 이명박의 '청계천 복원'과 대통령 후보 이명박의 '대운하 건설'이 그렇다. 공약은 후보를 돋보이게 할 뿐만 아니라 후보를 기억시키는 좋은 홍보 수단이다.

공약은 신뢰도가 뒷받침될 때 유효한 메시지가 된다. 이명박 후보의 청계천 복원이나 한반도 대운하 건설도 마찬가지다. 공약은 후보자가 살아온 삶이 메시지

　　　　　최문순 강원도지사

접경지대 vs 평화지대

지난 강원도지사 보궐선거에서 민주당 후보로 나온 최문순 현 도지사는 '접경지대'라는 말을 '평화지대'라는 메시지로 변환시켰다. '접경지대'는 군사적 대치를 연상시킨다. 남북 긴장과 갈등은 한나라당에게 유리한 보수 담론이다. 이에 반해 '평화지대'라는 말은 긴장을 완화하고 갈등을 화합으로 만드는 이미지를 가지고 있다. 평화 이미지는 민주당에게 유리한 메시지였다. 최문순 도지사는 자신의 지역적 약점이었던 군사 접경지대에 '평화지대'라는 메시지를 제시하며 일관되게 전파했다. 공약 역시 메시지화하여 '남북 평화공단 조성', '한반도 평화공원 설치' 등 평화의 이미지를 앞세웠다. 그 결과 최문순 후보는 강원도 선거 역사상 처음으로

강원도를 '평화지대'로 바꾸겠다고 메시지를 던진 최문순 도지사의 선거 홍보물 ⓒ최문순

군사 접경지대로 불리던 강원도 최전방인 화천·양구·인제 지역에서 승리하는 쾌거를 달성했다. 뿐만 아니라 철원과 고성에서도 근소한 차로 추격하는 기적을 만들어냈다. 평화 메시지는 민주당의 정체성과 맞았을 뿐만 아니라 남북 갈등으로 인해 중단된 금강산 관광, 전쟁 불안으로 인한 관광객 감소와 군인들의 휴가가 줄어들어서 타격을 입은 지역 경제 등 지역 유권자들의 불만과 요구를 정확하게 파고든 전략적 메시지였다. 이전만 하더라도 군사 접경지대는 한나라당의 철옹성이었다. 접경지대가 아닌 평화지대라는 메시지가 만든 승리였다.

로 재가공되어 전파될 때 극대화될 수 있다. '현대건설 회장'과 '뚝심 있는 CEO'라는 이미지는 이명박 후보의 공약에 신뢰감을 심어줄 수 있었다. 만약 이명박 후보가 '서민대통령'을 외쳤다면 아무런 효과도 보지 못했을 것이다.

　메시지 전략을 수립할 때는 잔재주를 부리기보다는 후보가 발표하는 공약과 정

책이 유권자들에게 어떠한 영향을 미칠 것인지에 대해 철저하게 고민해야 한다. 좋은 전략을 세우려면 몇 달씩 걸리기도 한다. 하지만 시간을 투자하더라도 반드시 좋은 단어를 찾아야 할 만큼 메시지 전략은 중요하다.

전략화된 메시지는 몇 단어로 압축해서 표현할 수 있을 정도로 간단명료해야 한다. 메시지 전략은 기본적으로 대중의 심리, 상대방의 약점과 자신의 장점을 냉철하게 분석하는 접근법을 통해 방향을 세워나가야 한다. 향후 상황을 예측하면서 캠페인을 통해 전달하고자 하는 핵심 메시지와 주제를 반복적으로 강조하는 것이 관건이다. 상대방과 정책 대결을 펼치면서 가장 시급한 문제에 대한 합리적인 해결책을 제시할 수 있는 후보가 선거에서 확실하게 이길 수 있으며, 당선 후에도 뛰어난 업적을 남길 수 있다. 설득력·타당성과 함께 대중의 의사를 반영하는 자세를 갖추는 것이 메시지의 핵심이다.

또한 선거전에 있어서 세부적인 정책 역시 철저하게 메시지화해야 한다. 정책을 유권자에게 얼마만큼 쉽게 알리고 깊이 각인시키느냐에 선거의 성패가 달려 있다. 따라서 어떻게 해야 정책이 유권자의 마음을 쉽게 파고들 수 있는지를 고민해야 한다. 아직 한국의 경우 정책을 메시지화하는 데 실패하고 있다. 정책과 공약을 설명하는 말들이 너무 어려워 유권자가 이해하지 못하는 경우가 많기 때문이다. 아무리 좋은 정책과 공약도 유권자와 시민이 이해하지 못하면 홍보 가치는 없어지고 만다. 다행히 요즘에는 정책 메시지가 쉽고 편한 말로 바뀌는 추세이다.

선거 때 후보는 귀를 달아라!

선거 때 후보는 유권자들의 말에 귀를 열어야 한다. 유권자들의 표심을 정확하게 읽고 판세를 분석하기 위해서는 열린 마음으로 귀를 열어야 한다. 단, 귀는 열어두되 마음의 중심이 흔들려서는 안 된다. 선거기간이 되면 유독 후보자 주변에 많은 훈수꾼이 모이기 마련이다. 그 훈수꾼들은 가족일 수도 있고 친구나 지인 그리고 지역의 명망가들과 또 나름 정치 박사들일 수도 있다. 문제는 이들의 무분별한 훈수가 후보의 마음을 흔들리게 한다는 것이다. 훈수의 특징 중 하나는 판세를 객관적으로 본다는 것이다. 때문에 비교적 정확하고 아픈 지적을 많이 하게 된다. 원래 장기나 바둑에서도 훈수꾼이 훨씬 더 수를 잘 읽는 법이다.

하지만 선거에서 훈수꾼의 훈수는 약이 아닌 독이 되는 경우가 많다. 훈수의 논리는 구경꾼의 논리이다. 구경꾼은 판을 객관적으로 읽는다는 장점은 있지만 지극히 주관적이라는 문제점도 안고 있다. 그러다 보니 훈수꾼들의 주장은 저마다 다르다. 후보가 훈수꾼들의 이야기에 홀리게 되면 선거 전략에 차질을 빚게 된다. 많은 후보들이 선거를 앞두고 마음이 흔들린다. 지푸라기라도 잡고 싶은 심정이기 때문이다. 이런 이유로 훈수꾼의 이야기를 앞세워 선거 캠페인 전체의 전략을 뒤엎어버리는 경우도 흔하게 발생한다. 전략이 흔들리면 캠페인이 흔들린다. 중요한 것은 훈수꾼의 주장이 아무리 그럴싸해 보일지라도 참모들의 생각을 뛰어넘지 못하는 경우가 더 많다는 것이다. 훈수꾼은 옆에서 지켜보지만 참모들은 안팎은 물론이며 전체의 틀 속에서 승리를 목적으로 사고하기 때문이다.

그런 점에서 선거기간 동안, 후보는 귀를 닫아야 한다. 하지만 마음이 급한 나머지 선거 캠페인 기조나 방식 등 매사에 지나치게 간섭하는 후보가 많다. 홍보물 카피에서 일정과 동선, 시시콜콜한 온라인 댓글까지 신경 쓰는 후보도 있다. 후보는 담대해질 필요가 있다. 사소한 결정은 모두 참모들에게 맡겨 두는 편이 훨씬 더 좋다. 선거 경험이 많은 베테랑 참모들이 후보나 훈수꾼의 판단보다 훨씬 정확하게 판단하는 경우가 더 많기 때문이다. 또한 작은 일에 연연해하기보다 큰 틀에서 사고하고 전략적으로 행동해야한다. 물론 그 이전에 믿을 수 있는 참모를 영입하는 것이 가장 중요하다.

메시지 전달 방법도 훈련이 필요하다

후보에게는 각종 정치·사회적 이슈에 대한 입장과 메시지를 개략적으로 담은 다목적 연설문이 필요하다. 연설문은 다양한 계층의 청중과 장소와 상황에 따라 조절될 수 있어야 한다. 대선이나 광역단체장 선거를 제외한 대부분 선거에서는 대규모 청중 앞에서 공식 연설을 할 필요가 거의 없다. 각종 모임에 초대를 받더라도 많아야 수십 명 안팎의 인원을 두고 연설하는 것이 대부분이다.

연설을 잘하기 위해서는 말하고자 하는 요점을 색인 카드나 종이 몇 장에 5~10개 정도의 핵심 문장으로 정리해 적어 놓아라. 후보가 잘 알고 있는 내용이라고 할지라도 요점과 논거가 정확해야 효과적인 연설이 될 수 있다. 반대로 후보가 잘 모르는 내용은 사전에 철저하게 준비해야 짜임새 있는 연설을 할 수 있다. 준비된 요점 연설문은 말하고자 하는 핵심 사항을 모두 말할 수 있도록 해주고, 이미 한 말을 되풀이하지 않게 해준다. 또한 청중의 집중력을 높이고 흥미를 더하기 위해 사용할 수 있는 재미있는 이야기나 일화, 농담, 영감을 주는 인용구 등을 많이 모아 놓아라. 유권자를 감동시키는 효과적인 화법을 구사하기 위해 오랜 준비가 필요하다. 우리가 흔히 아는 많은 명연설가들은 수많은 노력을 통해 명연설가가 되었다.

제2차 세계대전에서 패색이 짙던 영국을 결국 승전국으로 만든 처칠 수상은 원래는 지독하게 연설을 못하는 정치인이었다. 그의 발음은 부정확했으며 묘한 악센트는 듣는 사람의 귀를 거북하게 만들 정도였다. 하지만 이러한 약점을 극복하기 위하여 천천히, 또박또박 발음하는 그의 노력은 모든 국민이 기억하는 처칠식 억양을 만들어 냈다.

명연설과 달변으로 손꼽히는 김대중 전 대통령 역시 10분 연설을 위하여 몇 시간씩 연습했다고 한다. 자신이 연설을 제법 잘한다고 생각하는 후보자도, 대중 연설에 자신이 없는 후보자도 반드시 기억해야 할 일화이다. 노력과 연습은 태산도 감동시킨다.

연설 능력을 향상시키는 최상의 방법은 자신의 연설을 녹음해 듣는 일이다. 연설을 마친 후 집에서 음성 메모를 켜 놓고 좋은 점과 나쁜 점을 적어라. 단지 듣기만 해도 당신이 필요로 하는 영역에 대한 충분한 감각을 갖추게 된다. 특히 선관위 개정안대로 '옥내 정책 토론'이 허용된다면, 연설 능력이 뛰어난 후보에게 크게 유리할 것이다.

10명 중에서
3명만 잡아라

선거 전략을 한마디로 비유하면 '항해하는 배의 나침반'이라고 할 수 있다. 나침반 없는 항해가 위험하듯 선거 전략 없는 선거운동은 패배로 가는 난파선이다. 무조건 유권자만 부지런히 만나는 것이 최고라는 유권자 지상주의, 돈과 조직이면 무조건 이긴다는 조직 지상주의와 같은 낡은 선거 방식으로는 선거에서 승리할 수 없다. 선거 전략을 잘 세우고 준비하는 일은 제대로 된 집을 짓기 위해 기초공사를 튼튼히 하는 일과 같다. 선거 전략이란 '선거 목표를 제시하고, 목표를 달성하기 위한 방향과 내용 및 수단을 결정하는 일'이다. 따라서 선거 전략에는 선거운동을 '일관되게' 관통하는 방향과 예상치 못한 선거 상황에 현명하게 대처하는 '유연성' 그리고 선거의 '특수한 상황'까지 충분히 고려되어야 한다.

득표수는 구체적인 수치로 제시하라

선거 전략에는 승리를 위한 당선 가능 득표수나 득표율이 구체적인 수치로 제시되어야 한다. 선거 목표를 구체적인 득표수로 규정해 두면 어느 지역에서, 어떤 계층에서, 어떠한 이슈로 그 표를 얻을 것인가 하는 문제의식이 생긴다. 선거의 기본 전략이 부정확하게 수립되었을 때는 선거가 뿌리째 흔들려 결국 실패하고 만다. 또 선거 캠페인 전략이 후보자의 선거 자원과 맞지 않게 비효율적으로 세워졌을 때는 결국 실행 불가능한 방안을 제시하게 되고, 이는 실질적인 선거운동이 진행되지 못하게 한다. 따라서 과학적인 선거 전략을 수립하기 위해서는 철저한 조사와 분석, 정치적 식견, 선거 경험, 전문 지식 등이 종합되어야 한다.

만약 예상 투표율이 60%이고, 1:1 양자 구도라면 유권자 10명 중 3명만 확실하게 나를 지지해도 이길 수 있다는 공식이 성립된다. 10명 중 6명만 투표하는 상황에서 그중 3명만 잡으면 득표율이 50%이기 때문이다. 후보자가 전체 유권자를 대상으로 경쟁 후보에 비해 차별적인 우위를 유지한다는 것은 사실상 불가능하다. 유권자의 세분화를 통해 자신에게 특별한 전략을 기획해야 한다. 선거 승리를 위한 한계 표차를 확보할 수 있는 표적 집단을 잘 선정해야 하는 것이다. 선정된 표적 집단에 캠페인과 조직과 자원의 모든 에너지를 집중시키는 것이 선거운동의 핵심이다. 선거운동에서 가장 기본적이고 확실한 전략은 자신의 지지층을 확실하게 지키면서 부동층을 적극 공략하는 일이다. 이 원칙을 기반으로 표적 집단을 선정해야 하며, 표적 집단은 지역·연령·계층으로 나누어 세분화해야 한다.

기초의원은 열 명 중 한 명만 잡으면 당선된다

한 선거구에서 2~4명을 뽑는 기초의원의 경우 투표율이 50%라면 득표율이

15~25%면 무난히 당선될 수 있다. 유권자 10명 중 5명이 투표하고, 그중 한 명만 나를 찍으면 득표율이 20%이다.

열 명 중 한 명만 잡는 것이 선거 목표가 되면 캠페인도 단순하고 명확해진다. 아래 표에서 보듯이 전체 유권자 대비 실제 득표를 분석해 보면, 마지막 당선자는 2인 선거구의 경우 22%, 3인 선거구의 경우 9.4%, 4인 선거구의 경우 6.6% 득표로 당선되었다. 4인 선거구의 경우 유권자 20명 중 한 명만 확실히 나에게 투표하면 당선되는 것이다.

선거는 포기할 줄 아는 것이 용기이다.

10명 중에서 1명만 확실하게 나를 찍으면 당선된다.

그러나 대부분의 후보자들은 9명을 쫓아다니다가 1명 마저 놓친다.

남들처럼 행사장 쫓아다니지 말고, 지금부터 1명을 찾아라.

준비된 후보라면 예비후보 등록이후에도 길거리에서 명함을 뿌릴 필요가 없다.

오라는데 가지 말고, 오지 말라는 데를 찾아라.

2014년 지방선거 선거구별 유효 득표율

2인 선거구: 서대문구

선거인수	투표수	새누리당 차재홍	새정치민주연합 김영미	무소속 설현정
52,193	31,033	11,502 (37.77)	13,302 (43.68)	5,648 (18.54)

→ 2위 당선자인 차재홍 후보의 경우 전체 유권자의 22% 득표

3인 선거구: 송파구

선거인수	투표수	새누리당 김중광	새누리당 전우리	새정치 민주연합 윤영한	새정치 민주연합 노승재	통합 진보당 이진아	정의당 안숙현	무소속 정성일	무소속 이승구
77,789	49,093	14,070 (31.28)	4,343 (9.65)	9,606 (21.36)	7,275 (16.17)	1,420 (3.15)	2,216 (4.92)	4,310 (9.58)	1,728 (3.84)

→ 3위 당선자인 노승재 후보의 경우 전체 유권자의 9.4% 득표

4인 선거구: 광주 서구

선거인수	투표수	새누리당 신금자	새누리당 이형철	새누리당 반대식	새누리당 이태재	새정치 민주연합 김성갑	새정치 민주연합 이오식	통합 진보당 김은동	노동당 유영수	무소속 신기방
66,573	35,594	7,002 (20.22)	4,519 (13.05)	4,363 (12.60)	3,062 (8.84)	5,770 (16.66)	2,232 (6.44)	2,570 (7.42)	3,056 (8.82)	2,052 (5.92)

→ 4위 당선자인 반대식 후보의 경우 전체 유권자의 6.6% 득표

선거 전략 짜기 첫 번째
나는 누구인가?

 선거 전략을 수립하기 위해서는 가장 먼저 '내가 누구인지' 객관화해야한다. 그 첫걸음으로 참모나 선거 전문가와 함께 자신에 대한 백문백답을 작성해보자. 백문백답을 작성해 블로그나 페이스북 등의 SNS에 올리게 되면 유권자에게 좀 더 친근하게 다가갈 수 있고, 전반적인 홍보 콘셉트를 잡는 데도 도움이 된다. 어떤 후보들은 이를 단순한 인터뷰라고 생각해 종종 소홀히 하는 경우가 있는데, 각 영역 별로 꼼꼼하게 기록해 두고 참모진과 공유하는 것이 중요하다. 선거에서 참모는 후보라는 물건을 파는 장사꾼이다. 물건을 잘 팔기 위해서는 상품에 대해 정확히 알아야 한다. 잘 알지도 못하는 물건을 팔 수는 없는 일이다.

나는 누구이고, 여긴 어디인가

구체적으로 개인 신상을 적어보자

(1) 성장 과정, 고향에 대한 기억, 존경하는 선생님
(2) 첫사랑의 추억, 부인과의 연애담
(3) 학창 시절이나 군복무 당시 기억에 남는 일, 부모님에 대한 기억
(4) 아이들 키우는 데 힘든 점, 가정 경제에 관한 것
(5) 취미나 특기, 교우 관계, 이웃과의 친분
(6) 건강 관리법

지역과 정치에 대한 나의 생각을 정리해보자

(1) 지역 현안 및 해결 방안, 지역 발전에 대한 비전
(2) 지역 정책(일자리, 교육 문제, 지역 경제 활성화 방안, 노인 대책, 여성, 육아, 장애인 등)
(3) 지역 봉사 활동 경력과 복지 문제에 대한 소신
(4) 정치 철학
(5) 소속 정당의 정책·정체성 등에 대한 견해
(6) 존경하는 정치인과 이유
(7) 민의 수렴 방법

백문백답을 들고 상담하라

후보자의 백문백답은 선거 전략을 짜는 첫걸음이다. 장점은 물론 약점까지도 솔직하게 작성해야 대책을 세울 수 있다. 환자가 의사에게 자신의 상태를 잘 설명할수록 의사가 정확한 진단과 처방을 내릴 수 있는 것과 마찬가지다. 백문백답을 작성하는 과정에서는 전문가의 상담을 받는 것이 좋다. 전문가와 상담을 통해 지나치기 쉬운 경험들이 새로운 이야깃거리와 장점으로 재구성될 수도 있다.

자신의 이력을 제대로 준비하라

선거를 시작하기 오래 전부터 준비해야 한다. 심지어 몇 년 전에 준비하는 경우도 있다. 학점이 부족해서 대학을 졸업하지 못했다면 출마하기 전에 학교로 돌아가 다시 공부하여 졸업장을 따와야 하고, 교육 분야에 출마하려면 지역의 교육 관련 단체에서 착실히 활동해 이력을 쌓아야 한다.

자신만의 멋진 스토리가 있다면 공직 출마에 커다란 자산이 된다. 오바마 대통령도 자신의 자서전 《담대한 희망》에서 밝혔듯이 그는 인생 역정 자체가 스토리가 되고 감동이 되었기에 당선의 영광을 안았다. 부산에서 수없이 떨어진 '바보 노무현'의 이력이 없었다면, 위기 때마다 당을 구해낸 '선거의 여왕'이라는 이력이 없었다면 노무현도 박근혜도 대통령이 되지 못했을 것이다. 이렇듯 정치인에게 이력은 매우 중요하다. 그러나 살아온 이력이 출중하지 못하다 해서 미리 주눅 들 필요는 없다. 사람에게는 누구나 살아온 삶이 있는 만큼 찬찬히 살펴보면 분명 자신만의 스토리를 찾을 수 있다.

누구보다 성실한 삶을 살았거나 고난과 장벽을 극복한 스토리 하나쯤 없는 사람이 어디있으랴. 영웅이 아니면 어떤가. 어려운 살림 속에서도 꾸준히 불우이웃을 도왔다거나 맨손으로 사업체를 일군 이야기도 썩 괜찮은 스토리다.

존경할 만한, 아니 존경까지는 아니더라도 적어도 흥미로운 스토리가 있는 후보는 유권자의 관심을 받는다. 정치 컨설턴트는 그런 후보를 선호한다. 유권자에게 잘 팔리는 상품이기 때문이다. 자신의 삶에 멋진 스토리가 있다면 선거에 적극적으로 활용하라. 그러나 없더라도 꾸미거나 조작하지는 마라. 자신의 이력을 속이는 것은 크나큰 실수다. 속였다는 사실이 밝혀지면 신뢰성은 곤두박질친다. 당신이 아직 갖추지 못한 업적을 보여주고 싶다면 출마하기 전에 갖춰라. 그리고 출마 후부터 겸손하고 정직하게 당신의 꿈과 포부를 보여주어라. 잊지 말자. 박근혜도, 노무현도 정치 초년병이었다는 사실을. 그들이 큰 정치인이 된 것은 정치 이후에 보여준 정직하고 일관성 있는 정치 행보 때문이다. 선거운동이 바로 미래 당신의 정치 이력서를 만드는 시작임을 잊지 말자.

훌륭한 후보임에도 불구하고 자신의 학력을 속이거나 유명 단체의 회원이라고 거짓말을 했다가 발각되어 이길 수 있는 선거를 망친 경우가 적지 않다. 군대에서 훈장을 받은 이력도 없는데 거짓말을 한 경우도 있고, 사회봉사패를 받지도 않았는데 받았다고 한 경우도 있다. 우선 먹기에는 곶감이 달지만 그 곶감 속에는 독이 숨겨져 있어 언젠가는 치명적인 비수가 된다는 사실을 잊어서는 안 된다.

멋진 스토리가 선거에 상당한 도움을 주는 것은 사실이다. 그러나 결정적인 요소는 아니다. 존경할 만한 이야기나 풍부한 이력이 없다면 이야기할 수 있는 다른 무언가를 찾아라. 선거공보물이나 광고에 이력을 표시할때는 정직하고 정확하게 기재하는 것이 최상의 방법이다.

특히 허위 학력이나 경력 기재는 선거법에서 엄하게 규정하고 있어 설령 당선된다 해도 당선무효에 해당하는 사항이므로 각별히 주의해야 한다. 제17대 총선에서 경기도 성남 수정구의 이상락 후보는 선거에 이기고도 곧바로 사퇴해야만 했다. 허위 학력 기재 때문이었다. 선거법은 실수든 고의든 허위 학력이나 허위 이력 기재를 절대 용납하지 않는다.

선거 전략 짜기 두 번째

나와 맞짱 뜰 사람은 누구인가?

모든 선거에는 상대가 있다. 따라서 나에 대한 객관적인 평가와 동시에 상대 후보를 알아야 한다. 출마가 예상되는 경쟁 후보자에 대한 정보를 수집하고 자신을 객관화하여 비교해 본다. 이 작업을 통해서 향후 상대 후보의 선거 전략을 예측하고 그에 대한 우위를 확보할 수 있는 아이템을 찾아 홍보전에 사용할 수 있도록 준비해야 한다. 그 방법으로 SWOT 분석이 가장 많이 사용된다. SWOT란 장점(Strength)·단점(Weakness)·기회(Opportunity)·위협(Threat) 이 네 가지 단어에서 앞 글자만 모아 만든 조어다. SWOT 분석을 통하면 나와 상대 후보에 대한 보다 근본적인 연구를 체계화할 수 있고, 대응책도 미리 준비할 수 있다. 참모들과 공유하고 사안별 대응 전략과 전술을 구상해 둬야 한다. 선거에서는 크고 작은 변수가 많아 주요 사안에 대한 체크 리스트를 작성하여 대응 방안을 미리 준비해 두면 선거를 주도적으로 이끌어 갈 수 있다.

1. SWOT 분석

(1) 장점, Strength

후보마다 자기만의 강점이 있다. 이것이 득표로 직결되는 경우도 있고, 유권자와 만날 때 그들에게 자연스럽게 나를 각인시킬 수도 있다. 다른 후보와 비교해서 자신만의 강점을 분석하고 승리로 이르게 하는 방법을 모색해본다.

(2) 단점, Weakness

자기에 대한 분석을 철저히 하다 보면 약점도 발견된다. 이에 대한 사전 방어책을 마련하고 상대 후보가 지적하는 경우 즉각적으로 역공을 취할 수 있는 준비가 필요하다.

(3) 기회, Opportunity

선거는 후보 본인의 역량뿐만 아니라 지역 민심의 흐름이나 중앙 정세 등에 따라 당락이 좌우되는 경우가 많다. 각종 최적 변수를 활용하여 선거에서의 승리 가능성을 점검한다.

(4) 위협, Threat

후보의 사정은 본인이 누구보다 더 잘 알고 있다. 위기로 작용할 수 있는 요소들을 파악하여 그 영향을 최소화할 수 있는 방안들을 미리 모색한다.

장점과 단점은 후보가 갖고 있는 내부 요인이고 기회와 위협은 후보를 둘러싼 외부 요인이다. 이것을 가지고 자신과 경쟁 후보를 출신 지역, 연령, 학력, 주요 경력이나 업적, 메시지 등으로 구분하여 분석해 본다. 이 분석표를 통해 경쟁후보와의 비교 우위를 알아보고, 이것이 지역 유권자의 정서와 요구에 맞는지 비교해야 한다. 자신의 비교 우위는 출신 지역이 될 수도 있고 나이가 될 수도 있다. 하지만 대부분은 주요 경력과 주요 업적이 그 사람의 인물 경쟁력을 좌우한다. 지역 여론 조사에서 유권자들이 가장 관심을 갖는 현안이 '지역 경제 활성화'라고 가정할 때 '경제 전문가이면서 성공한 CEO 출신' 후보라면 상당한 비교 우위에 설 수 있을 것이다. 또 그 지역의 최대 이슈가 교육 문제라면, '교육 문제에 대한 전문성과 경륜' 이 후보 경쟁력의 핵심이 될 수 있다.

19대 대선 문재인 후보 SWOT 분석

		외 부	
		기회(Opportunity) 박근혜 대통령 탄핵 민주당의 높은 지지율 한나라당 분당	위협(Threat) 야권 분열 안철수 후보의 부상
내 부	장점(Strength) 국정경험 안정감 있는 이미지	**나라를 나라답게**	**든든한 대통령**
	단점(Weakness) 2012년 대선 패배 정치경험 부족	**준비된 대통령**	

SWOT 분석을 통해 슬로건을 만든다.
후보의 장점과 외부의 기회요인이 만나는
지점에서 메인 슬로건이 도출된다.

ⓒ문재인

선거 전략 짜기 세 번째

우리 동네 제대로 알기

후보자가 자신이 출마할 선거구를 제대로 아는 것은 매우 중요한 일이다. 출마하는 지역 주민의 애로 사항은 무엇인지, 또 발전 비전은 무엇인지를 밝히는 것은 필요를 넘어 후보자의 의무이다. 후보자는 자신만의 장점으로 지역을 위해서 일할 수 있다는 점을 설득력 있게 제시해야 한다. 지역을 이해하는 방법으로는 선거구 지도 활용, 문헌 조사, 지방의회 방청, 현장 방문, 여론조사, 투표구 분석 등이 있다.

선거구를 확실하게 파악하기 위해서는 선거구 전체를 한눈에 바라볼 수 있는 지도(1/50,000)와 함께 부분별로 세밀하게 보여주는 지도(1/5,000)가 필요하다. 특히 세부 지역별 지도에서는 번지수, 동과 투표구의 경계 및 중요 장소(학교, 관공서, 아파트, 사거리 등 유동 인구가 많은 곳, 공장, 교회, 공원, 버스 정류장, 약수터 등)를 한눈에 볼 수 있어야 한다. 지도를 바탕으로 주요 방문지의 동선을 결정하고 본선 유세 일정 등을 미리 짜두는 것이 좋다. 지도는 선거 상황을 신속하고 정확하

1/5,000 지도 붙여놓고 만난 사람 표시

제19대 총선에서 당선된 우원식 의원은 선거 지도를 효과적으로 활용하여 당선된 경우다. 우 의원은 1991년 지방선거를 앞두고 한 달 전에 출마해서 낙선한 이후 1995년에는 서울시의원에 당선되었으나, 이후 구청장 선거에서는 두 차례나 실패했다. 2002년 지방선거에서는 당내 경선에서조차 3위로 떨어졌다. 그 뒤로 2004년 총선을 목표로 체계적인 선거운동을 준비했다. 1/5,000 상세 지도를 사무실에 붙여 놓고 매일 만나는 사람들을 일일이 표시해나갔다. 하루에 10명을 만나면 그 결과를 적극적 지지자, 소극적 지지자, 부동층 등으로 분류하여 기록한 것이다. 한 달 동안 만난 사람이 300명 정도 되는데, 이를 지도에서 보니 특정 지역에 편중되어 있다는 것이 한눈에 들어왔다. 그래서 다른 지역으로 활동 영역을 넓히기 위해 의식적으로 노력을 기울였다. 1년 여의 노력 끝에 제17대 총선에서는 마침내 국회의원에 당선되었다. 제18대 총선에서는 낙선했지만 절치부심 끝에 제19대 총선에서는 재선에 성공했고, 지금은 3선 국회의원으로 집권여당의 원내대표가 되었다.

지도를 효과적으로 이용해 국회의원 재선에 성공한 우원식 의원이 쓴 정책 모음집 표지 ⓒ우원식

게 파악하고 정리하는데 매우 필요하다. 그리고 지금부터라도 그 지도에 매일 자신의 활동 상황을 기록하라. 예를 들어 오늘 하루 10명의 유권자를 만났다면 그들의 주소지에 스티커를 붙이는 식으로 말이다. 이렇게 100일 동안 꾸준히 기록한다면 이론상 1,000명을 만난 셈이 된다. 그리고 만나는 사람들을 효율적으로 관리하기 위한 데이터베이스 구축도 반드시 필요하다.

우선 지역구에 사는 자신의 친인척과 선후배, 동기들의 현황을 일목요연하게 정리해 둔다. 또 친한 정도에 따라 등급을 나눠 분류하고, 앞으로 선거에서 어떤 도움을 받을 수 있는지 인맥 운영에 관한 구상을 해두어야 한다.

문헌 조사

매년 10월 경이면 각 자치단체에서는 행정백서를 만들어 배포한다. 행정백서는 행정 관청에서 쉽게 입수할 수 있다. 백서에는 지역의 연혁, 특성, 전년도 행정 성과 및 다음 연도 업무 계획과 복지, 경제, 문화 등 분야별 행정 자료와 예산 내역 등이 상세하게 기록되어 있다. 그 외에도 <통계연보>, <지역발전계획>, <지역경제 동향> 등을 입수하여 연구해야 한다. 그리고 지역 내 시민단체, 각종 복지시설, 기업 등의 홈페이지를 살펴 현안을 정리하면 지역구 현황을 일목요연하게 알 수 있다.

관악 구정백서

지역 현황에 대한 기초 조사

(1) 인구 및 세대

지역의 총인구와 세대수는 지역 현황 파악에 필요한 가장 기초적인 자료이다.

총인구와 함께 성별 및 연령별 인구수의 파악도 필수적이다. 인구는 지방자치단체의 정책 수립과 행정 집행에서 가장 기초적인 자료로 활용된다.

(2) 경제 및 산업

지역 내 사업체 현황과 제조업 및 농어업 현황, 제조업체 수 등에 관한 기본적인 내용을 파악할 필요가 있다.

(3) 재정

지방자치단체의 예산 규모와 자립도, 지방 재정 운영 등에 관한 현황을 파악하기 위해서는 지역 <통계연보>나 지역별로 경제 분야에 관한 총계 자료를 수록한 <경제백서>와 같은 자료를 참고하면 된다.

(4) 건설 및 지역 개발

지방자치단체는 지역 개발과 관련한 많은 사업을 수행하는 주체이다. 광역자치단체는 도시 계획 사업과 지방도의 신설 및 개수를 시행하고, 하천 관리, 휴양 시설 설치 및 관리, 교통·편의 시설 설치 및 관리 등의 다양한 건설 및 지역 개발 사업을 담당한다. 기초자치단체에서도 해당지역 내에서의 도로 보수 및 유지, 시설 건립 등 여러 가지 건설 사업을 수행하고 있다.

(5) 주민 복지

사회복지는 지역 주민의 생활 환경과 삶의 질을 파악할 수 있는 부문이다. 지역의 사회복지 관련 현황을 파악함으로써 지역 주민의 복지 욕구 및 민원을 숙지하여 선거 공약에 반영할 수 있다.

(6) 교육

교육에 관한 자료는 지역 <통계연보>나 시·도교육청이 발간하는 <교육통계>를 참고하면 된다. 교육 기관은 학교 교육과 같은 정규 교육 기관 외에도 '평생교육법'에 근거하여 평생 교육을 목적으로 인가·등록·신고 된 평생 교육 시설이 있다.

(7) 문화

사회 전반적으로 생활 수준의 향상과 주 5일제 근무의 확산 등으로 지역 주민의 문화 및 여가에 대한 관심과 욕구가 높아지고 있다. 그 결과 지방자치단체가 주관하는 지역 주민의 다양한 문화 욕구를 실현시키고 생활의 질을 높일 수 있는 문화 기반시설 및 문화 관련 프로그램이 증가하고 있다.

(8) 기타

현재 각 지역에서 여성·환경·경제·복지·교육 등 다양한 부분에서 활동하고 있는 시민사회단체들이 있다. 지역에서 활동하고 있는 시민사회단체는 비영리 민간단체로 대부분 지방자치단체에 등록이 되어 있으며, 지방행정 업무 소관 부서에서 단체 등록을 담당하고 있다.

지방자치 행정기관의 업무 추진 현황

(1) 행정기관의 주요 시책

각 지방자치단체에서는 한 해의 업무 계획과 주요 시책에 관한 내용을 공개하고 있다. 지방자치단체별로 <주요업무 실천계획>을 매년 발행하고, 이를 홈페이지에 게시하여 지역 주민이 자유롭게 열람할 수 있게 하는 곳도 있다.

(2) 지방자치단체의 발전 계획

지방자치제 실시 이후 지방자치단체에서는 지역 사회 발전의 마스터플랜을 만들고, 분야별 정책의 기본 틀을 중·장기계획을 통하여 수립하고 추진한다. 따라서 지방자치단체가 수립한 중·장기 발전계획이나 5개년 계획 등과 같은 정책 비전과 내용을 알아둘 필요가 있다.

지역 언론에 정책이 있다

정책 준비를 위해서 무엇을 어떻게 할 것인가? 우선 자치단체에서 만드는 홍보 내용을 잘 살펴봐야 한다. 대부분의 자치단체가 한 달에 한번이나 두 번, 정기적으로 발송하는 지역 사정에 대한 뉴스레터나 지역 신문과 방송을 참고하면 좋다. 시민 신문이나 시민 뉴스라는 다양한 형태들도 있으니 알아두어야 한다. 특히 대부분 지역마다 케이블 TV가 있어 그 지역 뉴스를 방영하므로 케이블 TV도 시간을 내서 봐야 한다. 적어도 선거를 준비하고 있는 사람은 뭔가 달라야 후보가 되지 시민과 똑같다면 후보를 할 이유가 없다.

그리고 현재 지역 내에서 이슈가 되는 일들이 무엇인지 알아야 주민들의 애로 사항을 이해할 수 있다. 뉴스만 들어서 감이 잡히지 않는다면 지역의원들에게 자문해도 되고, 아는 공무원을 찾아가 지역 이슈의 핵심이 무엇이며 어떻게 진행되고 해결 방안으로 무엇을 해야 하는지 파고드는 것도 방법이다. 그렇게 해야 자신만의 정책이 개발되고 만들어진다. 살아 있는 지역 정책은 막연한 상상만으로 그려지지 않는다. 시간을 투자하여 준비하고 노력해야 한다. 그리고 시·도에서 나오는 신문 하나는 지속적으로 읽어야 한다. 중앙지는 지역 기사를 잘 다루지 않기 때문이다. 일부러 시간을 내서 읽지 않으면 지역에서 무슨 일이 벌어지고 있는지 알 수가 없다.

백문이 불여일견

서류 검토를 주로 하는 문헌 조사에 비해 생생한 현장 조사를 할 수 있는 곳이 바로 지방의회다. 현재 지역 사회의 현안이 무엇인지를 파악할 수 있다. 의회에서 다루어진 안건과 처리 과정에 대하여 살펴봄으로써 지역 주민의 요구와 지역 현안을 파악하는 데 큰 도움이 된다. 지방 의회에서 진행·처리되는 모든 회의 자료는 특별한 경우를 제외하고는 법적으로 모두 공개하도록 되어 있다. 따라서 회기 동안 이루어진 안건 처리 결과와 회의 자료는 지방의회 홈페이지에서 열람이 가능하다. 또 <의정백서>나 회의(의정) 운영보고서 등을 참고하면 이해하기 쉽다.

또한 지방의회에서 제정한 조례 및 규정들도 지방의회의 운영과 지역 행정 등을 파악하기 위한 기초 자료로 살펴보아야 한다. 지난 지방선거에 처음 출마했던 한 여성 후보는 당선 소감에서 지방의회 방청 경험이 커다란 자신감을 주었다고 고백했다. "지방의회 방청을 하면서 정치에 대한 불신이 사라지고 정치가 생활의

문상필 광주광역시의원 인터뷰
문)시의원에 입후보하기 위해 어떤 준비를 했나요?
답)5대 의회 시의원들이 의정활동은 어땠는지, 어떤 조례를 발의했고, 행정사무감사는 무슨 내용을 하고 시정질의는 뭘 했는지, 어떤 중요한 현안이 있었으며 어떤 조치들과 입장을 취했는지 등을 회의록을 읽어보고 언론보도를 찾아보면서 전반적인 파악과 분석을 했습니다. 그리고 시민들은 5대 의회를 어떻게 생각하는지도 파악해보고, 그럼 왜 문상필이는 시의원을 하려고 하는지에 대해서도 고민을 합니다. 제가 자신하건데 그 어떤 시의원도 저처럼 공부하고 준비하지 않았을 것입니다.

문제라고 느꼈어요. 그리고 실제 의원들이 회의하는 모습을 보면서 나도 저 정도면 되겠다, 아니 저보다 더 잘할 수 있겠다는 자신감을 얻었어요."

아울러 혼자 방청하는 것보다 지역 시민단체인 '의정감시단'에 가입하여 함께 방청하는 것이 훨씬 효과가 크다. 그리고 방청 후 소감이나 문제점을 자신의 블로그 등을 통해 꾸준하게 정리해두고 지역 신문 등에 기고한다면 자연스럽게 후보의 인지도와 선호도를 높이는 효과를 거둘 수 있다. 특히 도전자라면 경쟁자인 현직 단체장 및 지방의원의 발언록을 집중적으로 연구해서 상대방의 강점과 단점을 철저하게 분석해 자신만의 대안을 마련해야 한다.

투표구 지도를 활용하면 캠페인 효율성이 극대화된다

투표구는 선거의 가장 최소 지역단위이다.

투표구는 1일 투표 시간 내에 투표가 가능한 적정한 인구규모, 투표를 하기 위해 이동하는 거리와 편의성 등을 고려하여 시군구 선관위가 매 선거 때마다 획정하여 선거일 전 23일까지 공고한다.

지난 제19대 대선에서는 전국에 13,964개의 투표구가 있었다. 전국 평균으로 따지면 1개 읍면동은 4개의 투표구로 구성되어 있고, 1개 투표구의 선거인은 3,042명이다. 도시화로 인해 인구가 밀집한 수도권 및 광역시 선거구는 읍면동의 67.5%가 평균 3~6개의 투표구를 가지는데 비해, 인구가 적고 면적은 넓은 도 지역은 읍면의 53.1%가 1~2개의 투표구로 구성된다.

투표구를 이해해야 지역의 속사정을 알 수 있다

후보자에게 투표구가 중요한 이유는 우선 과거 선거결과를 디테일하게 파악할 수 있기 때문이다. 아쉽게도 전국동시지방선거는 공직선거법 제216조(4개 이상 선거의 동시실시에 관한 특례)에 개표진행 및 결과공표를 읍면동 단위로 할 수 있도록 규정되어 있어서, 대부분 지역 선관위는 개표 시간 지연 등의 이유로 읍면동 단위로 묶어서 개표를 해 투표구별 선거결과를 얻을 수 없다. 하지만 과거 선거에서의 정당 기반 지지세 추이는 앞으로도 유지될 가능성이 크므로 지방선거에서도 총선과 대선 선거 결과는 지역의 정치·선거 지형을 파악할 수 있는 가장 유용한 데이터이다.

여기에 더해 연령을 비롯한 학력, 직업, 주택·주거 형태 등 투표구에 거주하는 유권자의 인구사회적 특징까지 파악한다면 어떤 연유로 선거결과가 나왔는지 상관관계를 유추할 수 있다. 그리고, 후보자의 세부적인 홍보 컨셉과 정책의 방향, 방문 일정 수립과 역량을 집중해야 할 곳, 그렇지 않은 곳의 우선 순위 등을 정하는데 큰 도움이 된다.

무엇보다 실제 선거현장에서는 읍면동 단위 보다 더욱 세분화된 투표구 단위의 선거운동이 필요하다. 전국의 자치구·시·군은 평균 15.6개의 읍면동으로 구성되어 있는데, 1개 읍면동의 평균 선거인 수는 12,061명이다. 대도시만을 놓고 보면 1개 동의 선거인수는 보통 수만 명에 달한다.

즉, 현실적으로 수만 명에 달하는 지역을 하나의 단일한 대상과 기준을 가지고 상대하기에는 너무 크다. 투표구에 대한 이해와 정보가 있으면 읍면동 내부의 속사정을 정확히 알 수 있고, 투표구 특성에 맞는 차별화된 선거 캠페인을 전개할 수 있다. 읍면동은 하나이지만 투표구 단위까지 들어가 보면 동네마다 골목마다 아파트 단지마다 분위기와 온도 차가 확연하다. 전국의 선거결과를 분석해 보면 후보자가 이기거나 패배한 표의 차이는 대부분 5~10개 정도의 투표구가 결정적인 기여를 한다. 이점이 바로 후보자가 투표구에 대해 반드시 알아야할 이유이다.

투표구 지도를 그리면 선거운동의 길이 보인다

투표구의 중요성, 역대 선거결과와 인구사회 정보를 결합하면 투표구의 사정을 상세하게 이해할 수 있다는 점을 알았다면 이제 투표구 지도를 그려야 한다.

투표구의 각종 통계 정보와 함께 정확하게 그려진 투표구 구역 지도가 있으면 조직, 홍보, 유세 등 다양한 선거운동 분야에서 활용할 수 있다. 투표구 지도는 한 번 보고 마는 자료가 아니라 선거의 처음부터 마지막까지 늘 옆에 두고 참고할 수 있는 선거운동 안내서와 같은 역할을 한다.

특히, 지역을 잘 모르거나 선거운동을 어디서부터 시작해야 할지 감을 못 잡는 정치신인에게는 꼭 필요할 뿐 아니라, 적재적소에 선거운동 자원을 투입해 시간과 역량의 낭비를 최소화할 수 있어 예비후보 선거운동 시기부터 활용하면 남들보다 한발 앞선 선거운동을 전개할 수 있다.

그런데, 투표구 지도를 그리는 방법과 인구사회 특성을 파악하는 방법이 그리 쉽지만은 않은 일이다. 투표구 지도는 선관위가 제공하는 투표구 구역정보와 자치단체가 제공하는 지번 정보 등을 결합하여 후보자가 직접 그려야 하기 때문이다. 지도를 완성한다면 세상에 단 하나만 존재하는 나만의 지도가 된다. 그만큼 제작에 시간도 오래 걸리고 경험과 기술적인 부분이 부족하면 자칫 정밀도와 활용도가 낮은 지도를 작성하게 된다.

인구사회 특성 자료도 통계청의 각종 통계 데이터를 활용해야 하는데, 이 또한 쉬운 일이 아니다. 통계 데이터를 각각의 투표구 구역에 맞게 재가공하는 일이 전문가가 아니면 어렵기 때문이다. 통계 데이터 활용 능력과 투표구 구역에 대한 정확한 이해가 없으면 사실상 불가능한 일이다.

tip

우리리서치의 「통계·지도로 보는 투표구 가이드 북」

지금까지 설명한 투표구 지도의 효용성에 동감은 하지만, 직접 제작하기 어려운 상황이라면 아예 전문 회사의 도움을 받는 것이 낫다. 우리리서치의 경우, 2010년 지방선거부터 선거현장

의 요구에 부응해 투표구 지도와 통계 데이터를 결합한 선거구 환경 분석 서비스를 제공하고 있다. 지난 제20대 총선에서는 전국 선거구의 20%에 해당하는 지역의 투표구 환경분석 서비스를 제공했다. 정밀한 투표구별 지도와 함께 역대 선거결과 및 인구센서스 통계 데이터를 결합한 「선거캠페인을 위한 투표구 선거환경 분석」, 「통계와 지도로 보는 투표구 가이드 북」에는 후보자가 처할 수 있는 여러 가지 선거 상황에 맞는 투표구별 선거운동 아이디어까지 담겨 있어 활용도가 크다.

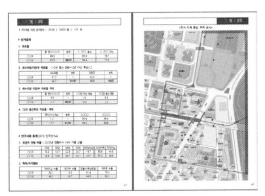

여론조사

출마를 결정하기 위한 사전 여론조사는 선거 전략을 객관적으로 수립하는 데

큰 도움을 준다. 유권자의 특성, 성향 및 과거 투표 행태, 이상적인 후보 이미지 및 유력 후보들의 이미지에 대한 분석을 통해 자신의 표적 대상을 설정할 수 있다. 이와 같은 객관적인 조사가 제대로 이루어질수록 훌륭한 선거 전략서가 나온다. 조사 방법으로는 ARS(자동 응답 시스템), 전화 면접, 대인 면접, 심층 면접, 우편 조사 등의 방법이 있다. 우리나라 선거에서 여론조사가 본격적으로 도입된 것은 1987년 대선부터이다.

그러나 근래 들어서는 여론조사의 정확성이 떨어지고 있는 추세이다. 제한적 샘플에 반복되는 조사로 인한 응답자의 피로, 연령층에 대한 객관적 검증의 부재, 정치 성향을 드러내지 않으려는 응답자의 심리 등이 중첩되고 있기 때문이다. 이러한 문제점을 해결하기 위해 새로운RDD(Random Digit Dialing, 전화번호부 미등재 가구 포함 임의 걸기) 방식이 도입되고 있다. 객관적이고 정확한 여론을 살피기 위해서는 검증된 업체를 선정하는 것도 매우 중요한 일이다. 한편 여론조사를 실시할 때 객관적이고 중립적인 조사가 아니라 인지도를 높이기 위한 방편 등으로 사용할 경우 조사 결과가 왜곡될 뿐 아니라 선거법 위반 소지도 있음을 유의해야 한다. 따라서 설문지를 만드는 과정에서부터 여론조사 전문가의 조언을 받는 것이 바람직하다.

여론조사에서 신뢰수준과 표본오차는 무슨 말인가?

여론조사 보도에서 전국의 성인남녀 1,000명을 대상으로 했을 경우 95% 신뢰수준에 표본오차는 ±3.1%라고 한다. 신뢰수준은 여론조사 결과가 어느 정도의 신빙성을 가지고 있는가를 수치로 나타낸 것이다. 가령 신뢰수준 95%라는 조사 결과가 나오면 같은 조사를 100번 실행했을 때 95번의 같은 결과가 나오는 것을 신뢰수준 95%라고 한다. 표본오차는 똑같은 표본 추출 과정을 거쳐 동일한 면접원, 동일한 질문지를 사용한다고 가정할 때, 같은 시간에 100번 조사할 경우 95번은 그 범위 내에서 같은 결과(응답률)를 얻을 수 있는 허용 한계를 말한다. 가령 어떤 설문조사에서 A당 후보의 지지도가 35%, B당 후보의 지지도가 30%라면 똑같은 조사를 100번 하더라도 그중 95번의 조사에서는 A당 후보는 35%의 ±3.1%인 31.9%에서 38.1% 사이의 지지도이며, B당 후보는 26.9%에서 33.1% 사이의 지지도를 나타낸다는 것을 의미한다.

선거 전략을
문서화하라

문서화되지 않은 전략은 아무런 의미가 없다

선거 전략서를 작성하려면 앞서 설명한 여러 자료들이 바탕이 된 전문적인 결론이 도출되어야 한다. 그러기 위해서는 출마를 목표하는 선거구의 현황과 특성, 나와 경쟁 후보에 대한 분석 등을 통해 당선을 위해 어느 정도 득표를 해야 하는지, 그리고 득표를 위한 지역별, 계층별 공략방안은 무엇인지 등을 문서화해야 한다. 선거운동에 있어서 나침반 역할을 할 선거 전략서가 있어야 후보자와 참모는 방향을 잡고 과학적인 선거운동을 할 수 있다.

지역과 후보에 대한 공부가 잘되어 있을수록 제대로 된 전략서를 만들 수 있다. 선거 전략서를 너무 어렵게 생각할 필요는 없다. 초기에는 다소 어설프더라도 지속적인 조사와 분석을 통해 보완해 나가면 된다.

정치 컨설턴트의 아버지인 조셉 나폴리탄도 "올바른 전략은 그저 그런 캠페인을 할 수 있지만, 아무리 훌륭한 캠페인일지라도 전략이 잘못되면 실패할 가능성이 높다. 전략은 반드시 캠페인에 맞게 접목되어야 한다"고 말했다. 또한 "만약 전략이 문서화되어 있지 않다면 그것은 전략이 없다는 뜻"이라며 선거 전략서의 중요성을 강조한 바 있다.

Sample 선거전략기획서의 구성(예)

이번 선거의 성격
 - 현재의 정세　　　　　 - 최근 선거 평가

주요 변수
 - 여당의 대응　　　　　 - 야당의 대응 및 야권 통합
 - 시민단체 및 제3세력　 - 유권자의 흐름

지역 분석
 - 지역 환경　　　　　 - 역대 선거결과 분석　　　 - 여론조사 분석

경쟁후보 분석
 - 여권의 경쟁후보 분석(경쟁후보 SWOT 분석)
 - 야권의 경쟁후보 분석(경쟁후보 SWOT 분석)

후보 분석
 - 후보의 이미지 및 콘셉트　 - 후보 SWOT 분석　　　 - 후보의 포지셔닝

공천 전략
 - 경쟁 현황　　　　　 - 예상 공천방식
 - 여론조사 경선, 선거인단 선거 대응전략

선거 전략
 - 조직　　　　　 - 홍보(스토리, 메시지, 공보, 온라인 등)
 - 캠페인

PI 전략
 - 중앙정치인 이미지 메이킹 - 지역 이슈 및 공약

메시지 키워드
 - 캐치프레이즈

tip

당선자의 공통점

· 즐기는 자를 당할 후보는 없다

공자는 논어에서 '아는 사람은 좋아하는 사람만 못하고, 좋아하는 사람은 즐기는 사람만 못하다(知之者 不如好之者 好之者 不如樂之者)'라는 격언을 남긴 바 있다.

'천재는 노력하는 사람을 이길 수 없고, 노력하는 사람은 즐기는 사람을 이기지 못한다'는 것이다. 선거도 마찬가지이다. 선거에 대해 박학다식한 사람이나 선거를 좋아하는 사람보다 선거 그 자체를 즐거워하는 사람을 당할 사람은 없다. 후보자가 선거운동을 즐겁게 하면 선거운동원도 신명이 난다.

· 수신제가치국평천하(修身齊家治國平天下)

선거 조직의 기본 원리는 자신의 의지를 가장 가까운 사람에게 동의 받는 과정에서 부터 시작한다. 자신의 출마 의지에 가장 먼저 배우자가 전폭적으로 동의해야 한다. 그리고 부모와 자녀 등 가족이 이해해주어야 한다. 한 후보는 옥중 출마를 했음에도 불구하고 부인과 자녀가 흰옷을 입고 눈물로 선거운동을 하는 바람에 당선되기도 했다.

낙선자의 공통점

· 출마의 이유가 분명하지 못하고 장황하다

유권자의 눈높이에 맞춘 '출마의 변'을 30초 이내에 설명하지 못한다. 낙선자는 자신의 출마의 이유를 구구절절 설명만 하다가 선거가 끝난다. 자신뿐 아니라 배우자 그리고 선거 핵심 참모들도 도대체 왜 출마했는지 이해하지 못하는 상황이 마지막까지 지속된다.

· 사전에 철저한 계획을 세우지 않고 선거에 임한다

선거 전략 없이 주먹구구식으로 선거운동을 전개한다. 다른 후보와 별다른 차별성없이 허겁지겁 사람을 만나느라 허둥대고 차분하게 선거 전략을 세우지 못한다. 선거 전략 수립을 위해 각종 문헌 조사와 여론조사 등을 소홀히 하고, 상대 후보와의 차별성을 고민하지 않고 사람이 많은 곳만 쫓아다닌다. 한마디로 표를 쫓아다니기만 하지 주워 담지를 못한다.

· 참모나 선거 전문가의 조언을 귀담아 듣지 않고 독단적으로 결정한다

선거 상황을 가장 잘 아는 사람은 자신이라고 확신하면서 진정으로 자신을 도와주는 참모들의 의견을 무시한다. 독단적인 결정으로 참모들의 사기를 꺾고 선거 캠프의 분열을 조장한다. 객관적인 여론조사 결과를 수용하지 않고, 선거 전문가의 조언을 무시하는 후보는 선거운동 마지막에는 결국 혼자만 남게 된다.

· 남의 떡이 더 커 보이는 바람에 자신의 떡도 먹지 못한다

유권자 10명 중에서 3명만 나를 찍어주면 무조건 당선된다. 만약 투표율이 60%라면 10명 중 6명이 투표에 참가하고, 그중에서 3명만 나를 지지하면 50%를 득표하는 것이다. 그러나 대부분의 낙선자들은 가까운 곳보다 먼 곳을 찾다가 돈과 시간만 낭비한다. 후보에 대한 좋지 않은 소문의 진원지는 가까운 곳이다. 배우자, 친척, 지인, 동료 등 가까운 사람들을 소홀히 여긴 후보자의 나쁜 평판은 널리 전파된다.

· 디지털 정보 문화에 무관심하다

선거와 관련된 문서와 각종 명단 등을 종이 상태로만 보관하면 이는 자료일 뿐이다. 관리 시스템을 통해 디지털화해야만 선거운동에 활용 가능한 정보가 된다. 아울러 지역 사무실이 오프라인 선거사무소라면 인터넷 선거운동은 온라인 선거사무소이다. 트위터, 블로그, 페이스북 등 인터넷 진지가 없다면 선거사무소 절반이 없는 것이다.

Part 03

Organization
조직

변화에 걸맞은
새로운 조직이
필요하다

선거는
혼자 할 수 없다

선거에 출마하는 후보 대부분의 가장 큰 고민은 '선거 조직을 만들려면 무엇부터 어떻게 해야 할까?', '조직을 만들기 위한 자금은 어떻게 조달할까?'에 있다. 이에 대한 딱 부러지는 정답이 있는 것은 아니지만 확실한 것은 '선거는 혼자 치를 수 없다'는 점이다. 대규모 조직이든 소규모 조직이든 후보를 위한 조직은 반드시 필요하다. 조직은 있어도 되고 없어도 되는 것이 아니라 반드시 있어야 하는 선거의 핵심 요소다.

조직에 대해 잘못 알고 있는 사람들이 있다. 첫째는 "현대 선거는 매스미디어를 이용한 선거이므로 조직은 필요 없다"고 말하는 사람이다. 현대 선거에서 조직의 비중이 줄어들고 매스미디어의 영역이 커진 것은 분명하다. 그렇다고 해서 선거 조직이 필요 없는 것은 아니다. 2002년 대선에서 과연 '노사모(노무현을 사랑하는 사람들의 모임)'라는 지지 조직이 없었다면 노무현 대통령의 당선이 가능했겠는가? 박근혜 대통령의 뒤에 단단히 버티고 있는 '박사모(박근혜를 사랑하는 사람들의 모임)'라는 조직도 역시 그녀를 대통령으로 만드는 데 일조했다.

무조건 조직이 필요 없다고 말하는 것은 옳지 않다. 과거처럼 돈이 들어가는 조직은 현실적으로 만들 수도 없고 만들 필요도 없다는 것이 맞는 말이다. 특히 요즘은 대부분의 정당이 경선에서부터 모바일 투표와 국민 경선 등 참여 경선을 도입하고 있다. 이제 구태의연하게 돈에 의지하는 조직이 아닌 블로그, 페이스북 등 SNS 시대에 걸맞은 새로운 형태의 조직 구성이 필요한 시점이다.

조직이 그저 연줄과 학연, 지연을 통하여 금전으로만 만들어진다는 고정관념을 벗어나야 한다. 조직은 이제 다원화되고 있으며 서로의 생각과 정치적 지향점을 공유하는 것만으로도 하나로 묶어낼 수 있다. 이제 새로운 조직을 만들자. 선거에서 조직이 없으면 후보 혼자 뛰어 다니는 운동을 할 수밖에 없고 그러다 선거는 진다는 사실을 명심하자.

둘째는 "조직을 구축하기 위해서는 자금이 필수인데, 적발되면 선거법으로 끝장나기에 어떠한 조직도 만들 수 없다"고 말하는 사람이 있다. 조직과 자금이 불가분의 관계인 것은 어느 정도 맞는 말이다. 하지만 법이 허용하는 가운데 조직을 만드는 방법은 얼마든지 있다. 뜻이 있으면 길이 있다. 새로운 방법은 찾는 사람에게만 항상 문이 열려 있다.

선거는 사람이 모여서 하는 일이다. 조직 없이 선거를 치를 수 있다는 말은 기름 없이 자동차가 달릴 수 있다는 말과 같다. 조직은 선거를 치르는 강력한 무기 중 하나다. 지금부터 자금 없이도 선거법에 저촉되지 않는 새로운 형태의 조직을 만드는 일을 시작해 보자.

돈 없이 조직을
만드는 방법이 있다

선거에 돌입하면 후보에게 '조직과 돈'은 가장 큰 고민이다. 조직을 만들기 위해서 돈은 필수다. 혈연관계나 친구를 비롯한 가까운 사이가 아닌 순수한 자원봉사자를 조직하기란 현실적으로 불가능하다. 하지만 현행 선거법은 조직을 만드는 데 있어 금전적 비용을 철저하게 금지하고 있다. 우선 합법적인 조직을 만드는 일부터 시작하자. 선거 유형별로 차이가 있지만 예비후보자가 되면 사무실에 유급사무원을 둘 수 있고, 선거기간이 되면 읍·면·동수의 3배수에 5를 더한 수 이내의 유급사무원을 활용할 수 있다. 실질적으로 움직이는 핵심 조직은 법이 허용하는 유급사무원으로 하고, 나머지는 지지자 그룹으로 구축할 수밖에 없다.

이를 위해서 조직을 어떻게 운용할 것인지를 먼저 구상하고 기획해야 한다. 구태의연한 관행을 앞세워 당선만 되고 보자는 식으로 조직을 만들다가는 당선되기도 전에 교도소로 직행할지도 모른다.

선거 조직은 필요하다. 그런데 돈은 쓸 수 없다. 선거법을 준수하면서 조직을 구축한다는 것은 어찌보면 모순이다. 현재 선거법상 허용되는 유급사무원의 숫자는 너무 적다. 그렇다면 정말 돈 없이 움직이는 조직을 만드는 일은 불가능할까?

돈 안들고 표가 되는 이슈 조직

선거 문화가 바뀌었다. 강화된 선거법으로 인하여 기부 행위를 하면 제공자는 수사를 받게 되고, 기부 행위를 받은 자는 50배의 과태료를 내야 한다. 이제는 후보자나 유권자 모두 금품이나 향응을 제공하거나 받지 않으려는 풍토가 확산되고 있다. 이에 따라 조직의 패러다임도 바뀌었다. "조직에는 반드시 돈이 들어야 한다"는 기존의 그릇된 틀을 깨지 않으면 변화된 선거 문화에 맞는 조직을 꾸릴 수 없다.

지난 2002년 대선에서 노무현 전 대통령을 탄생시킨 '노사모'를 생각해보자. 본인들이 돈을 걷고, 인터넷으로 소통하며, 전국 방방곡곡을 찾아다니며 노무현을 외쳐댔던 자발적인 지지 조직이다. 노사모는 기존 정당이나 후보가 꾸려왔던 조직과는 완전히 다른, 새로운 조직형태를 갖췄다. 물론 노무현이라는 걸출한 정치인이 있었기에 이러한 지지 조직이 탄생할 수 있었다.

하지만 현실적으로 지명도도 없는 무명의 후보에게 '아무개를 사랑하는 모임'이 자발적으로 만들어지지는 않는다. 그렇다고 낙담하기는 이르다. 생각을 조금만 바꾸어보면 자발적 조직을 만드는 일이 불가능한 것이 아니다. 지역 현안에 대한 문제를 가지고 모임이 만들어지면 그 모임은 돈을 주지 않아도 자발적으로 모이게 되고, 어떤 모임보다 적극적이고 응집력이 강한 조직으로 발전하게 된다. '아무개를 사랑하는 모임'이 아닌 '○○ 문제 해결을 위한 모임'을 결성하면 돈이 들어간 조직보다도 더욱 강력한 '이슈 조직'이 되고, 이러한 이슈 조직이 발전하면 '지지

조직'으로 발전할 수도 있다. 이러한 조직은 1인 보스가 모든 것을 좌우하는 기존의 수직적인 선거 조직 아닌 수평적이고 자발적인 모임이 되는 것이다.

돈으로 움직이는 조직은 자율성이 보장되지 않는다. 돈으로 동원된 조직은 일을 시켜야만 움직이는 한계를 가지고 있다. 이에 비해 사건이나 이슈 또는 후보자와

이슈 조직 활용 사례

경기도 파주시 윤후덕 의원

윤후덕 의원은 파주 지역 현안인 운정 3지구 보상 문제를 위해 단식 투쟁까지 벌이면서 지역 이슈에 적극 뛰어들었다. 이처럼 꾸준한 활동으로 윤후덕 의원은 2012년 총선에서 15% 차이의 압승을 거두며 당선되었다.

"천막 농성 45차에 들어가는 수요일 아침이다. 내가 단식 농성에 동참한 지 10일 차다. 꼬박 26끼를 굶었다. 물과 소금만 먹었다. 이젠 정말 그만 끝내고 미음이라도 먹고 싶다. 동네 마을 회관 준공식장 마을 잔치에서 먹었던 돼지고기 수육, 도토리묵, 콩나물, 취나물, 소머리국밥, 멀건 무국…, 드럼통에 구운 즉석 생구이는 얼마나 맛있었던가! 무엇 하나 생각나지 않는 게 없다. 헌데 지금은 입이 마르고 입술이 바싹바싹 타오른다. 몸무게가 76㎏에서 66㎏이 되었다. 10㎏이나 빠졌다. 농성장에는 연인원 2천여 명이 넘는 주민들이 다녀갔다. 수많은 사연을 이야기 한다. 모두가 걱정들이다. 속이 타들어간다. 서로서로 위로를 해주고 위로를 받으려고 이야기를 한다. 주민들은 한계 상황에 와 있다. 2년 7개월이란 시간이 일방적으로 지연되면서 애초 일정대로 진행되었으면 내지 않아도 될 이자를 2년 7개월 째 그대로 내고 있는 것이다. 벌어서 낼 수 있는 이자라면 얼마나 좋을까? 곧 보상이 될 예정이라는 LH공사의 공문을 믿고 단기간 빌려 쓴다고 대출을 받은 것이 2년 7개월을 넘기고 있다. 경우에 따라서는 3년, 4년, 5년이 넘은 주민들도 수없이 많다. 매달의 수입으로 감당할 수 있었다면 얼마나 좋았을까? 감당할 수 없는 이자 부담은 고스란히 빚으로 쌓여갔다. 이자에 쫓겨 사채를 쓰고 사채를 쓰다 못해 이자율이 두 배가 넘는 제2금융권으로 갈아타고 나면 결국 이자는 눈덩이가 되어 있다. 원금이 얼마인지, 이자가 얼마인지 분간이 안 가는 지경이 되었다. 경매에 들어가는 것을 막아보자고 별짓을 다해보았다. 결국 경매로 내몰리고 있다. 이미 경매로 살림살이를 다 날린 주민들이 적

의 친분에 의해 구성된 조직은 선거운동에서 훨씬 더 큰 자발성과 역동성을 가지고 있다. 여기서 이슈 조직이라고 하는 것은 지역 내에 현안이나 후보를 적극적으로 믿고 따르는 자발적인 조직을 일컫는 말이다.

이슈 조직을 만들기 위해서는 몇 가지 전제 조건이 충족되어야만 한다.

지 않다. 한계 상황이다. 왜? LH공사의 일방적이 사업 중단 때문이다. 이제 살 길을 찾아야 한다. 아니 살아남을 길을 찾아야 한다. 단 하나의 방법이 있을 뿐이다. 조속한 사업 정상화 일정이 주민들에게 확인되고 제시되어야 한다. 정부와 LH공사는 운정 3지구 사업을 하겠다고 하지 않았는가? 사업을 한다는 게 주민을 살린다는 말이 되기를 간절히 빈다. 빌고 빈다.

2011년 11월 2일 동참 단식 10일차 아침, 농성장에서

민주당 파주지역위원장 윤후덕 드림"

– 윤후덕 의원의 선거 일기 중

파주시 운정3지구 보상 문제 해결을 위해 단식 농성 중인 윤후덕 의원 ⓒ 윤후덕

첫째, 대중의 관심사를 정확히 읽어야 한다. 대중의 관심이 없는 사항은 아무리 이슈를 제기해도 유권자의 관심을 끌 수 없다. 예를 들어 학부모들의 관심이 집중되는 교육 문제, 공공이 이용하는 도로 문제, 교통 문제, 공원 문제 등 숙원 사업을 제기하면 누구나 관심을 가지고 참여하지 않겠는가?

둘째, 지역 내에 갈등을 유발시켜서는 안 된다. 지역 내에 이해관계가 얽혀 있는 사안이나 가치 판단에 의해 찬반이 나뉘어 있는 이슈에 대한 발언은 오히려 화를 자초할 수도 있다. 예를 들어 어느 지역에 합법적으로 가스 충전소가 들어서게 되었는데, 충전소가 위치하는 주위의 주민들은 불안하기도 하고 집값이 떨어질 것을 걱정해 반대 운동을 한다. 그러나 멀리 떨어져 있는 지역 주민들은 가스 충전소가 있어야 편리하게 이용할 수 있기에 찬성한다. 이렇게 이해관계가 상충되는 것을 이슈로 만들어서는 안 된다. 이런 경우 이슈화하기보다는 찬반 양측의 이해를 조정해내는 조정자의 역할을 하는 것이 오히려 낫다.

셋째, 이슈를 확산할 수 있는 장치를 준비해야 한다. 이슈는 확산되지 않으면 사라져 버린다. 대중의 호응 없이는 조직을 만들 수 없다. 오히려 주동자들의 체면만 구기는 결과를 초래한다. 따라서 이슈를 확산시키기 위한 인터넷 네트워크 구축과 대중에게 쉽게 확산될 수 있는 신문이나 방송을 이용할 수 있는 체계를 갖추어야 한다.

넷째, 타깃이 되는 층을 분명히 정하여 이슈를 제기해야 한다. 만약 지역 생활 문제가 이슈가 되면 주로 주부들이 대상이 된다. 그러나 정치적인 문제는 주로 남성들이 대상이 될 것이다. 2010년 지방선거에서 가장 첨예하게 대립된 정책 중 하나가 바로 '무상 급식'이었다. 제18대 총선에서 서울에 불었던 이슈는 '뉴타운 건설'이었다. 이처럼 큰 이슈에 편승하는 방법도 있지만 지역 이슈에 적극 참여함으로써 쉽게 조직을 구축하는 사례도 있다.

'동원 조직'은 옛말, '카·페·트' 민심을 조직하자

언론보다 SNS가 유권자에게 더 빠른 정보를 제공할 뿐만 아니라 후보의 말과 행동을 듣고 받아들이는 데 머물지 않고 후보의 행보를 직접 찾아보고 논리를 파악해 자신들의 생각을 개진하는 새로운 선거 풍속도를 만들어내고 있다. 즉 SNS가 처음에는 온라인 인맥을 구축하는 관계망으로 출발했지만, 이제는 정보와 개인의 감정, 생각 등이 소통되는 '소셜 미디어'로서 기능하고 있다는 것이다.

이제는 카카오톡, 페이스북, 트위터 등 SNS 시대에 걸맞은 새로운 형태의 조직 구성이 필요하다. 세계 최초로 SNS를 결합한 선거운동 전략을 도입한 오바마 미국 대통령의 2008년 미국 대선과 SNS로 촉발, 확산 과정을 거친 아랍 민주화 운동, 그리고 지난 2010년 지방선거에서 트위터를 통한 투표 참여운동 등을 통해 확인할 수 있는 사실은 SNS가 선거운동 및 사회 변혁 운동의 무기가 될 수 있다는 것이다.

SNS라는 거대한 그물망을 어떻게 활용할지, 이를 어떻게 조직해낼지에 대한 고민이 필요하다. 조직을 그저 연줄과 학연, 지연을 통하여 금전으로만 움직인다는 고정관념에서 벗어나야 한다. 선거운동에서 조직이 필요한 이유는 후보와 캠프의 메시지를 그때그때 유권자에게 전달하는 통로가 필요하기 때문이다. 그런 의미에서 SNS는 조직처럼 보이지 않지만 가장 발 빠르고 유능한 조직이다. 조직은 이제 다원화되어 있으며 서로의 생각과 정치적 지향점을 공유하는 것만으로도 유권자를 하나로 묶어 낼 수 있다.

'생활협동조합' 등 생활밀착형 단체에서 활동하라

현행 공직선거법 제87조는 선거운동을 할 수 없는 단체를 명시하고 있다. 따라서 후보는 법에서 명시하고 있는 선거운동을 할 수 없는 단체를 제외한 단체를 이용하여 선거운동을 할 수 있다. 따라서 이러한 단체를 최대한 활용하는 것이 중요하다.

후보가 해당 지역에서 활발하게 활동하는 단체의 지원을 얻는 것은 '천군만마'를 얻는 것에 비유된다. 선거운동을 할 수 있는 가장 대표적인 단체는 노동조합(선거운동을 할 수 없는 자로 구성된 공무원 노동조합 등은 제외)이다. 또한 각 지역

공직선거법 제87조(단체의 선거운동금지)

① 다음 어느 하나에 해당하는 기관·단체(그 대표자와 임직원 또는 구성원을 포함한다)는 그 기관·단체의 명의 또는 그 대표의 명의로 선거운동을 할 수 없다.
<개정 2005.8.4, 2010.1.25>

1. 국가·지방자치단체

2. 제53조(공무원 등의 입후보)제1항제4호 내지 제6호에 규정된 기관·단체

3. 향우회·종친회·동창회, 산악회 등 동호인회, 계모임 등 개인 간의 사적모임

4. 특별법에 의하여 설립된 국민운동단체로서 국가 또는 지방자치단체의 출연 또는 보조를 받는 단체(바르게살기운동협의회·새마을운동협의회·한국자유총연맹을 말한다)

5. 법령에 의하여 정치활동이나 공직선거에의 관여가 금지된 단체

6. 후보자의 가족(이하 이 항에서 "후보자 등"이라 한다)이 임원으로 있거나, 후보자 등의 재산을 출연하여 설립하거나, 후보자 등이 운영경비를 부담하거나 관계법규나 규약에 의하여 의사결정에 실질적으로 영향력을 행사하는 기관·단체

7. 삭제 <2005.8.4>

8. 구성원의 과반수가 선거운동을 할 수 없는 자로 이루어진 기관·단체

② 누구든지 선거에 있어서 후보자(후보자가 되고자 하는 자를 포함한다)의 선거운동을 위하여 연구소·동우회·향우회·산악회·조기축구회, 정당의 외곽단체 등 그 명칭이나 표방하는 목적 여하를 불문하고 사조직 기타 단체를 설립하거나 설치할 수 없다.

별로 구성되어 있는 각종 이익단체를 들 수 있다.

대한의사협회, 대한약사회, 대한한의사회, 대한치과의사협회 등 보건의료 단체를 비롯하여 이용사 및 미용사회, 한국목욕업중앙회, 한국세탁업중앙회 등 공중위생단체 등이 대표적이다. 그뿐만 아니라 범 PC방 생존권 비상대책위원회, 재건축 추진위원회 등 각종 대책위원회, 환경단체, 한국 노년유권자연맹 등 각종 시민·사회단체, 대학교의 학생회 등도 선거운동을 할 수 있는 조직이다. 이들 단체가 관심을 가지고 있는 사안에 대해 함께 고민하고 청원운동을 전개하는 등 대안을 찾는 모습을 보여줄 필요가 있다.

요즘은 지역별로 생활협동조합 등 지역밀착형 자발적 단체가 많이 구성, 운영되기 때문에 자기 지역에 이러한 단체가 있는지 여부도 확인할 필요가 있다. 단체는 아니지만 협동조합, 공부방, 학교운영위원회 등 지역별로 구성된 소모임에 자발적으로 참여하여 그 모임에 기여하는 것도 방법이 될 수 있다. 지역의 각종 조직과 사회단체는 출퇴근하는 직장인들과는 달리 지역이 일상적인 생활 장소이고 단체가 추구하는 목적과 이익으로 인해 정치에 민감하다. 따라서 선거에 관심이 많고 후보를 적극적으로 도울 준비가 돼 있는 사람들이 모인 경우가 대부분이다.

이러한 조직의 활용을 잘 보여준 이가 제19대 총선에서 경기도 용인시 갑지역 선거구에서 당선된 이우현 의원이다. 이 의원은 승리의 요인으로 사람 재산을 들었다. 당시 서울대 경제학과, 옥스퍼드대 박사 출신이자 3선에 도전했던 민주통합당 우제창 후보를 방송통신고등학교를 졸업한 만학도, 이 의원이 꺾을 수 있었던 비결에는 지역 조직의 힘이 있었던 것이다. 그는 용인 지역에 결성되어 있는 1백여 개의 단체에 회원으로 참여해 열심히 활동한 결과라고 말했다.

조직의 힘을 보여준 이우현 의원의 선거 포스터 ⓒ이우현

공조직이 앞장서고
사조직은 뒤따르라

공조직은 공식적이고 공개적인 조직을 말한다. 당원협의회장(지역위원장), 운영위원, 사무국장, 읍·면·동 협의회장 등으로 구성되는 정당 조직이 대표적 공조직이다. 정당 후보에게는 이러한 공식적인 조직이 형성되어 있어 무소속 후보에 비해 훨씬 유리한 고지를 선점할 수 있다.

사조직도 선거 판세에 중요 요소

사조직은 말 그대로 후보자의 사적인 조직을 말한다. 공조직이 선조직이라면, 사조직은 점조직이다. 친목회, 동창회, 향우회, 종친회, 종교 단체 등 후보와 연고가 있거나 가까이 할 수 있는 사조직을 선거에 활용하는 것은 필수이다. 후보와 연관이 깊은 사조직 하나가 선거의 판세를 결정짓는 중요한 요소가 되기도 한다. 예를 들어 어느 고등학교에서 "이번에는 우리 학교 출신 후보를 반드시 당선시키자"라는 결의를 하게 되면 분위기를 바꾸어 놓을 수도 있다. 후보와 가까운 사조직은 돈이 투입되지 않아도 열과 성의를 다해 움직인다는 이점도 있다. 따라서 확실한 사조직의 구축은 선거에서 대단히 중요한 변수로 작용한다. 동창회, 종교 모임, 지역 내 친목 모임과 연구 모임 사조직은 후보가 얼마나 발품을 파느냐에 따라 차이가 난다. 열심히 한 만큼 조직은 반드시 보답한다. 그리고 사조직은 결코 한 순간에 이루어지지 않는다. 그러니 미리미리 열심히 뛰자!

조직 운영의 관건은 화합

선거기간 중 흔히 볼 수 있는 일이 공조직과 사조직 간의 마찰이다. 서로가 후보를 중간에 두고 헐뜯거나 견제하는 일이 조직 내부의 균열로 이어지는 경우가 있

선거사무소 설치 시 유의사항

1. 같은 건물의 다른 층에 걸쳐 있거나 같은 층에 분리되어 설치되어 있더라도 선거사무소의 기능과 조직에 있어 하나의 선거사무소의 일부로 운영되고 이를 사전에 신고한 경우에는 하나의 선거사무소로 본다.

2. 현수막은 애드벌룬을 이용한 방법으로는 설치·게시할 수 없으나, 야간에 잘 보이게 하기 위해 네온사인·형광 기타 전광에 의한 방법으로 설치·게시할 수 있다.

3. 예비후보자가 선거사무소를 설치할 때는 소규모 조직이지만, 후보자등록 후에는 선거사무원과 자원봉사자 등 많은 사람들이 드나들게 된다는 점을 고려하여 적절한 크기의 장소를 확보할 필요가 있고, 전화 홍보실·회의실·접견실은 선거사무소 안에 별도 공간으로 마련하는 것이 좋다. 선거사무원 및 자원봉사자들의 사기 진작을 위해 쾌적한 환경의 선거사무소 공간 마련도 중요하다.

다. 선거대책본부를 구성할 때는 공조직을 중심으로 하고, 사조직은 보이지 않는 보조적 관계를 취하는 것이 좋다. 공조직이 무력화되면 곧바로 외부에 좋지 않은 소문이 퍼지게 된다. 이럴 경우 그 선거는 내부 조직만 추스르다가 끝나게 된다. 선거에서 친인척은 가장 필요하지만, 철저한 관리가 필요하다. "친인척이 설쳐서 선거 못 하겠다"는 소리가 나오면 피곤한 선거가 된다. 친인척이 전혀 보이지 않는 것도 문제지만 전면에 나서면 선거운동원들이 부담스러워하고, 그들의 눈치를 보느라 아무 일도 못하게 되는 수가 있다. 친인척에게 청소나 밥하는 일 등 가능하면 궂은 일을 맡기면 오히려 좋은 반응을 얻을 수 있다.

어느 조직이든지 회의가 길고 많은 조직은 문제가 있다. 특히나 긴급하게 돌아가야 하는 선거 조직에 있어서 복잡한 의사 결정 구조는 크나큰 해악이다. 선거운동이 짧다는 것을 감안할 때 의사 결정이 몇 시간 또는 하루가 미뤄지면 수백, 수천의 표를 잃을 수도 있다. 따라서 중요한 결정은 5명 이내의 핵심적인 책임자가 협의하여 빠르게 결정할 수 있는 시스템을 만들어야 한다.

knowhow 12

핵심 참모는
정치 인생의 동반자다

선거 캠프를 꾸리는 데 있어 가장 어려운 일 중 하나가 유능한 참모를 찾는 일이다. 선거 경험이나 기획력 있는 유능한 참모장 및 선거 기획 전문가를 구하는 것이 무엇보다 중요하다. 선거가 다가올수록 출마자는 준비된 것은 하나도 없는데 할 일은 많아 허둥대기 일쑤다. 그렇다고 해서 의례적이고 통상적인 활동에 매달리다 보면 금방 시간이 가버린다. 따라서 이런 문제를 도와줄 핵심 참모를 일찍 구할수록 제대로 된 선거 준비를 할 수 있다.

선거는 후보와 똑같은 마음으로 운동을 하는 핵심 참모가 얼마나 준비되어 있느냐에 따라 승패가 결정된다고 해도 과언이 아니다. 선거사무장, 기획 책임자, 조직 책임자, 회계 담당자 등 주요 업무를 책임지는 핵심 참모를 꾸리는 것은 선거 준비의 절반이다. 핵심 참모를 일찍 꾸리고 준비한 후보는 선거가 다가올수록 조직적이고 체계적으로 움직이게 된다. 그러나 참모를 급조한 후보는 선거가 임박

할수록 우왕좌왕하다 시간을 다 보내게 된다. 유능한 핵심 참모를 갖췄다면 이들에게 전권을 부여하고 믿고 맡겨야 한다. 모든 사항을 후보에게 일일이 결재 받아 움직이는 선거 조직은 일의 진척이 늦어지고, 참모의 창의성이 발휘될 수 없다.

그리고 한 명의 머리보다는 여러 명의 생각이 합쳐져야 훨씬 더 큰일을 도모할 수 있다. 참모를 믿지 못하는 후보는 설령 당선된다고 하더라도 큰 정치를 하기 쉽지 않다. 정치란 혼자가 아닌, 여럿이 함께 하는 일이기 때문이다. 지금 당신에게 당신을 믿고 정치 운명을 함께할 참모가 있는지 살펴보라. 만약 있다면 당신의 정치 인생은 절반의 성공을 거둔 셈이나 다름없다. 그리고 없다면 스스로를 되돌아보고 빨리 그런 참모를 찾아서 만들어야 한다.

대세에 지장 없다. 과감하게 맡겨라!

선거 때가 되면 대부분의 후보들이 민감해진다. 그리고 그와 비례해 참모들의 스트레스도 더해 간다. 선거에 있어서 후보가 버려야 할 것 중 하나가 사사건건 모든 일에 관여하고 결정하려는 태도이다. 예컨대 선거 홍보물을 만들고 사진을 선택하고 문안을 만드는 일들은 참모와 기획사에 맡겨둬도 충분한 일이다. 대부분의 정치 기획사는 전문가들로 구성된 곳이다. 아무리 후보의 식견이 뛰어나다 하더라도 전문가보다 나을 수는 없다. 그리고 표현이 과할지 모르지만 홍보물이 나빠서 선거에 떨어지는 경우는 거의 없다. 선거공보에는 허위 경력 기재나 선거법에 위반되는 내용이 실리지 않게 하는 것이 가장 중요하다. 허위 경력 기재 등은 선거법 위반으로 당선 무효에 해당되기 때문이다.

그럼에도 불구하고 많은 후보자들이 선거 홍보물에 목을 매는 경우가 허다하다. 과감하게 참모와 선거 기획사에 맡겨야 한다. 그 시간에 한 명의 유권자라도 더 만나는 것이 현명한 일이다. 특히 선거 홍보물 등 캠프 내의 사소한 일에 시간을 허비하면 조직 내 갈등을 불러일으킬 수 있다. 선거운동에 전력을 다해야 할 캠프가 갈등과 후보의 심기 관리로 시간을 허비해 버리는 것이다. 대세에 지장 없는 일들은 참모에게 모두 맡겨라! 말 많고 참견 많은 후보치고 당선되는 후보는 별로 없다는 사실을 명심해야 한다.

참모는 이렇게 구하라

선거 준비기는 참모를 구하고 호흡을 맞추는 기간이다. 좋은 참모를 구하는 일이 선거 캠페인의 반이라고 해도 결코 지나친 말이 아닌 이유도 여기에 있다. 선거 참모도 여러 분류로 나눌 수 있는데, 대략적으로 개괄하면 다음과 같다.

먼저, 선거를 총괄하는 수석 참모가 있어야 한다. 선거의 판세를 읽고 진두지휘할 수 있는 정무적 판단과 조직과 캠프를 이끌어가는 리더십이 필요하다. 선거에서 후보자 다음으로 영향력을 행사하는 후보의 최측근이어야 한다. 두 번째로 필요한 참모는 기획을 총괄하는 기획 참모이다. 기획 참모는 전략 마인드가 있어야 하고 치밀하고 창의적인 사람으로, 여론조사 분석, 보고서나 언론 보도자료 및 각종 선거 관련 문서 작성 능력과 인터넷 활용에 대한 충분한 이해가 있어야 한다.

주요 참모들은 후보와 정치를 함께한다는 동업자 의식이 필요하다. 당선 이후에도 비서나 보좌관 등으로 향후 정치 일정을 함께한다는 암묵적 동의가 이루어진

미국 오바마 대통령을 승리로 이끈 참모

핵심 참모의 중요성을 잘 알고 있던 미국 오바마 대통령의 선거 캠프는 2011년 7월, 다음과 같은 구인 공고를 냈다.

"우리는 통계학자, 예측모델 전문가, 데이터 마이닝 전문가, 수학자, 소프트웨어 개발자, 일반 분석가와 기획자로 구성된 다분야 융합팀입니다. 우리와 함께 일할 예측 모델 전문가와 데이터 마이닝 과학자, 그리고 분석가를 찾습니다."

이 구인 공고를 통해 빅 데이터 분석 전문가인 레이드 가니Rayid Ghani를 영입했다. 그는 인터넷 등 IT를 통해 수집된 엄청난 양의 빅 데이터를 이용해 각 유권자들에게 맞는 메시지를 전달하는 선거운동을 주도했고, <월스트리트저널>은 2012년 오바마 대통령의 승리를 분석하면서 그를 주목했다.

다면 후보에 대한 충성심은 더욱 강해질 수 있다. 그리고 지역 조직에 밝은 선거사무장도 미리 섭외해 두는 것이 좋다. 지역 핵심 참모는 후보를 잘 알고 있는 친지나 지인을 통해서 구하는 것이 가장 바람직하다.

지금부터 자원봉사자를 모아야 한다

자원봉사자는 주로 후보와 가까운 사람들이며, 후보의 선거운동에 도움이 되기 위해 스스로 나선 사람들이다. 자원봉사자를 잘 관리하면 일당백이 되지만 방치하면 자원봉사자도, 캠프도 어색해진다. 자원봉사자를 소홀히 대하면 '내가 도울 일이 없나 보다' 하고 돌아가는 경우가 허다하다. 자원봉사자를 관리하는 직책을 따로 편재하라. 그리고 자원봉사자의 특성을 고려해 구체적인 지시를 하고 역할을 부여하는 것이 좋다.

자원봉사자들은 하루 30분씩 집에서라도 후보를 위해 전화 홍보를 해달라거나 퇴근길에 선거사무원들이랑 몇 분씩이라도 거리 인사를 해달라는 등 구체적인 임무를 주면 기꺼이 할 사람들이다. 선거사무관계자의 숫자가 제한되어 있는 만큼 이러한 자원봉사자를 잘 활용하는 것이 매우 중요하다. 선거대책본부에서는 사전에 자원봉사자들의 특성과 봉사 시간 등을 잘 파악하여 효율적으로 선거운동에 배치해야 한다.

배우자의 역할이
절반이다

배우자는 인생의 동반자일 뿐만 아니라 선거운동에 있어서도 가장 중요한 동지다. 훌륭한 배우자는 선거에서도 절반의 역할을 담당한다. 후보의 약점을 커버할 수도 있고, 후보의 손길이 미치지 못하는 구석구석을 파고들어 실질적인 표밭갈이를 할 수 있는 사람이기 때문이다.

그러나 준비되지 못한 배우자는 오히려 선거에 해가 되기도 한다. 선거가 끝나고 나면 으레 "○○○ 후보는 아내 덕분에 당선 됐어", "△△△후보는 남편이 표를 다 깎아 먹었어"라는 말들이 나오기 마련이다. 그만큼 선거에서 배우자는 중요하다. 개정된 선거법으로 배우자의 역할은 더욱 커졌다.

- 본인 이외에 예비후보자 등록부터 후보의 명함을 배부하면서 지지·호소를 할 수 있는 선거운동원이다.

- 선거 운동기간에는 어깨띠를 두를 수 있으며, 무리지어 인사를 할 수 있고, 자유롭게 거리 유세도 가능하기에 거의 후보 역할에 맞먹는 활동을 할 수 있다.
- 그가 위법 행위를 하였을 경우 당선 무효에 이르기까지 하므로 조심해야 한다(현행 선거법에는 배우자가 기부 행위나 정치자금 부정수수죄 등의 혐의로 벌금 300만 원 벌금형 또는 징역형 이상을 선고받으면 당선이 무효가 된다). 따라서 선거에 출마하려는 후보는 평소 배우자에게 미리미리 잘하도록 하자. 배우자는 삶의 동반자임과 동시에 후보를 당선시킬 수도 있고 낙선시킬 수도 있는 가장 중요한 동지이자 운명 공동체이기 때문이다.

배우자 100% 활용하기

1단계(지금부터 예비후보자등록 전까지)

(1) 예비후보자등록 전까지는 통상적이고 의례적인 범위 내에서 교부할 수 있는 명함에 배우자와 함께 찍은 사진(가족사진)을 넣어 나의 배우자가 누구인지, 또 후보 집안의 가족적인 분위기가 어떤지를 사람들에게 사전에 알린다.

(2) 배우자도 선거 관련 교육 등에 함께 참여하여 선거운동 전반에 대한 이해를 공유한다. 아울러 지역 현안이나 공약에 대한 학습, 상대 후보와 비교·분석을 통한 우리 후보의 선거 전략 등에 대한 충분한 이해를 바탕으로 후보자와 동일한 메시지를 구사해야 한다.

(3) 배우자가 여자일 경우 그 특성에 맞는 지역이나 대상지를 정책 설문조사 형식으로 방문하는 것이 효과적이다. 예를 들면 여성유권자들이 선거 이야기를 많이 나누는 미용실 등은 배우자가 찾아가는 것이 좋다.

새정치민주연합

✉ 파주똑순이 손희정에게...

당신에게 편지를 쓴 적이 있었나? 대학 때부터 지금까지 함께해서 그런지 연애편지 한번 제대로 쓰지 않고 살았네. ^^
교정에 목련이 필 무렵 당신을 만나 한두 번의 헤어짐을 극복하고 나의 아내로 살아왔지. 신혼 초 전업주부, 두 아이 엄마,
증권회사 다니는 신랑의 빈번한 사고(?)를 견뎌내며 함께해 준 당신에게 고맙다는 말을 먼저 해야 할 것 같아.
솔뚜껑만 운전하던 당신이 파주로 이사 오면서 많이 변신했지? 당신이 파주시 시의원에 출마한다고 주변에 전하니 한결같이
잘할 거라고 말하더라. 나도 같은 생각이구. 당신은 똑순이니깐...

8년 전 설레는 마음으로 교하 8단지에 입주를 했는데 기쁨도 잠깐! 옆에 생기는 열병합발전소 문제가 단지현안이 되었지.
외부에선 "님비"라고도 폄하하기도 했었지만 절차를 무시하고 일방적으로 발전용량을 증가시킨 행정처분에 대해
교하주민들과 함께 씨우고 있는 당신을 보면서 존경스러운 마음까지 생기더라. 남자들도 손사래치고 떠나는 상황에서도…,
파주 열병합문제는 절차를 무시하고 행정편의식 일처리가 얼마나 큰 사회적 비용을 유발할 수 있는 지를 일깨워준 대표적 사건이었던 것 같아. 앞으로는
우리사회에서 이런 일이 재발하지 않았으면 하는 개인적인 바램이야.

당신이 시의원이 되었을 때 항상 염두에 두었으면 하는 당부의 말로 편지를 마무리 할게.
첫째, 시의원은 봉사하는 사람이지 정치인이 아니라고 생각해. 목에 힘을 주는 시의원이 아니라 진정으로 주민들과 소통하는 시의원이 되었으면 좋겠어.
둘째, 시정이나 예산을 꼼꼼히 살펴서 시민의 혈세가 낭비되지 않도록 해야지.
셋째, 약자를 챙길 줄 아는 따뜻한 엄마의 감정을 잊지 않았으면 해.
많이 바쁘겠지만 엄마로서 아내로서 더욱 우리가족을 사랑해주는 똑순이 손희정이 되었으면 좋겠어.
파주똑순이 손희정 남편이 …

"늘 당신과 함께 하겠습니다!"
시의원후보 ② 손희정

2단계(예비후보자 선거운동기간)

(1) 예비후보자등록 이후부터 선거일까지 후보자와 똑같은 활동 범위가 허용된다. 이 기간에 가장 중요한 것은 배우자의 효율적인 일정 관리이다. 후보 외에는 직계존비속과 배우자만이 유일하게 명함을 자유롭게 배포하면서 지지·호소를 할 수 있다. 후보 일정과는 별도로 배우자 일정을 세밀하게 잡아 움직일 경우 그 효과는 두 배 이상이 된다. 특히 인지도가 낮은 정치 신인의 경우, 후보 일정과 중복되지 않도록 별도로 배우자 일정과 동선을 잘 짠다면 획기적인 인지도 상승이 가능

하다.

(2) 배우자가 말하는 선거 공약이나 비전 등이 후보와 다를 경우에는 유권자를 혼란스럽게 할 우려가 있다. 따라서 선거 전략과 이슈 등 선거 전반에 대한 공감도를 높여야 한다.

(3) 블로그 등 인터넷 선거운동에 '배우자 일기' 등을 올려 가족 이야기와 선거운동의 고충 등을 진솔하게 감동을 담아 전달한다.

3단계(법정 선거운동기간)

(1) 본선에 돌입하게 되면 예비후보자등록 이후부터 해왔던 명함 배부와 지지·호소뿐 아니라 언제든지 유세 지원도 가능하다. 후보가 거리유세를 하지 못하는 시간과 공간을 배우자가 잘 커버한다면 일반 연설원을 투입하는 것보다 훨씬 더 효과적이다.

(2) '배우자 일기' 등 인터넷 선거운동을 잘 관리한다. 선거 관심도가 고조되고 부동층이 움직이는 본선 기간에는 선거운동의 효과가 증폭된다.

tip

배우자가 없거나 지원 활동이 어려운 경우

개정된 선거법에서는 배우자가 없는 후보도 직계존비속 중 1인을 지정하여 배우자와 같은 지위에서 선거운동을 할 수가 있다. 따라서 배우자가 없거나, 있더라도 성격·연령·건강 등의 문제로 직접 선거운동을 하기 어려운 경우, 후보는 자신의 선거운동에 가장 유리한 직계존비속 중 1인을 선정하여 사전에 훈련을 시킬 필요가 있다.

클린턴이 대선 출마를 미룬 이유

미국의 힐러리 클린턴 전 국무장관은 자신의 자서전에서, 1988년 당시 아칸소 주지사였던 빌 클린턴이 레이건의 부통령인 부시를 상대로 대선 후보에 나서지 않았던 가장 큰 이유는 바로 자신의 딸인 첼시 때문이었다고 밝혔다(하지만 클린턴은 4년 후 재선을 노리는 부시를 상대로 승리를 거둬 백악관의 주인이 되었다). 선거전이 본격화되면 가족에 대한 흑색선전이 거세질 것이 분명하고, 당시 일곱 살이었던 첼시가 마음의 상처를 받지 않을까 걱정했다는 것이다. 대선 출마를 포기한 후 클린턴과 힐러리는 첼시로 하여금 미리 마음의 준비를 할 수 있도록 식탁에 앉아 역할 연기를 했다고 한다. 누군가가 클린턴과 힐러리를 비난하는 역할을 맡아 허위 사실을 포함한 지독한 독설을 쏟아냈고, 그걸 본 첼시는 자신의 가족에게 닥쳐 올 위기를 미리 예감하고 마음을 단단히 먹게 만들었다는 것이다. 그로부터 4년 후, 첼시는 아버지 클린턴이 대선에 출마하는 것을 적극적으로 지지했다. 꼭 클린턴 일가처럼 혹독한 준비가 필요한 것은 아니지만 냉정한 승부를 앞두고 가족이 마음을 하나로 다잡는 것은 큰 도움을 줄 것이다.

tip

후보 배우자의 행동 지침

· 유권자가 일반적으로 선호하는 후보자의 부인상은 봉사·희생적 부인의 이미지이며, 후보와의 관계에 있어서는 대등하고 상호 존중하는 모습이다. 그러나 20~30대 청년층, 고학력 및 고임금의 유권자는 적극적·전문적인 부인상을 선호하므로 접촉 대상에 따라 순발력 있는 이미지 변화가 필요하다.

· 행동, 언어, 옷차림 등 모든 면이 루머의 대상이 될 수 있으므로 가급적 불필요한 말은 삼가되 지역 말씨를 사용하면서 항상 겸손하게 행동해야 한다. 용모는 너무 젊거나 화려하면 대다수 유권자에게 거부감을 줄 수 있으므로 화장과 옷차림은 수수하게 하고, 액세서리는 최소화하여 검소한 모습을 보여야 한다.

· 여성유권자나 여성 단체와 접촉할 기회가 잦으므로 교육 문제, 육아 문제, 여성 문제, 환경 문제 분야에 관심을 갖고, 후보의 여성층 공약을 반드시 숙지해야 한다.

· 여성표가 후보의 당락을 좌우할 수 있으므로 관내 새마을부녀회, 녹색어머니회 등 조직 구성이 방대한 단체의 행사에 참석하고, 소속 여성들과 접촉·연계해 활동하여 여성 단체 지원 및 홍보 활동으로 여성 유권자 득표력을 높여야 한다.

· 찜질방, 미용실, 사회복지시설, 에어로빅 센터, 노래 교실 등 후보가 직접 커버하기 곤란한 곳을 중점으로 순회해야 한다.

가족에게 마음의 준비를 하도록 하라

정치란 냉혹하리만치 가혹한 적자생존의 정글이다. 정치의 꽃이라고 할 수 있는 선거는 더 그렇다. 당선 아니면 낙선인 엄혹한 현실에서 선거판은 가히 이전투구라 할 만하다. 칼이 아무리 날카로운들 입에서 내뱉는 가시 돋친 설전만 할까. 나의 아주 작은 의혹이라도 경쟁 후보에 의해 커다란 비리와 부정으로 침소봉대되는 것이 선거판이다. 그러다 보니 후보는 물론이고 가족 모두에게 상처를 줄 수도 있다. 따라서 출마 결심을 하기에 앞서 가족과 상의하고 동의를 얻는 일은 필수 사항 중 하나이다. 공천 중에 가장 중요한 공천은 가족공천이다. 앞으로 닥치게 될 어려움과 정치판에서 벌어질 위험 그리고 승리 또는 패배할 경우에 마주할 결과에 대해서 미리 설명해주고 함께 감수하겠다는 동의를 얻어야 한다. 가족에게 닥칠 불가피한 거짓말, 소문, 험담 등에도 상처를 받지 않도록 마음을 미리 다독여 두는 것이 선거의 승패 못지않게 중요하다.

조직은
가까운 곳부터 챙겨라

1 : 250의 법칙

선거 준비에서부터 끝날 때까지 후보가 통상적으로 만날 수 있는 유권자는 매우 제한적이다. 결국 선거가 끝날 때까지 후보를 단 한 번도 만나지 못한 유권자는 주변 사람의 이야기나 언론, 혹은 홍보물을 보고 투표하게 된다. 따라서 만날 수 있는 소수 유권자를 통해 만날 수 없는 다수 유권자에게 전파력을 확산시키는 것이 선거 운동에서 말하는 조직의 원리이다.

세계 최고의 자동차 판매왕으로 잘 알려진 조 지라드Joe Girard는 15년 동안 1만3천 대의 자동차를 팔아 기네스북에 오른 입지전적 인물이다.

그가 강조했던 것이 '250명의 법칙'이다. 한 사람의 평균 인맥은 약 250명 정도로, 그 사람을 정성스럽게 대할 경우 그는 주변의 250명에게 우리(후보자)에 대한 좋은 이야기를 하고 영업(선거운동)을 도울 수 있다는 것이다.

선거에서 조직을 만드는 이유는 후보의 메시지를 유권자에게 전달하기 위해서이다. 즉 사람과 사람이 방사형으로 퍼져 나갈 수 있도록 연결하는 것이 바로 조직이다. 정치 신인이든 현역이든 아주 기본적인 조직, 열성적으로 움직일 수 있는 조직과 효과적으로 가동이 가능한 인력이 구축되어 있다면 선거에서 바람몰이는 충분히 가능하다. 가장 열렬히 도와줄 수 있는 후보 주변의 조직을 특별히 관리할 필요가 있다.

조직은 거미줄처럼 촘촘하게 엮여야 한다. "열 길 물속은 알아도 한 길 사람 속은 모른다"는 말처럼 선거는 투표를 마치기 전까지 마음을 놓을 수 없다. 하룻저녁에 뒤집힐 수 있는 것이 선거이기 때문이다. 선거를 하다 보면 어느 지역은 상황이 잘 파악되고 날이 갈수록 표가 움직이는 것이 보이는데, 어느 지역은 좀처럼 열세를 벗어나지 못하는 지역이 있다. 지역적 특성 때문이기도 하겠지만 조직이 가동되지 않아 생기는 상황일 가능성이 크다. 공조직만 믿고 있다가 조직 책임자가 움

1/n 친목계를 많이 만들어야

과거의 선거 조직이 돈을 중심으로 하는 수직적 관계였다면 이제는 인간관계를 중심으로 하는 수평적 관계로 변화하고 있다. 돈 들이지 않고 아는 사람을 가장 많이 조직할 수 있는 것이 각종 친목계이다. 친목계의 특성은 회비가 1/n로 회원 모두가 공평하게 납부하는 자발적 조직이라는 점이다. 아파트 주민 모임, 동갑내기 모임, 상가 번영회 모임, 향우회, 취미 모임, 조기 축구회 및 배드민턴 동호회 같은 각종 운동 동호회, 그리고 인터넷 동호회 등 다양한 모임에 적극적으로 참여하는 것이 좋다. 이런 모임의 회원이 되어 성실성을 보여주고 인간적인 관계를 쌓아나간다면 실제 선거에서 자발적으로 도와주는 자원봉사자들을 쉽게 조직할 수 있다.

선거의 시작은 유권자 입장에서 출마자가 누구인지 아는 것에서부터 출발한다. 이러한 인지도 제고를 평상시 가장 자연스럽게 시작할 수 있는 곳이 바로 친목계이다.

직이지 않으면 아무것도 할 수 없는 상황이 초래되는 경우도 있고, 사조직의 어느 한 단체를 믿고 있다가 낭패를 보는 경우도 허다하다. 따라서 조직은 종과 횡을 가르는 거미줄과 같이 촘촘하게 짜여야 한다. 하나의 조직만으로 1개의 읍·면·동을 책임지게 해서는 안 된다. 공조직, 동창회, 향우회, 친목계 등이 서로 씨줄과 날줄처럼 빈틈없이 짜여야 비로소 조직이 구축되었다고 볼 수 있다. 그래야 조직 간 움직임을 자연스럽게 확인할 수 있으며, 이를 통한 상호 견제도 가능하다. 주식 투자에 있어 계란을 한 바구니에 담지 않는다는 말처럼 일방적으로 특정 조직에만 모든 것을 맡겨서는 안 된다. 조직 내에 한쪽으로만 힘이 쏠리면 반드시 역효과가 일어난다는 사실을 명심하라.

　선거는 본인의 한 표로 시작해 한 표가 열 표가 되고, 열 표가 다시 백 표, 천 표로 확산되는 과정의 연속이다. 즉 나에서 시작해 가장 가까운 곳에서부터 표가 확산되지 않으면 질 수밖에 없다. 자신의 가족, 친구, 동문, 종친, 향우, 후보가 살고 있는 지역이나 아파트 등에서 착실히 표를 다져야 이길 수 있는 기반이 되는 것이다. 자신의 가까운 곳에서부터 인정받지 못하면 1년 내내 돌아다녀도 표가 되지 않는다.

10만 원만 꿔주세요. 연말에 갚을게요!

후원금 모금 운동에도 1:250 법칙을 활용할 필요가 있다. 후보와 가까운 사람들이 후원 대상이기 때문이다. 현행 정치자금법에 따르면 유권자가 후원금을 기부할 경우 10만원까지는 연말 세금 정산 시 세금을 깎아주는 세액공제 혜택을 받을 수 있다. 다시 말해 후보자에게 10만 원을 후원하면, 국가로부터 10만 원을 다시 돌려받을 수 있다는 의미이다. 친지나 동료들에게 이 제도를 잘 홍보하면 후원금도 모금하고 지지자도 확보할 수 있을 것이다.

후원회 활동 역시 미리미리 준비해 두어야 한다. 선거운동이 시작되고 나서부터는 후원회 활동에 집중하기가 쉽지 않다. 특히 국회의원 후보의 경우는 예비후보자로 등록하면 후원회 구성이 가능한 반면, 단체장 후보는 선거운동기간에만 할 수 있기 때문에 더욱 불리하다. 따라서 사전에 후원 대상자 명단을 잘 정리하고 미리미리 접촉하는 노력이 필요하다.

명단 확보에
사활을 걸어라

예비후보자는 세대수의 1/10에 해당하는 범위 안에서 관할 선관위에 발송 신고를 한 후 예비후보자 홍보물을 우편 발송할 수 있다. 예비후보자 홍보물은 예비후보 단계에서 유일하게 종합적이고 체계적으로 후보를 소개할 수 있는 홍보물이다. 그러나 무작위로 홍보물을 보내는 것보다는 정확한 타깃을 정해 집중적으로 자신을 알리는 일이 더 중요하다. 제한된 홍보물을 경쟁 후보나 상대 정당의 열렬한 지지자들에게 보내는 일은 '죽 쒀서 개 주는 격'이다. 따라서 자신의 홍보를 위해 유의미한 인명부(데이터 베이스)를 확보해야 한다. 지역의 영향력 있는 오피니언 리더들, 당원, 후보의 인지도가 낮지만 공략해야 할 계층 등에 대한 명단을 사전에 데이터베이스로 구축해서 준비하고 있어야 한다.

주민자치센터부터 공략하라

선거를 준비하는 후보자는 먼저 주민자치센터와 친해져야 한다. 동장이나 사무장, 동 직원들, 공무원들과 친분을 쌓아야 한다. 자주 들러 서로의 얼굴을 익히는 것은 물론이거니와 가끔씩 어울려 막걸리라도 한 잔씩 나누면 누가 동네에서 영향력이 있는지, 최근 동네 민심은 어떤지를 쉽게 파악할 수 있다. 동네를 알고 지역을 알아야 공략해야 할 목표가 설정된다. 요즘도 주민자치센터엔 주민자치위원회, 통장협의회, 새마을협의회, 바르게살기협의회, 청소년지도위원회 등 조직이 대략 10여 개 이상 된다. 누가 그 단체의 핵심 인물인지를 내 편이든 아니든 간에 미리 파악해야 한다. 적을 알아야 선거를 치를 수 있다. 주민자치센터에 가면 지역 사회의 유력 인사들 명단이 잘 정리되어 있다.

자료를 수집하여 가능하면 지역 조직 내 사람들과 자주 만나고 어울려야 한다. 그래야 지역 사회의 문제를 함께 고민할 수 있다. 하루 이틀에 되는 일은 아니겠지만, 천 리 길도 한 걸음부터다. 차근차근 준비하고 노력해야 한다.

한 장의 명함이 모여 천 명의 유권자가 된다

후보자는 선거운동 이전부터 명함 관리를 꾸준히 해야 한다. 만나는 사람은 반드시 명함을 받고 전화번호와 이메일을 데이터베이스에 입력한다. 또한 만난 사람에게 그 다음 날 감사와 반가움을 표시하는 문자나 이메일을 보내 그 사람을 내 편으로 만들어야 한다. 한 통의 감사 문자와 이메일이 미래의 단단한 지지자를 만드는 일이다. 한꺼번에 모아서 하면 나중에 커다란 짐이 된다. 매일 습관처럼 하다 보면 자신도 모르게 상당한 인맥이 만들어진다. 데이터베이스는 외부에서 구할 수도 있지만 후보자가 직접 만난 사람들에서부터 시작해야 한다는 사실을 결코 잊어서는 안 된다.

경쟁자와 지지자가 겹칠 경우(같은 동문, 종친, 향우회 등인 경우)

경쟁자가 같은 동문, 같은 종친, 같은 향우, 같은 친목계원 등으로 지지자가 겹치는 경우가 많이 있다. 특히 시골의 경우는 한 다리만 건너도 지지자가 겹칠 수밖에 없다. 그래도 선거는 편을 갈라야 한다. 그래서 "내가 왜 출마해야 하는가", "내가 왜 당선되어야 하는가"에 대한 분명한 입장 정리가 중요한 것이다. 자신이 속한 아주 가까운 단위에도 출마의 당위성을 설득하지 못하면 그 선거는 당연히 실패한다. 같은 종친이나, 동문회, 향우회 등에 영향력 있는 원로나 회장들을 먼저 만나 설득하고 동의를 얻는 것이 중요하다. 공개적인 지지를 유도하지는 못하더라도 자기가 속한 그룹에서는 최소한 경쟁자를 이기고 가야 한다. 본인의 주위로부터 승리의 바람이 확산되지 않는 후보는 결국 실패하기 마련이다.

관리하지 않는 명단은
종이 쪼가리다

조직을 구축하는 것도 중요하지만 관리하는 것은 더욱 중요하다. 후보자는 제일 먼저 친지, 동창, 사회 동료 및 지지자 등 자신의 인맥을 총동원하여 선거구 내 거주자 중에서 그들의 부탁이면 반드시 들어줄 특별한 관계의 사람을 능력껏 추천해달라고 요청해야 한다. 가급적 선거구 내 연고자를 추천 받는 것이 좋지만, 선거구 내 연고자가 없을 경우 능력이 있거나 인맥이 넓은 사람을 추천 받아 핵심 운동원으로 임용하거나 그 사람의 인맥을 활용하여 재차 연고자를 찾을 수 있다.

연고자 카드, 인맥 관리의 시작

후보의 지인들은 물론이며 캠프의 구성원 모두의 연고자부터 취합해야 한다. 선거사무실에는 '지인 찾기' 카드를 비치해 방문하는 모든 사람에게 추천을 받는 것도 방법이다. 이를 통해 연고자의 이름, 주소, 전화번호, 이메일 주소, 직업, 추천자와의 관계 등을 기록한 명단을 확보한다. 또 후보가 개설한 인터넷 홈페이지나 블로그 등에 '연고자 찾기'라는 제목으로 서식을 게재하거나 당원 집회, 선거사무소 개소식에 서식을 비치하여 작성하게 하는 방법도 있다.

이렇게 확보한 명단은 반드시 프로그램을 통해 데이터베이스로 구축하여 체계적으로 관리해야 한다. 이 작업을 꾸준히 해서 어느 정도 데이터가 쌓이면 선거 운동원이나 홍보 대상으로 활용할 수 있을 뿐만 아니라 지역 인사의 성향과 움직임도 파악할 수 있다. 소규모 지역에서는 이러한 조직의 영향력이 막강하므로 후보는 이들 조직을 어떻게 확대해 나갈 것인지에 대해 많은 연구를 할 필요가 있다.

데이터베이스 작업에 반드시 필요한 항목은 성명, 성별, 나이, 주소, 전화번호, 입수된 경로, 추천인, 활동 단체, 직장, 성향, 접촉 여부, 특이점 등이다. 이렇게 확보된 연고자 명단은 평상시에 잘 관리해야 조직의 효과를 극대화할 수 있다. 당선에 도움을 줄 수 있는 사람은 후보가 직접 찾아가 인사를 하고 주기적으로 전화를 걸거나 이메일을 보내는 등 꾸준하게 관심을 표명해야 선거에서 실질적인 도움이 된다. 대상자가 많을 경우 후보자의 배우자 또는 동 책임자가 대신 인사를 하게 하여 자신의 인지도를 높이고, 지지 기반을 확대하여 실제 선거에서 도움을 받을 수 있게 해야 한다.

특히 치열한 경선이 예상되는 지역의 출마자는 사전에 이러한 명단을 충분히 확보해야 전화 홍보 등을 효율적으로 할 수 있다. 또한 나름대로의 기준을 정해 등급화(A급·B급·C급·D급)해야 한다. 예를 들면 A급은 후원금과 자원봉사를 함께 해 줄 수 있는 사람, B급은 후원금만 제공할 수 있는 사람, C급은 자원봉사만 가능한 사람, D급은 단순 지지자 등으로 분류할 수 있겠다.

본격적인 선거운동이 시작되면 유권자는 여러 후보 측에서 걸려오는 선거운동 전화에 짜증이 날 수 있는데, 지인의 추천을 통한 선거운동 전화는 그 저항이 적어

후보의 호감도를 높이기 수월하다. 뿐만 아니라 계속해서 다른 연고자를 추천받으면서 연고자 범위를 지속적으로 확대하면 그 파급 효과도 커지게 되므로 이 점을 명심하고 연고자 파악에 신경을 써야 한다.

'연고 홍보'는 전화 홍보뿐 아니라 모든 선거 캠페인에 있어 중요한 운동 방법이다. 박빙의 선거에서는 캠프가 의미 있는 '연고자' 명단을 얼마나 많이 가지고 있느냐에 따라서 승패가 좌우된다.

Sample

연고자 추천 카드

추천자	성명	연락처	비고

성명(성별)	주소	전화	이메일	직업	관계

작성하신 연고자 명단은 아래 이메일이나 팩스로 보내주시기 바랍니다.
E-mail: dangseon@kkok.com
Fax: 12-345-6789

선거 브로커 퇴치법

선거가 벌어지면 자신이 갖고 있는 표가 적지 않다는 브로커들이 접근해온다. 그리고 은근한 압력과 함께 조직을 움직이기 위한 금품을 요구한다. 정치 신인이나 마음이 급한 후보들이 여기에 넘어가는 경우가 종종 있다. 그러나 브로커에 속는 것은 독약을 마시는 것과 같다는 것을 명심해야 한다. 선거를 망칠 뿐만 아니라 선거법상 엄중한 처벌이 뒤따르기 때문이다.

대전에서 구청장 선거를 준비하던 ○○○ 씨에게 한 남자가 찾아와 "당신을 지지할 당원을 여러 명 모아줄 수 있다. 당비 낼 돈과 약간의 수고비만 주면 된다"고 말했다. 당 내 경선 승리가 절박했던 ○○○ 씨는 유혹에 넘어가고 말았다. 이 남자는 356명의 당원을 모아왔고 ○○○ 씨는 이들의 10개월치 당비 712만 원을 포함해 모두 1,000만 원을 건넸다. 결국 ○○○ 씨와 이 남자는 선관위에 적발되어 검찰에 고발됐다.

모든 지역 선관위는 선거를 앞두고 선거감시단을 가동한다. 감시 대상은 다음과 같다.

- 금품 살포·향응 제공 등 불법 기부행위
- 선거 브로커·사조직 등을 이용한 사전 선거운동
- 후보자(후보자가 되려고 하는 자 포함) 및 그 배우자 등 가족에 대한 비방 및 흑색선전
- 지방자치단체장·공무원의 선거 개입 행위
- 당내 후보 경선과 관련한 당원 매수 행위
- 사이버상의 각종 불법 선거운동 행위 등

아울러 이러한 선거범죄를 신고했을 경우 사안의 경중에 따라 최고 5억 원의 범위 내에서 신고 금액의 50배에 해당하는 신고 보상금을 지급하고 있어 당선 무효는 물론 선거를 시작도 하기 전에 접어야 하는 불상사가 생길 수 있다. 철저하고 각별한 주의가 요구된다.

브로커를 퇴치하기 위해선 원칙적으로 돈 안 드는 깨끗한 선거를 하겠다는 후보자의 의지가 가장 중요하다. 아울러 선거사무실에 공명선거와 관련한 선관위 포스터를 붙이고, 사무실을 개방형으로 꾸며 브로커들이 은밀한 접촉을 못하도록 하는 것도 좋다. 지난 선거에서 한 후보는 선거사무실에 CCTV를 설치하고 24시간 인터넷에 공개해 깨끗한 이미지를 홍보하는 동시에 선거 브로커들의 접근을 원천봉쇄하기도 했다.

본선보다
예선이 더 힘들다

　민주 정치는 정당 정치다. 아무리 사람들이 정당의 정략적 행태에 신물을 내고 정당 정치에 대한 불신을 토로해도 정당 정치는 민주 정치를 이끌어 가는 데 없어서는 안 될 중요한 제도이다. 현행 선거법이 무소속 후보와 정당 추천 후보의 형평성 보장을 위해 많은 사항을 보완하였지만, 선거법 조항마다 정당 추천 후보가 유리하도록 규정되어 있는 것은 부인할 수 없다. 정치 신인일 경우 정당 공천의 중요성은 두말할 나위가 없다.

　정당 공천, 즉 정당 추천 후보가 되면 자신을 추천한 정당으로부터 다양한 지원을 받게 된다. 각 정당마다 사정에 따라 다르겠지만 선거 자금 지원부터 선거 기획, 정당 조직의 활용까지 정당 추천 후보가 얻을 수 있는 혜택은 금액으로 환산하기 어려울 정도로 크다. 또 각 정당의 지지자를 등에 업고 선거에 임할 수 있다. 아직도 특정 지역에서는 특정 정당의 공천만 받으면 당선될 정도다. 그만큼 정당 공천은 중요하다.

지방선거는 특성상 많은 후보가 난립한다. 때문에 본선보다 경선이 더 어렵다는 말이 나오기도 한다. 예비후보 이전과 예비후보 단계의 선거운동이 대부분 공천 선거 운동이 되는 이유도 여기에 있다.

현재의 정당은 과거의 총재나 당 대표가 지배하던 보스 정당과는 여러 가지 측면에서 다르다. 당 총재의 일방적인 낙점으로 공천을 주던 시대는 이미 끝났다. 일방적으로 보스나 계파가 과거와 같이 공천권을 마음대로 행사하는 것이 결코 쉽지 않기 때문에 누구 한 사람에게 의지하여 공천을 받고자 한다면 큰 오산이다. 따라서 경선에 영향을 미칠 수 있는 지도부와 유대 관계도 중요하고, 지역 핵심 당원들과 긴밀히 소통하는 것도 대단히 중요한 일이다. 경선이 전쟁이라면 핵심 당원은 곧 나를 위해 앞장설 병사나 다름없다.

정당 공천을 위한 조직은 따로 있다

정당은 조직이다. 피라미드 형태로 거미줄처럼 이어진 정당의 조직은 인체의 혈관과도 같다. 당내 경선은 일종의 조직 싸움이라고 할 수 있다. 후보 혼자서 할 수 있는 일에는 한계가 있다. 정당은 조직 구성원이 여론을 형성하고 전파한다.

후보는 당직을 갖도록 노력하고 당내 행사에는 빠짐없이 참여함으로써 당에 대한 기여도를 제고해야 한다. 또한 지역 내에서 실시되는 각종 행사 일정을 파악하여 참여함으로써 후보의 위상도 높여야 한다. 어느 날 갑자기 입당을 조건으로 공천을 달라고 하면 당내에서 공천을 위해 말없이 일해 온 당직자들의 반발이 매우 심할 것은 불 보듯 뻔하다.

현재 정당법상으로는 시·도당이 정당의 최일선이다. 시·군·구, 읍·면·동, 국회 의원 선거구 단위에 당원협의회를 둘 수 있다. 하지만 결국 공식적인 정당의 최

일선은 해당 시·도당이다. 최근의 추세는 지방선거의 경우 공천권을 시도당에 위임하는 정당이 늘어나고 있다. 그렇기 때문에 시·도당의 간부, 또는 지역별로 유력한 정당 관계자와 친분을 쌓아나가야 한다. 공천도 사람이 하는 일이라는 것을 명심하자. 당내 경선이 당원 투표나 당원 대상 여론조사로 이루어질 경우 대부분의 정당이 핵심 당원을 그 주체로 한다. 본인이 직접 받은 당원의 입당 원서는 추후 경선에서 든든한 후원 세력이 된다. 한국인의 정서상 지지할 의사가 없는 사람에게 입당원서를 써주지는 않는다. 부지런히 발품을 팔아 꾸준히 입당 원서를 받으면 묵시적인 선거운동 효과도 있을 것이다. 하지만 현행 정당법상 당비 대납은 금지되어 있으며, 선거법상 입당 원서를 받을 때 본인에 대한 지지·호소도 금지되어 있음을 유의해야 한다. 한편 각 정당마다 평상시에 당비를 납부하는 핵심 당원뿐 아니라 일반 당원에게도 일정한 투표권을 부여하는 추세이므로 경선 직전까지 꾸준하게 입당 원서를 받는 것이 좋다.

당내 경선을 회피하지 마라

정당의 공직선거 후보자를 선출하기 위한 선거(경선)도 공직선거법의 적용을 받는다. 공직선거법 제140조에 규정된 후보자 선출대회에 속하는 개념이며 정당이 후보자를 추천함에 있어서는 공직선거법 제47조 제2항의 규정에 따라 민주적인 절차에 의하도록 되어 있고, 구체적인 절차는 정당의 당헌에 명시하도록 되어 있다.

당내 경선 선거운동도 공직선거법을 준수해야 하며 위반 시에는 당내 경선이라 하더라도 예외가 없다. 따라서 당내 경선을 전략적으로 활용하여 이슈와 분위기를 선점하는 것이 좋다. 당내 경선을 잘 활용하면 이른바 컨벤션 효과라고 하여 후보의 인지도와 지지도를 높일 수 있는 장점이 있다. 또 정당간 후보 단일화를 위한 경선은 선거구도를 단순하게 만들어 선거 승리의 가능성을 높여준다. 다만 치열한 당내 경선은 적지 않은 후유증을 남겨 본선에서 커다란 타격이 될 수 있기 때문에 이를 극복하기 위한 노력이 필수적이다. 과거, 경선이 처음 도입될 때만 해도 미숙한 실행으로 당원 간 흠집만 남기고 상처를 치유하지도 못한 채 본선을 치러 결국 패한 지역구가 많았다. 경선 문화가 정착되어 가고 있는 지금은 경선 후보 간 정책토론회나 합동토론회 등을 통해 생산적인 정책 대결을 유도하고, 경선 선거 인단들이 이를 적극 전파하도록 견인하여 일석삼조의 효과를 얻도록 해야 한다.

반대자를 잘 규합하라

정치인이라면 누구에게나 반대자가 있다. 지난 선거의 경쟁자, 공천에서 탈락한 사람, 현역 의원에게 소외된 사람, 차기 정치권 진입을 노리고 있는 사람 등은 어느 지역, 어느 선거에나 있기 마련이다. 바로 이러한 정치적인 역학 관계를 빨리 파악하여 세를 규합하는 것이 매우 중요하다.

연합 전선을 구축하는 데 있어서 절대적인 것은 후보의 정치력이다. 연합의 대상자들은 그 누구의 말보다 후보로부터 직접 약속을 받아내고 싶어 하기 때문이다. 반대자를 규합하는데 있어서 가장 중요한 상대는 경선에서 떨어진 후보이다. 그는 이미 후보 못지않은 조직과 지지자를 갖고 있으며 이들은 성향상 후보를 지지할 가능성이 높은 사람들이다. 다만 경선 과정에서 서로 상처를 주고받았기 때문에 감정적으로 소원해진 상태일 가능성이 높다. 이들의 마음이 돌아서는 것은 상대당 후보나 지지자의 마음이 돌아서는 것 두 배 이상의 피해를 안긴다. 본선에 승리하려면 경선 낙선 후보와 그 지지자들은 반드시 끌어안아야 한다. 반대로 생각하면 상대당 경선에서 떨어진 후보로부터 소극적인 지지라도 이끌어 낼 수 있다면 본선 경쟁상대에게는 커다란 타격이 될 것이다.

공천 자료 잘 만들기

대개 공천 자료는 형식적인 요식 행위에 불과하다고 생각한다. 그러나 최근에는 당선 경쟁력이나 후보자 상품 경쟁력 등을 공정히 따져야 한다는 여론이 정치권 내에 팽배하므로, 공천 자료는 후보 선정을 하지 못한 당 지도부(공천심사위원회)에게 '중요한 판단의 근거'가 된다(지도부 부동표를 지지표로 바꾸는 계기가 될 수 있다).

즉 후보 홍보물, 후보 여론조사 결과, 선거 전 캠페인 활동 결과, 지역정책 및 공약, 후원인 추천서 및 서명 등의 자료는 후보를 선정하는 데 있어 객관적인 증빙 자료가 된다. 가능한 한 상품성이 있어 승리가 보장되는 후보를 선택하고자 하는 것이 모든 심사위원들의 공통된 심리다. 잘 정리된 공천 자료는 지역 언론에 보도 자료 형식으로 배포하여 후보의 인지도와 선호도를 높이는 데 활용할 수 있다.

이기적인 선택 (김용규 후보)
- 청주시의원선거에 출마하며 -

2일 후보등록을 마치고 선관위 테라스에 나와 제가 사는 아파트 방향의 하늘을 물끄러미 바라보며 내가 왜 이곳에 서 있는지를 자문해 보았습니다. 어쩌면 짧고 아니 길수 있는 6년여의 시간동안 제가 살고 있는 개신1단지아파트 그리고 성화.개신.죽림동 마을 주민들과 함께 했던 일들이 주마등처럼 지나갔습니다. 2009년 주민들간 고소고발이 난무하고 혼란에 휩싸여 서로에게 깊은 마음의 상처를 주었던 개신1단지아파트의 입주자대표회의 회장을 맡게되었습니다. 주민들간의 시기와 반목 불신의 원인이 무엇인지 그리고 해결방법이 무엇인지 고민을 하게 되었습니다. 이전에 있었던 일들을 되짚어 보고 사실관계를 파악해 보니 아파트의 이러저러한 이권을 놓고 싸운 다툼이었습니다. 더 이상 서로에게 진실은 중요하지 않았습니다. 반대편이 곤경에 처하면 그것이 기쁨이 되었습니다.

- 입주자대표회의 전세대 TV생중계

그리고 모든 정보를 종합해 보니 옳고 그름의 문제, 선악의 문제가 아님을 알게 되었습니다. 이후 주민들이 화합의 길로 가기 위해선 어느 편에도 서지 않고 사실을 중심으로 소수가 아닌 모든 주민이 정보를 공유할 수 있도록 입주자대표회의를 세대내 TV생중계하였습니다. 몇 명이 정보를 독점하고 자신에게 유리하게 재생산할 수 방법이 없도록 원천적으로 차단하였습니다. 모든 주민이 아파트 일을 속속들이 알게 됨으로 불필요한 오해를 없애고 건강한 제안을 받을 수 있는 토대를 마련하게 되었습니다.

- 주민들의 소통의 장 벼룩시장.문화행사 개최

주민들 간의 상처와 아픔은 그냥 해결되는 것은 아니었습니다. 서로 만나고 부딪칠 수 있어야하고 서로의 관심과 다름이 무엇인지를, 이웃이 어우러지니 재미있구나하는 생각을 할 수 있게 되었습니다. 봄. 가을로 벼룩시장을 개최하여 주민광장에서 줄넘기 훌라후프 돌리기 제기차기 신발 멀리 벗어던지기 프로그램을 진행하였습니다. 이웃들의 웃음이 끊이지 않는 광장은 눈시울을 뜨겁게 하기에 부족함이 없었습니다. 여름방학, 겨울방학에는 1박 2일 문화캠프를 개최하여 우리 아이들과 서울 경복궁 등 4대궁궐을 탐방하고 천문학의 이해를 돕기 위해 별마로천문대, 경주 신라유적지, 박경리 토지의 고장 경남 하동, 고산 윤선도의 유허지 보길도, 분단의 아픔과 선사유적의 강화도, 바른정치교육을 위해 국회방문을 다녀왔습니다. 보길도에서는 태풍을 만나 배가 출항을 못하여 2박 3일의 프로그램이 된 기억이 생생합니다. 아이들과 엄마들의 즐거워하는 모습이 행복한 추억으로 떠오릅니다.

1년에 한 두번씩 아이스크림영화제를 개최하였습니다. 밤하늘의 별만큼 아름답던 이웃들의 빛나는 눈동자가 선합니다. 점차 주민들의 아픈 기억들이 조금씩 치유되고 있음을 알 수 있게 되었습니다.

– 주민들의 자랑 '글마루작은도서관'

처음 입주자대표회장이 되어 대표회의실을 보고 놀랐습니다. 주민들이 이용할 수 있는 공동시설이 부족한 우리 서민아파트에서 권위적인 회의실을 보게 된 것입니다. 이 시설을 우리 주민들이 활용할 수 있는 공간으로 바꾸어야겠다고 생각했습니다. 헬스장, 탁구장등 여러가지 의견들이 있었지만 다수의 주민이 이용할 수 있는 시설이 되어야한다고 생각했습니다. 협소하고 방치되어 있던 문고를 작은도서관으로 재탄생시켜야겠다고 마음 먹고 재원마련을 위해 동분서주하였습니다. 대기업의 문을 두드리고 지자체에도 도움을 구하였습니다. 세상의 일이 어찌 쉬운 일이 있겠습니까! 그러나 노력하는 사람에게 기회가 온다고 하나요. 지역 도의원의 도움으로 도비 6천만원 시비 3천만원 자비 3천만원으로 재원을 마련하게됩니다. 4개월여의 공사를 통해 2010년 4월 24일 개관을 하게 됩니다. 개관식때 주민들과 내빈들 앞에서 인사말을 할때 울컥, 눈물을 참느라...

이렇게 말했습니다. "여러분의 도움이 헛되지 않도록 반드시 가장 모범이 되는 작은도서관을 만들겠습니다." 그렇게 시작된 글마루작은도서관은 우리아파트 주민뿐만이 아닌 청주시민 누구나 이용할 수 있는 공공시설로 공익성을 최우선으로 1,600여명이 넘는 회원을 둔 작은도서관으로 성장하였습니다. 도서관의 순기능을 기본으로 부족한 문화복지를 채우는 공간으로 자리잡았습니다. 어머니들의 동아리활동, 클래식기타공연, 빛그림 그림자극공연, 동화작가 수필가강연 수차례의 행사는 기억하기조차 어려운 많은 일들이 도서관에서 이루어지게 됩니다. 젊은 엄마가 동화책을 들고 고사리 손을 어루만지며 어린 자녀에게 책을 읽어주고 있는 모습을 보고 있노라면 이 세상 어떤 행복과도 바꾸고 싶지 않은 행복감을 느꼈습니다.

– 우리 아파트를 넘어 주민자치위원회로

동네 일을 하다보니 동장님의 권유로 2010년 주민자치위원이 됩니다. 몇 번의 사양 끝에 글마루 작은도서관 설립 시 도움을 받은 일로 뿌리치지 못하고 받았습니다. 이듬해 주민자치위원회 간사직을 맡게됩니다. 풀뿌리민주주의의 꽃인 지방자치 중 어쩜 가장 중요한 것이 주민자치위원회일겁니다. 그러나 아직 제자리를 잡지 못하고 있는 것이 우리의 현실입니다.

85%의 주민이 공동주택(아파트)에 살고있는 성화개신죽림동은 특성상 이웃 간의 교류와 소통이 적을 수 밖에 없습니다. 개신1단지의 경험을 어떻게 지역사회에 옮겨올 수 없을까를 고민하게 됩니다. 2010년도 지역에서 마을사업을 하고 있는 사회단체가 우리 행정동 내에서 축제를 열고 있음에도 주민자치센터와 주민자치위원회는 그 사실조차 알지 못하고 있었습니다. 이에 기존 시민단체와 협력하여 제 1회 성화개신죽림동주민축제 '우리 이웃이 좋다'라는 캐치프래이즈로 축제를 진행하게 됩니다. 12년 '영희야! 현관문을 열어라~' 13년에 '철수야! 희망을 당겨라'를 개최합니다. 지역이 새로운 바람이 불고 공동주택의 단절성이 조금이나마 극복되는 길로 나갈 수 있는 단초를 마련하게 됩니다. 보수적 성향의 주민이든 진보적 성향의 주민이든 서로 양보하고 합심하면 더 좋은 공동체를 만들 수 있고 서로가 우리 공동체에서 함께 살아가야할 구성원들임을 알 수 있는 계기가 됩니다. 주민축제 내내 점심도 먹지 않고 진행을 맡아 보았는데 배고픈 지도 몰랐습니다. 생리적 허기보다 더 많은 기쁨의 포만감을 먹어서 일겁니다.

– 마을협동조합 마을의 희망이다

마을 일을 하며 참으로 성실하고 건강한 이웃들이 많구나하는 생각을 무척 했습니다. 이런 이웃들과 어떻게 하면 더 뜻있는 일, 더 행복한 일을 함께 할 수 있을까? 그리고 지속가능하고 영속적인 마을을 만드는데 주체로서 묶어세울 수 없을까를 고민하게 됩니다. 협동조합법이 마련되고 이것을 도구로 활용해야겠다 생각을 합니다. 개인적인 이익추구에 익숙한 우리 이웃을 협동의 개념을 이해시키는 데는 적지 않은 어려움이 있었습니다. 지속적인 미디어학습, 정보공유를 통해 이 길이 우리의 삶을 변화시킬 수 있는, 새로운 사회로 진일보할 수 있는 길이다 라는 것을 어렵사리 합의합니다. 그러나 가치는 동의하지만 그 것을 현실화시켜나가는 과정은 더욱 어려웠습니다. 실행사업을 정하고 재원을 마련하는 과정에서 진척이 되지 않았습니다. 리드하는 제 자신에 문제가 없는지 많은 고민을 했습니다. 내 사회적인 존재가 아직 신뢰감을 주기에는 많이 부족하구나 이런 생각을 지울 수가 없었습니다. 어찌되었건 협동조합은 현실화되지 못했습니다. 그러나 이 길이 우리가 함께 더불어 살수있는 아주 중요한 가치이고 이 일을 꼭 이루어내겠다는 생각은 변함이 없습니다. 2014년을 협동조합'우리이웃이좋다." 설립의 원년으로 반드시 만들어야한다고 다짐을 합니다.

- 마을이 변해야 정치가 바뀝니다

우리는 '정치권력'이라는 것을 통해 새로운 제도를 만들고 새로운 법을 만들어 건강한 사회를 만들 수 있습니다. 맞습니다. 그러나 제도도 법도 건강한 공동체의 뒷받침이 없다면 언제 사라질지 무너질지 모르는 아주 허약하다는 것을 우리는 경험을 통해 잘 알고 있습니다.

마을의 건강함을 통해 우리 이웃들은 합리적이고 상식적인 건강한 정치적 선택을 할 수 있습니다. 또한 그런 마을공동체는 건강한 제도와 법을 지켜내는 중요한 힘이 됩니다.

- 더 행복해지기 위해서 이 길을 가려합니다

누군가 왜 시의원이 되려 하느냐고 묻습니다. "제가 더 행복해지기 위해 섭니다."라고 대답했습니다. 지난 시간 저는 이웃들과 멋진 많은 추억을 만들었습니다. 우리 아이들과 엄마들이 행복해 하던 모습을 보며 저는 몇 배의 행복을 느꼈습니다. 우리 자식을 키우며 경험을 했을겁니다. 자신 입에 들어가는 것 보다 자식의 입에 맛 난 것이 들어가는 모습을 지켜보는 것이 더 배부르고 행복하다는 것을요. 저는 더 큰 행복의 포만감을 위해 '이기적인 선택'을 했습니다. 이것이 제가 이 길을 가고자 하는 이유입니다

Part 04

Publicity
홍보

미리 준비한
사람이 승리한다

홍보를 위한 세 가지 원칙

일관성, 차별성, 선명성

후보 자신에 대한 분석과 상대 후보에 대한 분석, 그리고 유권자에 대한 분석을 끝내고 선거를 위한 각종 기획과 조직 작업이 어느 정도 갖추어졌다면 이제 관건은 홍보다. 선거의 궁극적인 목적이 '당선'이라면, 홍보는 그 목적을 달성해주는 하나의 방법이다.

홍보란 예비후보자 기간이나 법정 선거기간에 펼쳐지는 다양한 방법의 유세나 유권자들에게 내놓는 인쇄용 홍보물만을 말하지 않는다. 평소에 사람을 만나는 일, 그 사람과 나누는 이야기를 비롯해 심지어 차림새, 헤어스타일, 말투 등도 모두 홍보에 포함된다. 따라서 자신의 선거 전략에 입각한 홍보 전략 수립이 선거의 시작이다.

홍보 전략 수립은 '나는 누구인가'라는 상황 인식에서부터 시작한다. 지역 사회에서의 인지도나 출마 동기에 대해 정확한 상황 인식을 하고 있어야 누구에게 전달할 것인지(WHO), 무엇을 전달할 것인지(WHAT), 왜 전달할 것인지(WHY), 언제 전달할 것인지(WHEN), 어디에서 전달할 것인지(WHERE), 어떻게 전달할 것인지(HOW)를 결정할 수 있다. 바로 이 육하원칙에 따른 이유를 명쾌하게 설명해 낼 수 있는 잘 다듬어진 메시지가 곧 홍보 전략의 수립이라고 말할 수 있다.

늘 같아야 한다, 일관성

홍보에서 화려함이 곧 표심을 잡는 것은 아니다. 때로는 투박한 것이 화려함을 이긴다. 중요한 것은 화려함이나 투박함이 아니라 후보의 홍보 콘셉트가 선거 캠페인 전략과 얼마나 잘 어울리는지, 후보의 말이나 행동이 홍보물 등에 통일성과 꾸준한 일관성을 갖는가 하는 점이다.

서민을 대표하는 후보를 자처하면서 명품 의상이나 소품 등을 애용하고, 화려하기 그지없는 홍보물을 보내왔다면 어떻겠는가? 환경운동가 경력을 내세우면서 지역의 랜드 마크를 만든답시고 유휴림에 휴양지나 전원주택 단지를 만들자고 주장한다면 어떨까? 개혁적인 후보로 자신을 소개하면서도 늘 보수 단체를 기웃거리고 그들과 어울리는 시간이 더 많다면 유권자는 어떤 생각을 할까?

홍보는 일관성이 중요하다. 다양한 사전 조사와 분석을 통해 자신만의 선거 전략을 세웠다면 홍보 역시 일관된 콘셉트를 유지해야 한다. 만일 소속된 정당을 부각시키며 선거에 임하자고 결정을 내렸을 때에는 정당을 나타내는 컬러나 로고를 최대한 활용하되, 공약 역시 정당의 공약에 충실하면서도 지역의 상황에 맞도록 손질하여 홍보하는 것이 옳다. 이 원칙이 흐트러지면 통일성도 없고 일관성도 없는, 그야말로 원칙 없는 후보로 낙인찍힐 가능성이 크다.

개혁성을 강조하고 싶다면 5~60대의 중장년층보다 젊은 층을 공략하는 홍보 전략을 써야 한다. 홍보물의 비주얼이나 카피도 젊은 층의 선호에 맞추고, 심지어는 차림새나 말투까지도 젊은 층을 공략하는 데 집중해야 한다. 이제껏 보아온 후보들과 똑같이 판에 박힌 듯한 주장이나 반복하고, 대기업 간부쯤이나 들고 다닐 법한 구태의연한 명함을 내민다면 실패한 선거 캠페인이 될 가능성이 농후하다.

정치인은 이미 겉과 속이 다른 사람, 이해관계에 따라 소속을 이리저리 옮기는 일도 마다 않는 철새 등 가뜩이나 부정적인 이미지를 안고 있다. 이러한 정치판에서 일관성은 후보의 이미지를 좌우하는 중요한 요소 중 하나다. 일관성 있는 후보는 뚝심 있는 마당쇠 이미지, 추진력 있는 불도저 이미지를 덤으로 얻게 된다. 그리고 마당쇠나 불도저 같은 이미지는 유권자들에게 곧 신뢰로 통한다.

그러면서 달라야 한다, 차별성

후보 자신에 관해서는 일관성을 유지해야 하지만 상대 후보를 떠올린다면 차별성을 염두에 두지 않을 수 없다. 즉, 스스로는 자신의 선거 전략에 따라 머리부터 발끝까지 꾸준한 일관성을 유지해야 하지만 상대 후보와는 확연히 다른 차별성도 갖춰야 한다.

냉정히 따져보면 유권자들이 본격적인 선거전에서 만나는 후보 모두의 특징과 장점 등을 일일이 기억하기란 쉬운 일이 아니다. 특히 지방선거에서는 광역단체장이나 교육감, 기초단체장 등 굵직굵직한 직함에 도전하는 인물들은 차치하고서라도 기초의회나 광역의회 출마자들은 유권자의 눈에는 모두 같은 선거의 후보들일 뿐이다. 누가 기초의회 후보고 누가 광역의회 후보인지 분간하지 못하는 경우가 다반사다.

본격 선거전이 이럴진대 예비후보자로 등록하는 사람은 얼마나 많을 것이며, 지금부터 지역을 누비는 지망생은 또 얼마나 많을 것인가. 따라서 차별화에 성공하지 못하면 아무개가 출마했었는지조차도 사람들은 기억하지 못할 것이다.

흔히 2:8 가르마라고 불리는 구태의연한 헤어스타일과 여자들이 흔히 하는 올림머리는 그래서 NG(No Good)이다. 이유는 남들도 다 그렇게 하기 때문이다. 아래위로 반듯한 양복이나 정장 차림만을 고집하고 다니는 것 역시 마찬가지다. 선거에 나선 후보가 장삼이사가 되어버리는 것은 업무 태만과 같다.

그렇다면 어떤 방식으로 자신을 홍보할 것인가. 아무리 생각해도 자신을 홍보할 장소가 경로당이나 상가번영회, 부녀회밖에 떠오르지 않는다면 이쯤에서 대충 포기하는 게 현명하다고 감히 충고하고 싶다.

홍보의 방식을 찾아야 한다. 때로는 단정한 헤어스타일, 양복이나 정장을 과감하게 벗어던지고 유권자에게 더 친숙하고 신뢰성 있게 다가갈 수 있는 복장을 입을 수 있는 용기, 고정관념 속의 표밭이 아니라 주민들의 행동반경이나 관심사를 쫓아 늘 새로운 곳을 찾아다니는 노력이 필요하다. 자, 여기서 어떤 헤어스타일, 어떤 복장, 어떤 장소냐고 해답을 찾지 마라. 그것은 참모가 결정할 몫이다. 고민은 신중하게 그러나 결단은 과감하게, 행동은 지금 당장 하라! 그래야 유권자의 눈에 띌 수 있고, 눈에 띄어야 살아남을 가능성도 그만큼 크다.

행동이나 복장이 하드웨어라면 선거 공약은 소프트웨어에 비유할 수 있다. 아무리 겉이 번듯한 컴퓨터라 한들 소프트웨어가 구식이면 말 그대로 빛 좋은 개살구다. 선거 공약 역시 마찬가지다. 너나없이 특목고나 종합대학 유치, 재개발이나 재건축 완화, 그린벨트 해제, 대기업의 생산시설 이전, 대중교통의 편의성 확보 등을 내거는 것이 마치 유행처럼 번지는 요즘이다. 물론 이 같은 공약이 필요치 않다는 것은 아니다. 하지만 이런 공약들은 누구나 쉽게 생각할 수 있는 것들이고, 조금만 깊이 따지고 들면 사실 지자체가 할 수 없는 공약들도 부지기수다. 이러한 공약들로는 다른 후보와 차별화할 수 없다. 공약은 발에서 나온다. 괜히 지역 유지들을 만나 그들의 민원성 하소연이나 들을 게 아니라 밑바닥을 샅샅이 훑어야 한다. 그러다 보면 주민들이 진짜로 원하는 것이 무엇인지가 보인다.

분명하게 나를 표현해야 한다, 선명성

황희 정승이 그랬다던가. 집안의 하인 둘이 다투는걸 보고 황희 정승이 이쪽의 말도 옳고 저쪽의 말도 옳다고 판정했는데, 이를 듣고 있던 아내가 그런 판정이 어디 있느냐고 물으니 "당신의 말도 옳다"고 말이다. 남을 이해하려는 황희 정승의 통 큰 됨됨이를 보여주는 일화이기는 하지만 선거에서 이런 태도는 뜨뜻미지근한 기회주의자로밖에 보이지 않는다.

아무리 선거 전략이나 홍보 전략을 잘 세웠다고 하더라도 전달하는 과정이 뒷받침되지 못하면 아무 소용이 없다. 공직선거에 나선 사람이라면 무엇보다도 공약을 포함한 자신을 알려야 하고, 자신을 알리려면 일단 집을 나서는 순간 모든 체면이나 쑥스러움 따위는 장롱 속에 넣어두어야 한다.

길거리나 사무실에서 만나는 모든 사람에게 밝고 활기찬 모습을 보여주어야 하는 것은 기본이고, 당당하고 자신감 있게 자신을 표현해야 한다. 쭈뼛거리거나 머뭇거리면 아웃이다. 따라서 거듭 강조하건대, 자신의 출마 이유나 핵심 공약을 늘 명확하게 인식하고 있어야 하며 평소 간단하고도 명료하게 전달하는 연습을 해두어야 한다. 마치 군대에서 상사와 눈길만 마주쳐도 반사적으로 관등 성명이 튀어나오는 하급자의 태도처럼 말이다. 환한 표정으로 믿음직스럽게 두 손을 힘주어 부여잡고 명쾌한 말투로 자신을 소개하는 모습을 머릿속으로 그려보라. 생각만으로도 흐뭇하지 않은가.

그렇다고 해서 자기 얘기만 늘어놓아서도 안 된다. 유권자의 말에 진지하게 귀를 기울이는 태도 역시 말하기만큼이나 중요하다. 많은 유권자들은 불만은 많으나 하소연할 곳이 마땅치 않다. 선거가 다가와야 그나마 후보들의 얼굴이라도 대할 수 있으니, 하소연도 이때가 아니면 털어놓을 수도 없다. 바쁜 와중에도 주민의 이야기를 들어주고 맞장구를 쳐주며 해결책을 모색하기 위해 고민하는 흔적이 보이는 후보라면 일단 묻지도 따지지도 않고 표를 던지는 열성 지지자 한 명을 얻은 셈이다. 열성지지자의 표가 얼마나 될지는 얼마나 열심히, 그리고 성실하게 유권자의 이야기에 귀 기울이는가가 결정해 줄 것이다.

이력을 특화시켜 차별화된 공약을 선보이다

2010년 지방선거에서 관악구에 출마해 당선된 유종필 구청장은 자신의 이력을 특화시켜 성공한 케이스다. 유종필 구청장은 민주당의 최장수 대변인을 지냈다.

이로 인해 언론에 주목을 받아 이름과 얼굴이 잘 알려져 있다. 하지만 대변인이라는 특성 때문에 정치 현안에 늘 매섭고 날카로운 말을 쏟아내야 했다. 또 얼굴이 알려진 만큼 정쟁의 중심이라는 부정적인 이미지도 함께 가지고 있었다. 이러한 정치적 이미지는 지방선거에서 자치단체장을 선출하는 경우 부정적으로 작용할수도 있었다. 단체장의 경우 정치력 이외에도 정책에 대한 이해도와 행정적인 경험이 필요하기 때문이다.

유종필 구청장의 경우 정치력은 물론 정책 능력과 행정력을 겸비한 후보라는 이미지를 심기 위해 과감하게 '관악구 도서관 특구'를 전면에 내세웠다. 유 구청장은 국회도서관장 출신이다. 관악구는 서울대가 위치한 곳이며 서민 계층이 많이 살고 있는 곳이다. 이러한 지역적 특성에 착안해 그는 도서관과 교육 문제를 연결하여 관악구를 대한민국에서 도서관이 가장 많은 구로 육성하겠다고 발표했다. 자신이 직접 전 세계 도서관을 다니며 모은 자료를 엮어 《세계도서관 기행》이라는 책도 출판했다. 뿐만 아니라 정책과 공약 역시 '도서관'에 집중하여 홍보했다. 결국 유종필 구청장은 서울시 최다 득표차로 당선되었다.

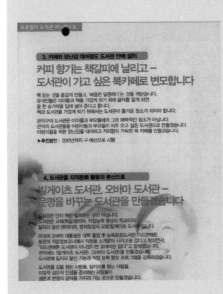

국회도서관장 이력을 특화시켜 '도서관'을 홍보 콘셉트로 잡은 유종필 구청장의 선거 홍보물 ⓒ 유종필

　　　　　　　강원도 최문순 도지사

마음을 담은 공약으로 유권자에게 다가가다

2011년 강원도 도지사 보궐선거에서 선거 초반, 대부분의 언론은 민주당 후보로 나온 최문순 현 강원도지사가 한나라당 엄기영 후보에 비해 20%에 가깝게 뒤 지는 것으로 발표했다. 하지만 선거 결과, 모든 언론의 예상을 뒤엎고 최문순 도지사가 당선되었다.

기적과 같은 역전 드라마의 이유야 많겠지만 그중 최문순 도지사가 유권자에 게 보여준 겸손하고 열린 자세는 승리에 크게 한 몫 했다. 최 도지사는 MBC 평기자 출신으로 시작하여 사장까지 지낸 입지전적인 인물이다. MBC 사장 재직 시절에도 지위 고하를 가리지 않고 머리 숙여 인사하는 그의 겸손함은 정가에서도 이름이 날 정도로 유명했다.

또한 기자 출신이다 보니 손에서 수첩이 떠나질 않았다. 최문순 도지사는 시장, 공사장, 식당 등을 가리지 않고 찾아가 유권자의 사연을 일일이 수첩에 메모했다. 그리고 방송 TV 토론회에서 지역 민원을 얘기한 유권자들의 사연을 소개하면서 자신이 꼭 해결하겠다고 다짐했다.

그뿐만 아니라 유권자의 하소연이 타당하다고 판단되면 캠프로 돌아와 문제 해결책을 찾아내고, 꼭 그 유권자에게 직접 전화를 걸어 해결 방안에 대해 설명해주었다. 도지사 후보가 TV에 나와 자신이 얘기한 하소연을 해결하겠다고 말하고, 그저 의례적으로 얘기한 민원에 대해 도지사 후보가 직접 전화를 걸어와 해결 방안을 말해주는데 열혈 지지자로 변하지 않는 것이 오히려 이상하지 않겠는가.

당선 후 최문순 도지사가 내건 당선사례의 문구는 "도민을 하늘처럼 섬기겠습니다" 였다. 평범한 문구에도 행동과 실천에의 진정성이 느껴지면 명문이 된다. 소크라테스의 '악법도 법이다', 맥아더 장군의 '노병은 죽지 않고 사라진다' 등의 명언은 모두 자신들의 말이 아니라 남의 말을 인용한 것이다. 선거에서 말하기는 쉽지만 그 말에 신뢰성과 진정성을 담아내는 것은 바로 후보자의 몫이다. 멋진 말을 찾는 것도 중요하지만 후보 스스로 마음과 행동을 바르게 잡는 것이야말로 홍보의 가장 중요한 키포인트라는 것을 잊지 말자.

명함에 대한
고정관념을 버려라

명함은 그 사람의 얼굴이다. 색다르고 신선한 명함으로 상대에게 깊은 인상을 주면 그만큼 효과가 크다. 현행 선거법에는 입후보 예정자 본인만이 사진, 성명, 전화번호, 주소 등을 기재한 명함을 통상적인 방법으로 배부할 수 있다. 통상적인 방법이란 거리나 시장 등에서 만나는 불특정 다수에게 배부해서는 안 되며, 사회생활을 하면서 상대방과 인사할 때 의례적으로 명함을 주고받는 방법을 말한다.

다양한 명함을 만들 수 있다

명함은 단 1종만 허용하는 것이 아니기 때문에 여러 종류를 만들 수도 있다. 유권자의 성별이나 직업 등에 따라 여러 종류의 명함을 만들어 놓고 상대에 맞게 배부하는 것도 좋은 방법이다. 예를 들면 입후보 예정자가 교회나 성당에 다닐 경우 교우들에게 주는 명함에는 세례명을 표기한다거나, 나이 드신 어르신들을 위해 글씨를 굵고 크게 제작하는 것도 한 방법이다. 2006년 충남 청양군의원 선거에서 최다 득표로 당선된 김명숙 후보는 명함을 어르신용·일반용·어린이용·시각장애인용 등 때와 장소에 맞게 따로 만들어 유권자에 대한 깊은 배려심을 보여줬다.

명함도 선거 전략과 콘셉트에 입각해야

명함은 유권자에게 후보가 직접 전달할 수 있는 유일한 매체인 만큼 매우 중요한 홍보물이 된다. 명함을 보면 그 후보자가 얼마나 준비되어 있는지, 유권자에 대한 배려와 정성이 얼마나 표현되어 있는지 알 수 있다. 중요한 것은 후보자의 선거 전략과 콘셉트에 맞게 제작되어야 한다는 점이다. 따라서 제대로 된 명함을 만들려면, 먼저 자신의 선거 전략부터 제대로 세워야 한다.

청주시의원 '바' 선거구에 출마한 새정치민주연합 김용규 후보는 명함에 자신의 사진을 팝업으로 만들었다. 명함에 적힌 '김용규를 일으켜 주세요'란 문구에 따라 팝업 사진을 들어올리면 입체도서와 같은 효과로 유권자들에게 즐거움을 주었다. 김 후보는 "기존의 마을 정치인이나 유명인이 아닌 처음 도전하는 신인 입장에서 인지도를 높이려면 참신한 아이디어 밖에는 방법이 없었다"고 말했다.

2014년 지방선거에 출마한 새정치민주연합
김용규 후보 명함 ⓒ김용규

약점을 보완하고 강점을 부각시킨 명함

1995년 서울시장 선거에 민주당 후보로 나선 조순 전 시장은 고령이었다. 노쇠했다는 이미지를 보완하기 위해 젊은 이화여대 학생들과 함께 찍은 사진을 명함에 넣었다. 명함 사진에는 후보 본인만 들어가야 한다는 고정관념을 깬 것이다.

대학생들과 밝게 웃는 모습으로 젊은 이미지를 보여준 조순 전 시장의 명함 ⓒ 조순

소외 계층을 배려하는 따뜻한 이미지 창출

이재준 경기도의원은 명함에 점자를 입력해 시각장애인도 내용을 읽을 수 있게 했다. 실제로 점자 명함을 건넬 대상은 그리 많지 않지만, 이를 통해 소외받는 계층에 대한 후보의 애정을 엿볼 수 있기에 종종 활용된다. 후보가 아무리 부지런하더라도 유권자들을 일일이 다 만나서 자신을 설명할 수는 없는 노릇. 그저 인사와 명함 한 장 받았을 뿐이라 해도 유권자의 기억 속에 후보는 사려 깊고 따뜻한 사람으로 기억될 것이다. 평범한 명함 속에 깊게 박힌 점자처럼 오래도록 말이다.

가족과 함께 찍은 사진을 활용

예비후보자등록 이후에 함께 본격적인 선거운동을 하게 될 배우자나 가족사진을 넣는 것도 좋은 아이디어이다. 명함 배부가 가능한 배우자나 직계존비속의 경우 후보자와 함께 찍은 사진이 들어 있으면 더욱 효과적으로 홍보를 할 수 있을 것이다.

2014년 국회의원 선거에 출마한 민병덕 후보 ⓒ민병덕

명함을 주기보다
받기 위해 노력하라

출마자에게 가장 시급한 것은 자신의 이름부터 유권자에게 알리는 것이다. 일단 출마를 결심한 후보자는 가까운 친인척이나 지인에서부터 모르는 유권자까지 폭넓은 만남을 가져야 한다. 그러나 선진국처럼 자신의 홍보물을 들고 가가호호 방문이 불가능한 우리나라에서는 아무리 열심히 다녀도 도시의 경우 선거가 끝날 때까지 지역구 유권자의 10%도 만나지 못하는 것이 현실이다.

따라서 예비후보자 기간 전까지는 많은 사람을 만나려는 노력보다는 소수의 사람들과 친밀하게 접촉하는 것이 효율적이다. 대부분의 후보들은 인지도 제고에 급급해서 자신을 일방적으로 알리는 데 주력한다. 그러나 자신에 대해 이야기하는 것보다 유권자의 이야기를 들어주는 것이 더 호감을 준다.

현행 선거법은 예비후보자등록 이전까지는 통상적이고 의례적인 범위 내에서 상대방과 명함을 주고받을 수 있도록 규정하고 있으므로 무리하게 명함을 교부해서는 안 된다. 자신의 명함을 전달하려는 노력보다는 유권자의 명함을 받기 위해 노력하라. 명함이 없는 사람의 경우에는 수첩에 전화번호나 이메일 등 연락처를 받아 기록하는 것이 좋다. 특히 인터넷 홈페이지 등을 적극 홍보하고 상대방의 이메일을 확보하여 일상적으로 관리해야 한다.

출마를 결심했다면 수집한 명함이나 명단을 잘 정리하는 것이 중요하다. 수집한 명함 명부를 컴퓨터 프로그램을 통해 정리하고 지속적으로 관리할 경우, 예비후보자등록 이후에도 홍보물 발송이나 이메일, 문자메시지 발송 등에 매우 효과적이다.

유권자의 인적 사항을 받을 수 있는 명함카드를 활용하는 것도 명단확보를 위한 유용한 방법이다.

만난 사람들을 기억하라

부지런히 다니면서 열심히 인사하고 악수를 했지만 유권자의 반응이 시큰둥하다고 호소하는 후보들이 있다. 그 이유는 십중팔구 유권자를 건성으로 대한 탓이다. 많이 만나는 것이 중요한 것이 아니라 제대로 만나야 한다. 사람은 누구나 자신에게 관심을 가져주고 기억해주는 사람에게 호감을 갖기 마련이다. 열 번이나 만나서 악수하고 인사했는데도 못 알아보는 후보를 유권자는 어떻게 생각할까? 유권자를 기억하기 위해서는 항상 메모하는 습관이 필요하다. 항상 기록하고 만난 사람의 이름, 얼굴, 특징 등을 외우는 수밖에 없다. 스마트폰을 이용하여 만난 사람과 사진을 찍어두는 것도 한 방법이다. 찍은 사진을 SNS에 등재하면 친목 도모는 물론이고 자연스럽게 많은 사람들에게 열심히 활동하고 있다는 홍보도 겸할 수 있다.

잘 찍은 사진 한 장이
열 마디 구호보다 낫다

현대 선거는 비주얼 선거다. 선거 홍보물에 아무리 좋은 정보가 가득 담겼다고 하더라도 효과적인 비주얼이 뒷받침되지 못하면 유권자들에게 선택받지 못한다. 아무도 읽지 않는 정보는 정보로써의 가치가 없다. 이제 비주얼이 곧 정보를 말해주는 시대다. 열 마디 말보다 사진 한 장이 주는 감동이 더 큰 경우를 종종 봐오지 않았던가.

선거에 있어서 사진은 홍보의 절반을 차지한다. 일일이 후보와 대면하지 못하는 유권자는 사진만으로 지레 짐작하는 경우가 적지 않다. 좋은 이미지의 사진은 후보 이미지에 플러스가 될 것이고, 나쁜 이미지의 사진은 마이너스가 되기 십상이다. 따라서 시간이나 돈을 충분히 투자해서라도 좋은 사진 몇 장은 꼭 확보해야한다. 그렇다면 어떤 사진이 좋은 사진일까?

미안하다, 사진관 사진은 가라

홍보용 사진을 찍겠다고 동네 사진관을 찾는 후보들이 종종 있다. 굳이 말릴 필요야 없겠지만 그다지 권하고 싶지 않다. 홍보용 사진은 주민등록증이나 여권 등에 붙이는 증명사진이 아니다. 사진 한 장에 후보의 인품과 성격이 고스란히 드러나고, 표정과 행동이 생생하게 표현되려면 사방이 컴컴한 사진관에 앉아서 고작 두어 번 셔터를 누르는 것으로 해결되지 않는다. 사진사의 기술도 기술이려니와 평소에 사진 찍는 게 익숙하지 않은 사람은 자연스러운 포즈가 나오지 않는 게 당연하다. 설상 가상 사진사가 내지르는 "스마일!"이라는 소리에 어설프게 웃다 보면 시쳇말처럼 굴욕 사진이 될 가능성이 농후하다.

사진 몇 장에 후보의 모든 것을 담을 수 있어야 한다. 유권자가 사진만 보고도 어떤 사람이고 무엇을 하겠다는 것인지 알아차릴 수 있어야 홍보물에 자랑스럽게 담을 수 있는 사진이 된다. 따라서 전문적인 사진작가의 힘을 빌리는 것은 필수다. 그리고 이틀 정도를 계약해서 하루는 야외 활동을 찍고, 또 다른 하루는 실내에서의 모습을 담기를 권한다. 그래야 카메라의 렌즈나 플래시 같은 조명에 익숙해져서 자연스런 사진을 얻을 수 있다.

선거는 하절기인 6월 13일에 치른다

2018년 지방선거는 6월 13일로, 봄에서 여름으로 넘어가는 시기에 치러진다. 사진 역시 봄과 여름에 어울리는 소품과 의상을 활용해야 한다. 아무리 좋은 표정에 아무리 좋은 배경을 담은 사진이라도 빨갛고 노랗게 단풍으로 물든 산이나 나무가 배경이거나, 앙상한 나뭇가지 또는 하얗게 눈 내린 풍광이 배경이라면 생뚱맞기 그지없다. 한여름인 듯 반팔 차림이거나 두꺼운 겨울 양복, 외투를 입고 찍은 사진 역시 마찬가지다.

잊지 마시라. 신록이 짙어가는 계절에 치르는 선거다. 배경도 물론 계절에 걸맞아야 하고 의상도 마찬가지다. 설사 가을 혹은 겨울에 촬영하더라도 계절이 명확하게 구분되어 보일만한 배경은 피하라. 그래야 봄처럼 보일 수 있다.

권위보다는 자연스러움을 택하라

아무리 좋은 사진을 찍었다고 하더라도 어떤 사진을 홍보물에 쓸 것인지를 결정하는 일은 쉽지 않다. 그래서 간혹 후보와 선거 기획자, 홍보 담당자가 실랑이를 벌이는 경우가 있다. 후보들은 대부분 근엄하게 나온 사진을 선호하고 홍보 담당자는 자연스러운 사진을 선호한다. 이 사진은 후보에게 무게 있고 근엄한 사진이지만 홍보 담당자의 눈에는 딱딱하기 그지없는 사진관 사진으로 보일 뿐이다. 다른 사진은 홍보 담당자에게는 표정 좋고 자연스러운 사진이지만 후보의 눈에는 가볍고 경망스럽게 보일 수 있다. 이때의 판단 기준은 하나다. 홍보 담당자가 옳다. 근엄한 사진보다는 좀 가벼워보일지 모르지만 자연스럽고 밝은 표정의 사진을 선택하는 것이 유권자로 하여금 더 많은 호감을 갖게 한다.

미리미리 준비하라

선거 시기가 다가와서 다급하게 사진을 찍으려 든다면 여러 모로 손해날 일이 많다. 다른 사람들은 이미 준비를 끝내고 본격적인 선거운동에 들어갔는데 사진 때문에 하루 이틀을 빼앗기는 것은 이만저만 손해가 아니다. 급하게 찍으려다 보니 자연스러운 사진을 얻기도 쉽지 않은데다 너도나도 사진 전문가를 구하는 판이니 쉽게 구해지지도 않고, 가격 또한 평소보다 높을 수밖에 없다. 주변에서 안경 때문에 너무 강해 보인다는 소리를 듣고 부랴부랴 바꾸었는데 이미 사진 촬영이 끝난 뒤라서 사진 속 이미지와 실제 이미지가 다르다 보니 명함을 받으면서도 사람들이 고개를 갸웃거린다. 부드럽게 보이려고 쌍꺼풀 수술을 했는데 아직 부기도 빠지기 전에 사진을 찍어야한다면 어떨까. 억지 같은 소리로 들리겠지만 실제로 일어난 일들이다. 그래서 사진은 시간이 있을 때 미리미리 찍어두는 것이 현명하다. 안경을 바꾸려면 지금 바꾸고 쌍꺼풀 수술을 해야 될 상황이라면 지금 당장 해두자. 바뀐 안경도 어색하지 않은 시기에, 쌍꺼풀 수술의 부기도 빠진 적당한 시기에 사진을 찍어야 자연스러운 이미지를 연출할 수 있다. 앞서 이야기한 계절적인 요인을 고려하면 선거 1년 전에 찍는 것이 가장 좋다.

　　남들보다 미리 준비하면 유리한 점이 또 하나 있다. 명함부터 인터넷 홈페이지, 블로그, 예비후보자 홍보물을 거쳐 본격적인 선거전에서 쓸 선거 벽보와 후보자 홍보물까지 통일된 사진을 사용할 수 있다. 각각의 홍보물에 그때마다 다른 사진을 사용하는 것보다 한 이미지의 사진을 줄기차게 사용하는 것이 좋다. 홍보의 가장 기본은 반복이다. 특히 얼굴과 이미지를 알리는 게 곧 당선의 지름길인 선거에서는 그 어떤 일보다 반복이 필요하고 중요하다.

<문재인이 업은 김규호>
강원도 양구 김규호후보가 문재인 대통령 후보 시절에 찍은 사진

명함 사진, 어떤 것을 쓸까?

후보가 되면 사진관 스튜디오나 야외에서 사진을 많이 찍는다. 보통 스튜디오에서는 정장과 와이셔츠 차림으로, 야외에서는 남방, 티셔츠, 점퍼 등을 주로 입고 찍는다. 그런데 막상 많은 사진들 중에 명함에 어떤 사진을 넣어야 할지 갈등된다. 가장 무난한 것은 와이셔츠 차림의 사진이다. 정장은 무게감을 주지만 인상이 딱딱해 보인다. 특히 선거가 진행되는 5~6월은 덥기 때문에 답답해 보일 수 있다. 와이셔츠 차림은 단정하면서도 시원한 맛을 준다. '일하는 사람'과 '젊은 후보자' 이미지도 따라온다. 표정도 근엄한 것보다는 웃는 모습이 좋다. 그럼에도 '어르신들한테 드릴 건데 정장 차림이어야 하지 않나'라는 고민이 든다면 방법은 간단하다. 두 가지 명함을 만들면 된다. 어르신용 명함은 정장 차림으로, 젊은 사람들에게 줄 명함은 와이셔츠 차림의 사진을 실으면 된다.

후보를 살리기도 하고
죽이기도 하는 홍보 기획사

경험이 있는 후보들이야 다르겠지만 처음 선거에 출마하는 후보들이 착각하는 것 중에 하나가 홍보 기획사의 역할이다. 많은 후보자들이 홍보 기획사를 홍보물을 디자인하고 인쇄해서 납품하는 곳으로만 인식하고 있다.

강조하건대, 홍보 기획사는 단순한 디자인 사무실이나 인쇄물 제작 업체가 아니다. 전문적인 여론조사를 과학적으로 분석할 능력을 갖추었을 뿐 아니라 생동감 있는 현실 정치의 현장 경험과 이를 바탕으로 후보 캠프의 선거 전략에 막강한 영향력을 끼칠 수 있는 전문가 집단이다. 따라서 실력 있는 홍보 기획사와 계약을 맺는 것은 후보로서 또 하나의 훌륭한 선거 참모를 얻는 것과 같다. 문제는 이런 홍보 기획사를 찾는 것이 쉽지 않다는 점이다.

선거철에만 난립하는 홍보 기획사를 주의하라

선거철이 되면 홍보 기획사들이 난립한다. 심지어 평소에는 지역 음식점이나 배달 전문점 등의 전단지나 만들던 군소 기획사와 인쇄소들도 홍보 기획사라는 이름을 내걸고 영업을 하기도 한다. 이렇듯 전문성 없는 기획사들과 머리를 맞대고 선거 전략이나 홍보 전략을 논하는 일은 시간 낭비이고 결국 정상적인 결과물을 얻을 수도 없다. 이들의 관심은 오로지 홍보물 제작을 따내는 데 있다고 해도 틀린 말이 아니고 실제로도 그렇다.

또한 이러한 군소 기획사들은 선거 경험이 없거나 적어서 홍보물의 법정 규격, 재질, 수량 등을 파악하고 있지 않아 이를 간과해서 생기는 실수로 후보들을 곤경에 빠뜨리는 경우가 종종 있다. 따라서 선거를 여러 번 치러 본 주변 지인들이나 믿을 만한 당 관계자들을 통해 홍보 기획사를 소개받는 것이 안전하다.

전문성과 차별성을 가진 홍보 기획사를 잡아라

홍보와 선거 전략은 끊임없는 커뮤니케이션이 필요하다. 선거의 제반 기획에 따라 움직이는 것이 홍보이기 때문이다. 따라서 결정된 홍보 기획사와는 처음부터, 즉 선거 전략을 수립하는 일부터 함께 테이블에 앉아 머리를 맞대는 것이 좋다.

대부분의 홍보 기획사는 선거를 치른 경험도 많고 이전의 선거나 여론조사를 분석하는 능력도 뛰어나다. 이러한 분석 능력을 토대로 선거전략 수립에 도움을 주기도 하고, 다양한 경험을 토대로 돌발 상황이나 위기 상황, 또는 급변하는 선거 상황에 대처하는 순발력을 발휘함으로써 후보의 핵심 참모 역할까지 한다.

가끔 자금 문제로 인해 홍보 기획이 아닌 홍보물만 맡기는 경우를 본다. 하지만 홍보 기획사의 전략과 기획이 좋다면 적극적으로 선택하기를 권한다. 홍보 기획사가 아니라 유능한 참모 집단을 얻는 것이기 때문이다. 또 소속 당이 아닌 상대당의 기획을 많이 했다고 해서 꺼리는 경우도 있는데 이 역시 현명한 판단이 아니다. 우리나라의 홍보 기획사들은 대개 당의 구분 없이 후보의 성향과 지역 상황에 따른 판단을 내리고, 이에 대한 선거 전략과 홍보 전략을 수립하는 일에 충실하다. 좀 더 솔직하게 표현하자면 홍보 기획사 자체가 영리를 목적으로 하는 사업체라서 적절한 후보에 적절한 가격이라면 어떤 선거에도 뛰어든다. 근래에 들어 한 정당에 특화된 업체도 생겨났지만 대개의 경우는 정당을 가리지 않는다. 상대당 후보의 기획을 해본 경험이 있다면 더욱 훌륭한 기획사라 할 것이다. 더욱이 선거 승패가 기획사의 전적과 경력이 되는 일이라 맡은 일에는 최선을 다한다. 유능한 홍보 기획사라면 소속된 당과 상관없이 선택하여도 후회는 없다.

같은 기획사와 모든 일을 함께하라

공천을 받고 후보로 확정되고 나면 이런저런 경로로 지역의 여러 기획사나 인쇄소에 대한 청탁이 들어온다. 이왕 하는 일이라면 지역 업체를 이용해야 한다는 설득 아닌 강압에 후보자는 난감하다. 그렇다고 선뜻 청탁을 물리치기도 쉽지 않다. 이웃끼리 인심도 상하지 않고 표도 얻으려는 마음 때문이다. 그러다 보면 '인쇄는 이쪽, 디자인은 저쪽' 하는 식으로 분산해서 업체 계약을 하는 경우도 있다.

그러나 결론부터 말하자면 이러한 결정은 바람직하지 않다. 통일된 홍보 전략을 구사할 수 없을 뿐더러 납품되는 홍보물과 업체 관리가 어렵기 때문이다. 가뜩이나 손이 모자란 판에 이런 사소한 일에 매달리는 것만큼 어리석은 행동은 없다. 굳이 지역 업체들을 배려하려고 한다면 홍보 기획사를 통해 디자인된 간단한 홍보물, 가령 플래카드라든지 명함 등의 제작 정도만 맡기는 것이 좋다. 하지만 그것조차도 색감이나 인쇄상태 등이 달라 서로 통일감을 이루기 어렵기 때문에 그다지 권하고 싶지 않다.

가능한 한 기획사가 총괄하는 것이 좋다. 기획사가 모든 일을 처리하고 캠프에서는 기획사만 상대하면 일과 시간이 절약될 뿐만 아니라 설령 문제가 생기더라도 대처하기가 쉬워진다. 캠프에서 지나치게 홍보물에 총력을 기울이는 경우가 많다. 홍보물이 중요하기는 하지만 홍보물이 좋지 않아서 낙선하는 경우는 거의 없다. 반대로 홍보물이 좋아서 당선되는 경우도 없다. 한 곳의 홍보 업체에 전담하지 않고 여러 곳에 분산한 경우 캠프는 각기 다른 홍보 업체를 상대하느라 아까운 시간과 정력을 낭비하고 만다. 홍보물은 홍보물일 뿐이다. 최선을 다해야겠지만 지나치게 많은 신경을 쓸 필요는 없다.

규모가 크다고 좋은 것은 아니다

선거를 치른 경험이 많고 규모도 큰 홍보 기획사에는 나름의 노하우가 있다. 선거를 앞둔 후보들이 규모 있는 홍보 기획사와 계약을 맺으려고 하는 이유도 이 때문이다. 그러나 명심해야 할 것은 아무리 규모가 크고 믿을 만한 업체라고 하더라도 감당할 수 있는 역량은 한계가 있다는 점이다. 선거 시즌이 되면 유명 홍보 기획사는 일이 많아지게 된다. 문제는 한 업체가 감당하기 어려울 정도로 일이 몰리면 당연히 일에 과부하가 걸리고 만다는 것이다.

업체의 인원은 정해져 있고 관리해야 할 후보는 많으니 당연히 한 후보에게 투자할 시간이 적어지고 소홀해지기 마련이다. 실제 감당하지도 못할 만큼 많은 일을 맡아서 후보자가 낭패를 보는 경우도 왕왕 있다. 홍보물이 제 시간에 납품되지 않는다든지 디자인과 인쇄에 치명적인 결함이 생기는 경우가 있다. 따라서 규모보다는 늘 선거 본부와 함께 호흡하고 돌발 상황에도 대처할 수 있는 업체인지를 파악해야 한다.

업체의 이력이나 규모도 중요하지만 얼마만큼 신뢰를 가지고 선거 캠프와 함께 일할 수 있는 업체인지 확인하는 것이 더 중요하다. 하지만 정치 신인이 그런 업체를 구별하기란 쉬운 일이 아니다. 선거를 잘 아는 전문가의 조언이나 추천을 받는 것이 안전하다.

절대 홍보 기획사와 싸우지 마라

선거를 하다 보면 홍보 기획사와 캠프 간에 마찰이 생기는 경우가 있다. 캠프와 홍보기획사와 생각이 맞지 않아서 그럴 수도 있고 홍보 기획사에 대한 불신 때문에 불협화음이 생길 수도 있다. 하지만 그 어떤 경우에도 홍보 기획사와 싸우는 것은 좋지 않다. 우선 홍보 기획사를 선정할 때 믿을 수 있는 업체인지 파악하는 것이 중요하고, 두 번째 믿을 만하다고 판단되면 끝까지 믿고 맡기는 것이 좋다. 대부분 홍보 기획사는 전문가 집단이다. 캠프와 홍보 기획사의 의견을 객관적으로 놓고 평가하면 홍보 기획사의 주장이 더 설득력을 가지는 경우가 많다. 또한 홍보 기획사를 단순하게 갑과 을의 관계로 생각하고 지나치게 고압적인 명령으로 일관한다면 창의력이 떨어질 뿐만 아니라 업체는 매우 수동적으로 일을 할 수밖에 없다. 시간이 없는 홍보 기획사의 입장에서 가능한 캠프와 싸우지 않고 캠프 방향이 옳지 않더라도 원하는 대로 해주는 것이 편하기 때문이다.

홍보기획사를 적으로 돌리는 것은 어리석은 일이다. 한 배를 탄 식구로 생각하고 최대한 믿고 맡길 때 더 좋은 결과가 나온다. 물론 더 좋은 결과물을 만들어내기 위해서는 서로 토론하고 논의해야 한다. 단, 그 과정이 일방적인 명령이나 흠집 잡기로 일관되면 업체 또한 똑같은 방식으로 대처한다는 것을 잊어서는 안 된다. 그리고 그 불이익은 대개의 경우 후보에게 돌아간다. 그러니 싸우지 마라! 싸운다고 절대 정 드는 것 아니다.

돈을 버는
미디어 활용

언론은 선거 전부터 '예상 격전지를 가다' 등의 특집 기획 기사 등을 통해 출마 예상자를 소개하고 보도한다. 이러한 기사에서 '거의 확정적', '유리한 고지를 점하다', '신인이지만 다크호스' 등의 각종 수식어가 출마자들에게 붙는다. 가급적 자신에게 유리한 수사를 유도하고 이름을 각인시켜 우호적인 분위기를 만들어내는 것이 좋다.

우선 공식 출마 기자회견 등을 준비해 잘 정리된 프레스 키트와 자료집을 만들어 언론 기관에 배포한다. 처음부터 '단단한 기획력을 갖춘 준비된 후보자'라는 이미지를 구축해야 한다. 인지도를 높이는 데 언론만큼 효과적인 것도 없다. 언론에 긍정적인 이미지의 기사가 자주 게재되면 입소문을 타고 널리 알려지게 된다.

언론 홍보가 선거 홍보의 중심이다

유권자 입장에서 지방선거에 출마할 후보자에 대한 정보를 객관적으로 알 수 있는 수단이 지역 언론이다. 중앙 언론이 광역단체장에 초점을 맞추는 반면 지역 언론에서는 기초단체장 및 지방의원에 대한 정보를 자세하게 제공한다. 특히 시골 지역에서는 지역 방송이나 신문을 통해 정보를 얻는 비중이 50%에 이를 만큼 의존도가 매우 높다.

언론을 제대로 활용하기 위해서는 우선 후보가 꾸준하게 지역 언론에 관심과 애정을 기울여야 한다. 평소 기자와 친분 관계를 유지하고 기자들에게 기사를 제공하기 위해 언론의 입맛에 맞는 보도자료 등을 작성하여 주기적으로 제공해야 한다. 그러기 위해서는 평상시에 기사를 꼼꼼히 분석하고 칼럼이나 독자 투고 등을 통해 적극적으로 자신의 의견을 개진하는 것이 좋다. 아울러 지역 언론의 관심을 끌만한 기삿거리를 자신의 이미지에 맞게 효과적으로 제공해야 한다.

언론 홍보의 핵심은 기자 관리인데 원활한 기자 관리를 위해서는 선거 초반에 언론 담당자를 선임해야 한다. 본격적으로 선거가 시작되기 전부터 언론인들과 인간적인 유대 관계를 맺어두고 강화해야 한다. 선임된 언론 홍보 담당자는 일상적인 기자 관리와 보도자료 작성, 언론 대응 등의 역할을 한다.

- 언론 홍보 담당자의 선임: 홍보 분야 유경험자, 기자 출신이면 더 좋음
- 언론 홍보 사업의 기초
  - 중앙 및 지역 언론, 방송 관계자 면담 주선
  - 언론사 선거 보도 관련 부서장, 기자 명단 입수
    (정치부, 사회부, 특집 부서, 해당 기초단체 출입 기자단)
  - 언론사별 기사 마감 시간 확인(마감 시간 전에 보도자료 발송)

- 언론사별 구독률, 열독률 조사(언론사별 영향력 판단)
- 언론사 방문 사업 추진

후보와 언론 담당 책임자는 선거 전에 언론사를 방문하여 사회부, 정치부, 해당 특집부 등에 인사를 해두어야 한다. 단순한 인사에 그치지 말고 회사 및 부서별 분위기를 파악해두는 것이 이후 홍보 활동에 도움이 된다. 방문 시점은 기사 마감 시간은 피하고, 언론사의 사정(조·석간, 신문·방송의 차이)을 고려하여 사전 조사 후 기자들이 주로 자리에 있을 시간에 방문하는 것이 가장 좋다. 출마를 앞두고 기자 간담회 등을 개최하여 지역 기자들과 반드시 안면을 익혀두어야 한다.

지역 신문, 중요하지만 지나치게 신경 쓰지 말자

지방의원이나 기초단체장 선거의 경우 지역 신문에서는 비교적 중량감 있게 다루지만 중앙 일간지나 방송에서는 거의 주목하지 않는다. 따라서 지역 신문의 사정을 정확히 파악할 필요가 있다. 지역 신문의 경우 동네 자영업체가 주요 광고주이기 때문에 비교적 영세하며, 심지어 사장과 기자 두 명만 상주하고 편집 및 인쇄, 제작 등은 외주를 주는 경우도 많다. 그렇기 때문에 기사를 전제로 신문의 다량 구매와 별도의 비용을 요구하는 경우가 있다. 제17대 총선에서부터 금품을 주거나 받는 경우 신고하면 50배의 포상 제도가 생겼다. 이후 기자가 후보를 고발한 사례가 있기 때문에 지역 신문 기자에게 별도의 비용(촌지)을 주는 일은 금물이다. 그렇지만 지역 신문사의 기자에게는 친절하게 대하고 기자로서의 예를 갖추어 정중하게 대해야 한다.

지방선거 도전하는 주부,
보육 문제 해결하다 도전 서정순 씨

"친구들이 깜짝 놀랐어요. 네가 그렇게 열정 있는 애인 줄 몰랐다며. 저도 지역 운동을 하면서 새로운 제 자신을 발견했습니다."

지방의 외진 곳에서 태어나 서울대에 들어갈 정도로 공부는 잘했지만 사람들 앞에 나서면 얼굴이 화끈거리는 소심한 서정순 씨를 변화시킨 건 '효빈이 엄마'라는 이름이었다. 아이를 구립 어린이집에 맡기면서 목격하게 된 장면들은 이해할 수 없는 것투성이였다. 간식비가 하루 910원으로 책정돼 있는데도 간식을 싸오라고 해 나눠 먹이고, 제철 음식을 먹이자는 의견은 단번에 묵살되고⋯. 참다못해 2002년 말부터 구청에 감사를 원한다는 민원을 넣고 부모들을 조직화하기 시작했다. 그동안 아이에게 불이익이 올까봐 차마 말 못했던 부모들이 열렬한 지지를 보낸 건 당연지사. 몸은 힘들었지만 하나하나 원하던 대로 이뤄지는 것이 그렇게 신날 수 없었다. 보육 문제 말고도 엄마의 눈으로 보면 고쳐야 할 부분이 눈에 많이 띄었다. "효빈이 엄마가 한번 나서봐"라는 말에 결심하게 된 것도 이 때문이었다. 서 씨의 성격을 잘 아는 남편도 "지역 활동에 누구보다 헌신적인 당신이 나서야 한다"며 지원을 아끼지 않는다.

– 경향신문, 2006년 2월 6일자 기사

ⓒ 서정순

기자를 알면
기사가 보인다

후보가 되거나 출마를 선언하면 종종 기자들의 연락이나 방문을 받게 될 것이다. 첫 만남부터 좋은 인상을 주었다거나 좋은 기삿거리를 제공했다면 둘 사이의 관계가 지속되겠지만 그렇지 않다면 만날 일도, 연락하는 일도 뜸해진다. 일단 후보는 기자들로부터 취재원으로서의 가치를 인정받는 일이 중요하다. 그렇게 되면 기자와의 만남도 잦아지고 그만큼 기사화될 기회도 많아진다.

기삿거리를 제공하는 취재원이 되라

우리가 아는 바대로 기자는 기사를 작성하는 사람이다. 그러나 기자에 의해 작성된 기사라고 해서 모두 보도되는 것은 아니다. 기자가 작성한 기사가 기사로서의 가치가 있느냐 하는 판단은 데스크나 편집부의 역할이다. 따라서 기자는 아무

뉴스나 기사화하는 것이 아니고 기사화할 만한 가치가 있는 '거리'를 찾아다닌다. 기자가 바쁜 것은 기사 작성이나 그에 필요한 취재 때문이라기보다 기삿거리를 찾으러 다니는 일 때문이다. 그래서 기자는 자신에게 좋은 '거리'를 제공하는 사람을 좋아하고 또 자주 찾는다. 기자는 자존심을 먹고 사는 사람들이다. 기자는 자신이 소속한 언론사로부터 자신이 회사의 대표라는 자부심으로 취재원을 상대하라고 교육받는다. 그들의 자존심을 채워줄 수 있도록 기사로부터 물 먹이는 일이 없게 하고 그들에게 '일용할 양식'(기자들은 기삿거리를 이렇게 부른다)을 준다면 기자와의 '유착관계'를 형성할 수 있을 것이다.

'오프 더 레코드'라는 기자의 말을 믿지 마라

흔한 일은 아니지만 공식적인 취재가 끝나면 수첩과 펜을 챙겨 넣은 기자가 지나가는 말로 한 마디를 더 묻는 경우가 있다. 더러는 취재가 끝난 술자리에서 질문을 하기도 한다. 대개 의회 활동의 뒷얘기거나 떠도는 소문 따위에 관한 확인 같은 것이 대부분이다. 아마 처음부터 그런 내용을 물었다면 대답하기 곤란하다고 발을 뺄지 모를 테지만 내 기사를 책임진 기자이기도 하고, 취재 과정을 통해 신뢰를 쌓은 관계라서 기분을 상하게 하는 말이나 행동을 할 수도 없다. 기자를 믿고 대답을 하거나 '오프 더 레코드'라는 말에 대답을 한다면 이는 십중팔구 언젠가는 기사화될 가능성이 높다. 기자가 말하는 '오프 더 레코드'는 대답을 유도하기 위한 장치이기 때문이다. 아니 어쩌면 지금까지의 취재는 형식에 불과할 뿐이고 바로 그 질문을 하기 위해 취재를 요청했는지도 모를 일이다.

따라서 곤란한 질문에는 반드시 '곤란하다'고 대답하는 게 좋다. 어설픈 대답이나 자신을 더욱 드러내기 위해 과장이 섞인 대답을 한다면 그것은 언젠가 자신에게 설화(舌禍)를 일으키는 불씨가 되기 쉽다. 홍보를 일컫는 단어인 PR을 두고 '피할 것은 피하고 알릴 것은 알리는 것'이라고 하던가. 기자와의 관계에서는 이렇듯 피할 것은 철저히 피하고, 알릴 것은 적극적으로 알리는 현명함이 필요하다.

거꾸로 반드시 기사화시키고 싶은 사실이 있다면, 오히려 취재 도중에 '오프 더 레코드'라는 말을 먼저 두어 번 강조하는 것도 좋은 방법이다. 이때의 '오프 더 레코드'는 기사화하지 말라는 말이 아니라 반드시 기사화했으면 좋겠다는 강조 역할을 하기 때문이다. 은밀한 것, 남들은 모르는 사실을 먼저 알고 싶어 하는 것이 기자의 속성인 탓이다.

보도자료만 잘 만들어도
언론을 움직일 수 있다

언론과 하는 인터뷰를 찾아오는 홍보라고 한다면 보도자료는 찾아가는 홍보라 하겠다. 출마 사실을 알리는 보도자료부터 각종 공약에 관한 보도자료, 특별한 활동 내용에 관한 보도자료까지 언론과 캠프의 관계는 늘 다양한 내용의 보도자료를 통해 유지된다고 해도 과언이 아니다.

보도자료를 한마디로 정의하면 언론에 이런 내용의 기사를 실어달라는 요청서와 같다. 기자는 기본적으로 항상 바쁘다. 기삿거리를 찾아야 하고, 그것을 취재하고 기사화하는 것만으로도 정신이 없다. 큰 선거가 아닌 이상 기자들이 특정 후보의 움직임만 따라다니는 것도 아니어서 각 후보들은 자신의 언론 홍보를 위해 직접 적극적으로 나서야 한다.

이때 필요한 무기가 바로 보도자료다. 전화를 걸어서 기사화 해달라고 요청하는 경우가 종종 있는데 이는 바람직한 방법이 아니다. 당사자는 중요하다고 여기는 기삿거리라도 기자의 입장에서는 기사로써의 가치가 떨어지는 것이 대부분이고, 실을 만한 가치가 있다손 치더라도 기자의 입장에서는 취재와 기사 작성에 드는 시간을 빼앗기기 때문이다. 따라서 보도자료에는 언론에 실렸으면 하는 기사의 제목, 내용, 증거 자료 등을 일목요연하게 정리해서 기자로 하여금 한눈에 기사 가치를 판단할 수 있도록 해야 한다

보도자료 작성의 5원칙

하나, 눈에 띄도록 만들어라

언론사에 들어가는 보도자료는 하루에도 수십 건이다. 선거를 앞두고는 수백 건에 이르기도 한다. 담당 기자가 일일이 검토하기도 힘들거니와 솔직히 제목만 보고는 읽지도 않고 버리는 경우가 대부분이다. 따라서 깔끔한 디자인은 필수. 큼직하게 제목을 붙이고 본문 서체도 12~13 포인트 정도로 시원시원하게 작성해야 한다. 관련 사진이 있다면 첫 면에 실어 주목을 끄는 것도 방법이다.

둘, 기자 입장에서 써라

자료만 잔뜩 실은 보도자료는 아무리 중요하다고 하더라도 묻히기 쉽다. 설혹 기자의 눈에 띄더라도 기자로 하여금 다시 기사 작성을 위해 자료를 면밀히 검토하는 수고를 해야 하기 때문에 환영받지 못한다. 보도자료를 만들 때는 우선 기자가 이 사실을 기사로 채택하면 어떻게 쓸 것인가를 염두에 두면 좋다. 즉 기사체의 보도자료를 만들라는 말이다. 기자가 보도자료만 그대로 실어도 기사가 될 수 있도록 작성하는 것이 여러 모로 유리하다. 비슷한 사례의 기존 기사를 참고하면 썩 훌륭한 보도자료가 된다.

셋, 보내는 사람과 기사 제목을 명확하게 하라

보도자료만 보아도 보낸 사람이 누구인지를 알아챌 수 있어야 한다. 기사화되지 않는다 하더라도 기자에게 후보의 이름이나 활동을 각인시키는 효과가 있다. 아무래도 친숙한 이름에 한번이라도 더 눈길이 가는 것이 인지상정이다. 꾸준한 보도자료를 통해 자신을 알리면 언젠가는 기사 속에 이름 한 줄 정도 올라갈 확률이 높다. 기사의 중요도에 따라 추가로 확인하거나 취재할 내용이 있을 수 있기 때문에 반드시 언제든지 연락이 가능한 연락처를 적어두는 것도 잊지 말아야 한다. 보도자료에 겸손의 표시로 소속이나 이름을 맨 뒤에 다소곳이 붙이거나 조그맣게 표시하는 것은 시험을 치르고 이름을 적는 것과 같은 격이다. 소속이나 이름의 표기만큼 중요한 것이 제목을 뽑는 일이다. 제목은 곧 보도자료의 얼굴 같아서 비슷한 내용이라도 강렬한 제목을 단 보도자료에 기자들이 주목하는 것은 너무도 당연하다. 침소봉대라고 여겨질지라도 인상적인 제목은 필수이다.

넷, 이메일과 팩스를 모두 활용하라

담당 기자에게 이메일을 보낸 것으로 보도자료 전달이 끝났다고 생각한다면 이는 아마추어임을 스스로 드러내는 것과 같다. 이메일이 담당기자만을 위한 수단이라면 팩스는 언론사에 소속된 다른 기자들이나 직원들을 위한 서비스다. 일단 이메일로 보낸 보도자료라고 하더라도 팩스로 다시 한 번 보낼 필요가 있다. 다른 기자들이 오가다가 후보의 이름이나 활동을 들여다볼 수도 있고, 담당 기자가 미처 놓친 보도자료가 다른 기자에 의해 기사로 발굴되는 경우도 종종 있기 때문이다.

다섯, 한 장으로 요약하고 자료를 덧붙여라

아무리 좋은 내용의 보도자료라고 하더라도 실제 내용은 A4 용지 한 페이지를 넘기지 말아야 한다. 기자로 하여금 한눈에 내용을 파악할 수 있게 하려는 뜻이기도 하지만 사실 그 정도의 양이면 한 꼭지의 기사로 충분한 양이다. 대신 보도자료의 내용을 뒷받침할만한 자료가 있다면 그 뒤에 참고 자료 형식으로 덧붙이면 된다.

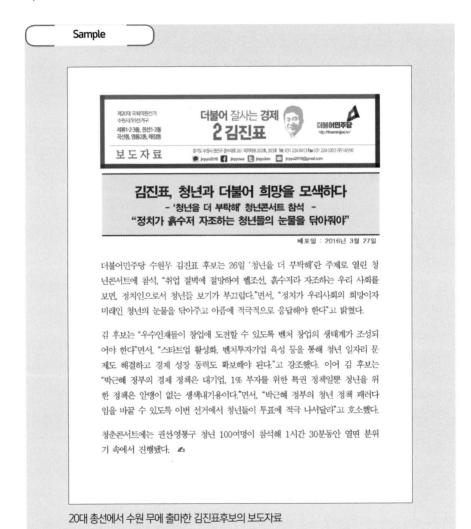

20대 총선에서 수원 무에 출마한 김진표후보의 보도자료

발로 뛰는 정책 설문조사 100% 활용하기

후보자가 유권자들을 만나기 위해 발로 뛰면서 할 수 있는 유일한 수단이 정책 설문조사이다. 정책 설문조사는 지역의 숙원 사업에 대한 간단한 설문을 하기 위해 유권자를 찾아가거나 우편을 통해 실시하는 일이다. 우편보다는 직접 찾아가서 대면 접촉을 통해 조사를 하는 것이 효과가 훨씬 크다. 그리고 일회성에 그치기보다는 다시 찾아가서 조사 결과를 설명해준다면 후보와 유권자간에 끈끈한 연대를 만들 수 있다. 그런 점에서 홍보와 조직은 별개로 진행되는 것이 아니라 일관된 관점에서 병행되어야 한다. 정책 설문조사를 통해 홍보와 아울러 조사 대상을 조직화할 수 있다.

정책 설문의 내용은 주로 지역의 이슈나 숙원 사업이 되겠지만 후보가 부각시키고 싶은 공약 사항에 대해 주민들의 의견을 들어보는 내용을 담을 수도 있다. 그리고 그 결과를 홍보물에 싣거나 지역을 순방할 때 설명해도 된다. 후보 혼자 조사 대상을 찾아 움직일 수도 있고, 자원봉사자와 함께 혹은 별개로 조사할 수도 있다. 설문조사는 후보에 대한 홍보가 될 수도 있지만 홍보를 넘어 주민들의 뜻을 묻고 받드는 작업이다. 이와 함께 후보가 지역 현안에 의욕적인 관심을 가지고 있다는 역동적 이미지를 각인시킬 수 있다. 설문을 위해 한 번이라도 후보자를 만난 유권자는 그 후보자에 대한 좋은 기억을 갖게 될 것이고, 적극적인 지지 세력이 될 가능성이 크다.

---

tip

정책 설문조사와 선거운동은 확실히 구분하라

"저는 ○○○이고, 선거에 출마하려고 합니다. 잘 부탁합니다"라는 말은 사전 선거운동이 될 수 있다. "저는 이 지역(업종)에 대해 공부하려고 합니다. ○○에 대한 조사에 협조해 주십시오. 여러 지역을 조사하여 그 결과를 다음에 와서 꼭 말씀드리도록 하겠습니다" 정도만 얘기해도 충분하다. 인지도보다 중요한 지지도는 이슈를 이야기하는 데서 따라오게 된다. 이슈에 대해서 일단 공감을 하게 되면 저절로 자기 조직이 된다. 이슈가 조직과 홍보의 공통분모인 것이다.

구글 설문지를 활용한 문상필 광주시의원의 정책 설문조사

docs.google.com

북구 주민에게 길을 묻다!!

정책설문조사

문상필 광주광역시의원

---

docs.google.com

북구 주민에게 길을 묻다!!

안녕하십니까?
문상필 광주광역시의원입니다.

광주광역시 북구의 구정을 시민들에게 여쭤보는 '정책 설문조사'를 하고 있습니다.
소중한 답변들을 모아 시정에 적극 반영하기 위해 최선을 다하겠습니다.
10분간만 시간을 내셔서 편안히 답변해 주시면 감사하겠습니다.

▸ 성명

내 답변

▸ 연락처

내 답변

▸ 귀하의 성별은 무엇입니까?

---

docs.google.com

○ 여

▸ 귀하의 거주 지역은 어디입니까?

선택 ▾

▸ 귀하의 나이대는 무엇입니까?

○ 20대

○ 30대

○ 40대

○ 50대

○ 60대

○ 70대 이상

다음

---

docs.google.com

북구 관련

1) 광주광역시 북구하면 떠오르는 것은 무엇입니까?

○ 무등산

○ 국립5•18민주묘지

○ 호수생태공원

○ 광주비엔날레

○ 어린이공원

○ 영구임대아파트

○ 무등산수박

○ 기타:

2) 광주광역시 북구가 어떤 지역으로 발전하기를 바라십니까?

○ 문화도시

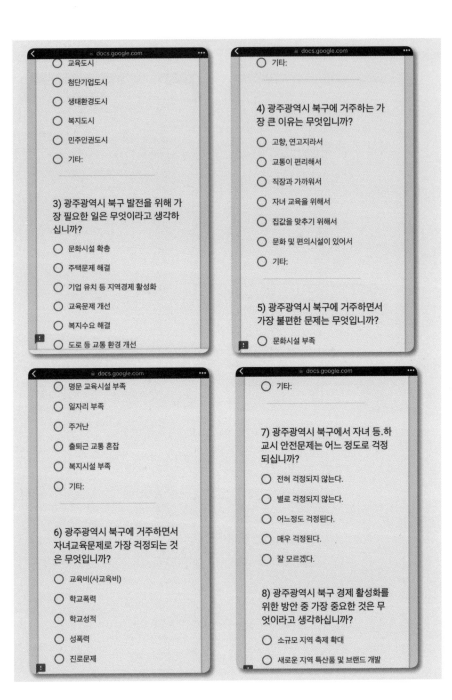

○ 교육도시

○ 첨단기업도시

○ 생태환경도시

○ 복지도시

○ 민주인권도시

○ 기타:

3) 광주광역시 북구 발전을 위해 가장 필요한 일은 무엇이라고 생각하십니까?

○ 문화시설 확충

○ 주택문제 해결

○ 기업 유치 등 지역경제 활성화

○ 교육문제 개선

○ 복지수요 해결

○ 도로 등 교통 환경 개선

○ 기타:

4) 광주광역시 북구에 거주하는 가장 큰 이유는 무엇입니까?

○ 고향, 연고지라서

○ 교통이 편리해서

○ 직장과 가까워서

○ 자녀 교육을 위해서

○ 집값을 맞추기 위해서

○ 문화 및 편의시설이 있어서

○ 기타:

5) 광주광역시 북구에 거주하면서 가장 불편한 문제는 무엇입니까?

○ 문화시설 부족

○ 명문 교육시설 부족

○ 일자리 부족

○ 주거난

○ 출퇴근 교통 혼잡

○ 복지시설 부족

○ 기타:

6) 광주광역시 북구에 거주하면서 자녀교육문제로 가장 걱정되는 것은 무엇입니까?

○ 교육비(사교육비)

○ 학교폭력

○ 학교성적

○ 성폭력

○ 진로문제

○ 기타:

7) 광주광역시 북구에서 자녀 등.하교시 안전문제는 어느 정도로 걱정되십니까?

○ 전혀 걱정되지 않는다.

○ 별로 걱정되지 않는다.

○ 어느정도 걱정된다.

○ 매우 걱정된다.

○ 잘 모르겠다.

8) 광주광역시 북구 경제 활성화를 위한 방안 중 가장 중요한 것은 무엇이라고 생각하십니까?

○ 소규모 지역 축제 확대

○ 새로운 지역 특산품 및 브랜드 개발

○ 새로운 지역 특산품 및 브랜드 개발

○ 무등산과 5·18사적지를 연계한 관광 자원 개발

○ 사회적 기업(마을기업, 협동조합 등) 등을 통한 일자리 창출

○ 대기업 유치

○ 기타:

_____

9) 무등산 국립공원이 광주광역시 북구 경제에 기여하기 위해서 필요한 것은 무엇일까요?

○ 5·18 국립묘지와 가사문화권과 연결하는 관광벨트

○ 무등산 주변의 힐링 휴식 공간(휴양림 등)

○ 무등산 주변 청정지역에서 나오는 농산물·특산품

○ 다목적 캠핑장·야영장

○ 기타:

10) 광주광역시 북구에 거주하면서 귀하의 주된 여가.문화생활은 무엇입니까?

○ 생활체육.동호회활동

○ 공연.영화관람

○ 여행(지역축제 참가)

○ TV 시청 등 휴식

○ 학원 등 자기개발 교육

○ 기타:

_____

11) 광주광역시 북구에는 여가.문화공간이 충분하다고 생각하십니까?

○ 매우 충분하다

○ 충분한 편이다.

○ 충분하지 않은 편이다.

○ 전혀 충분하지 않다.

○ 잘 모르겠다.

12) 광주광역시 북구의 복지 현안 중에서 가장 중요하다고 생각하시는 것이 무엇입니까?

○ 아동·청소년복지

○ 어르신복지

○ 장애인복지

○ 서민복지

○ 여성복지

○ 기타:

_____

13) 광주광역시 북구 환경 현안 중

13) 광주광역시 북구 환경 현안 중에서 가장 중요하다고 생각하시는 것이 무엇입니까?

○ 쓰레기 재활용

○ 음식물 쓰레기

○ 거리청결

○ 녹지훼손

○ 공원관리부족

○ 빗물이용

○ 기타:

14) 광주광역시 북구 주민으로서 지역사회발전과 교육.문화.경제.복지.환경에 관한 좋은 의견이 있으면 제안해 주십시오.

내 답변

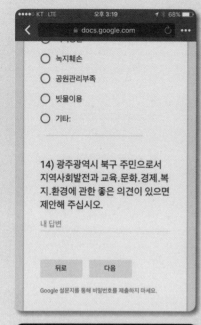

○ 녹지훼손

○ 공원관리부족

○ 빗물이용

○ 기타:

14) 광주광역시 북구 주민으로서 지역사회발전과 교육.문화.경제.복지.환경에 관한 좋은 의견이 있으면 제안해 주십시오.

내 답변

뒤로   다음

Google 설문지를 통해 비밀번호를 제출하지 마세요.

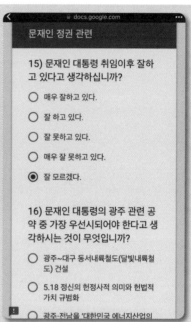

문재인 정권 관련

15) 문재인 대통령 취임이후 잘하고 있다고 생각하십니까?

○ 매우 잘하고 있다.

○ 잘 하고 있다.

○ 잘 못하고 있다.

○ 매우 잘 못하고 있다.

◉ 잘 모르겠다.

16) 문재인 대통령의 광주 관련 공약 중 가장 우선시되어야 한다고 생각하시는 것이 무엇입니까?

○ 광주~대구 동서내륙철도(달빛내륙철도) 건설

○ 5.18 정신의 헌정사적 의미와 헌법적 가치 규범화

○ 광주·전남을 '대한민국 에너지산업의

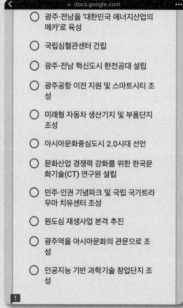

○ 광주·전남을 '대한민국 에너지산업의 메카'로 육성

○ 국립심혈관센터 건립

○ 광주·전남 혁신도시 한전공대 설립

○ 광주공항 이전 지원 및 스마트시티 조성

○ 미래형 자동차 생산기지 및 부품단지 조성

○ 아시아문화중심도시 2.0시대 선언

○ 문화산업 경쟁력 강화를 위한 한국문화기술(CT) 연구원 설립

○ 민주·인권 기념파크 및 국립 국가트라우마 치유센터 조성

○ 원도심 재생사업 본격 추진

○ 광주역을 아시아문화의 관문으로 조성

○ 인공지능 기반 과학기술 창업단지 조성

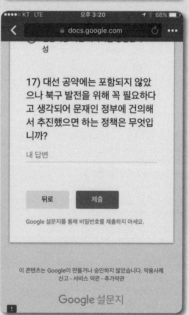

성

17) 대선 공약에는 포함되지 않았으나 북구 발전을 위해 꼭 필요하다고 생각되어 문재인 정부에 건의해서 추진했으면 하는 정책은 무엇입니까?

내 답변

뒤로   제출

Google 설문지를 통해 비밀번호를 제출하지 마세요.

이 콘텐츠는 Google이 만들거나 승인하지 않았습니다. 악용사례
신고 · 서비스 약관 · 추가약관

Google 설문지

출마를 준비한다면
출판기념회부터!

현행 선거법상 선거일 90일 전까지는 출판기념회가 가능하다. 현역 단체장이나 의원은 선거일 90일 전까지 홍보 수단으로 의정보고서를 배부할 수 있지만 이것이 불가능한 정치 신인에게는 출판기념회가 하나의 중요한 홍보 수단이 될 수 있다. 책 광고, 포스터 등을 통해 후보를 알릴 수 있는 좋은 기회일 뿐만 아니라 유권자에게 출마의 출사표를 대외적으로 알릴 수 있는 유일하고 합법적인 방법이기 때문이다. 우선 이름깨나 있는 명망가나 책을 내는 것으로 생각해서는 안 된다. 출마자라면 자신을 알리는 수단으로 책을 쓰고 출판기념회를 적극 활용해야 한다.

출판기념회는 자신이 출마했다는 사실을 알리는 수단이다. 지역의 오피니언 리더들을 합법적으로 초대할 수 있으며 지역 언론을 통해 출판기념회를 알리고 광고할 수도 있다. 때문에 많은 후보자들이 출사표를 던지는 시작의 의미로 출판기념회를 활용하고 있다. 그리고 출판하는 책을 팔 수도 있어 출판기념회의 소요 경

2014년 경기도지사에 출마한 김진표 후보는 대담형식으로 책을 만들었고 이후 2017 대선에 나선 문재인후보도 같은 형식의 책을 냈다 ©김진표

비를 충당하는 것도 가능하다. 후보자의 입장에서 볼 때 출판기념회는 꿩 먹고 알 먹는, 절대 손해 보지 않는 장사인 셈이다.

어떤 책을 준비할 것인가?

선거에 임박하여 어렵고 복잡한 학술 서적을 내는 것은 어리석은 짓이다. 어떤 입후보 예정자들은 과거의 학위 논문이나 학술 서적을 다시 내려하기도 하는데 이는 왜 책을 내야 하는가에 대한 전략적인 판단을 전혀 이해하지 못한 경우이다. 책을 쓴다는 것은 출마에 즈음하여 자신을 되돌아보고 왜 출마하고 어떤 명분을 내세울 것인가, 나의 이미지는 어떠한가, 나의 약점을 어떻게 상쇄할 수 있을 것인가를 정리하는 작업의 일환이다. 실제로 자신의 살아 온 삶을 찬찬히 되짚고 정리하는 시간이 필요하다. 또한 자신이 왜 정치를 하려는지 그리고 국민을 위해 어떤 정치를 할 것인지 고민하고 사색하는 시간이 될 수 있다.

이를 위해서 책의 내용은 자신의 살아온 이야기와 함께 정치인으로서 국민과 유권자에게 전달할 비전 등을 정리하여 수필집 형식으로 발간하는 것이 좋다. 이때 잊지 말아야 할 것 중 하나가 책에 대한 과도한 기대를 버리는 것이다. 책을 통해 어려운 정책이나 정치적 비전을 유권자에게 알릴 수는 있지만 사람들은 현실적으로 정치인의 책을 많이 읽지 않는다는 사실을 알아야 한다.

그 밖에 정치적 목적을 위한 에세이, 정책을 쉽게 풀어 쓴 정책 담론집이나 사회 유명 인사와 사회 문제에 대해 토론을 벌이고 정리하여 엮은 대담집 형태로 낼 수도 있다.

책을 낼 때 가장 중요한 것 중 하나가 바로 책의 제목이다. 많은 사람들이 책을 읽지는 않아도 제목은 본다. 언론 역시 행사를 알릴 때 책 제목은 반드시 명기한다. 이런 이유로 가급적이면 책의 제목에는 후보자이름이 들어가는 것이 좋다. 그리고 후보자의 이미지를 잘 설명할 수 있고 선거의 콘셉트와 맞는 적확한 제목이어야 한다. 홍보 기획사가 선정되었다면 함께 후보의 PI(Personal Identity)에 맞는 제목을 정하는 것이 좋다.

내용은 쉽고 감동은 진하게

책을 내는 것을 너무 두려워할 필요는 없다. 평소 블로그에 꾸준히 올린 지역에 대한 비전과 자신의 이야기를 묶어서 내는 것도 한 방법이다. 본인의 진솔한 삶을 담은, 보통 하룻저녁에 읽어낼 정도의 책이면 적당하다. 두꺼운 책은 오히려 독자의 부담을 가중시키므로 250페이지 내외가 좋다. 후보의 어린 시절 사진과 현장

2014년 지방선거에 나선 안희태후보는 매거진 형식의 책을 만들어 신선한 충격을 주었다. ⓒ안희태

활동 당시의 사진을 넣는 것도 효과 만점이다. 후보의 사진이 많이 들어갈수록 좋다는 것을 잊지 말자. 책의 목표는 어디까지나 홍보에 있다.

자서전을 준비하는 많은 후보들이 자신이 살아온 삶에 대해 자신 없어 한다. 물론 드라마틱한 삶을 살아온 사람도 있겠지만 평범한 삶을 살아온 후보일수록 자신의 삶에 대해 드러내기를 망설인다. 하지만 그럴 필요 없다. 누구에게나 삶을 살아오면서 두세 가지 정도의 감동적인 이야기는 있기 마련이다. 잊고 지내온 삶을 찬찬히 들여다보면 함

께 공유할 수 있는 진한 내용과 감동이 분명히 숨어 있다. 그런 미담을 찾아 발굴하면 된다. 솔직하고 담백하면서도 자신의 삶을 찬찬히 들려주는 식으로 써라. 유권자들은 정치 후보들이 자신과 같은 평범한 사람이고 또 아픔을 간직한 사람이라는 데 동질성을 느끼기 마련이다. 책 한 권으로 "정치인 ○○○가 알고 보니 그런 사람이더군"이라는 평을 들을 수 있다면 성공한 책이라고 할 수 있다. 다만 솔직한 것이 지나쳐서 '돼지발정제'같은 논란을 불러일으키는 일이 있어서는 안 된다.

혼자 쓰기 힘들면 도움을 구하라

책을 쓸 때는 가능하면 후보자가 직접 쓰는 것이 가장 좋다. 자신에 대해 가장 잘 알고 있으며 미래의 비전에 대해서도 정확하게 제시할 수 있기 때문이다. 하지만 글 쓰는 일은 훈련이 필요하다. 준비되어 있지 않은 상황에서 책을 쓴다는 것은 결코 쉬운 일이 아니다. 그리고 무엇보다도 시간을 낼 수 없다는 점이 문제. 이때 혼자 힘으로 집필하는 것이 어렵다면 전문적인 대필 작가를 찾는 것도 고려해 볼 필요가 있다.

정치가 발달한 외국의 경우 전문적인 전기 작가들이 있지만 우리나라의 경우 기자 출신이나 여타 작가들이 대필 작가로 많이 활동하고 있다. 중요한 점은 대필 작가를 선정할 때 무조건 글만 잘 쓰는 작가를 선택하기보다는 정치와 정책에 대해 잘 알고 있는 작가를 찾는 것이 좋다. 글은 잘 쓰지만 정치를 잘 모르면 무엇을 부각시켜야 하는지 또한 어떤 정치적 비전을 제시해야 하는지 다소 서투를 수 있기 때문이다. 정치를 알고 글에도 자신이 있는 작가를 찾는 것이 중요하다.

출판기념회, 선택이 아닌 필수다

출판기념회는 출마자가 반드시 거쳐야 하는 필수 코스로 인식되고 있다. 그리고 의례적인 출판기념회에서 훨씬 더 풍부한 프로그램과 유권자의 시선을 사로잡는 기획의 이벤트성 출판기념회로 발전하고 있다. 각종 선거를 앞두고 많은 후보들이 경쟁적으로 출판기념회를 갖는다. 수많은 출판기념회 중에서 내 출판기념회가 변별력을 가지기 위해서는 참신한 아이디어가 필요하다.

유종필 관악구청장은 2010년 지방선거 때 출마 콘셉트에 맞는 《세계 도서관 기행》이라는 책으로 출사표를 던졌다. 유종필 구청장은 책과 출판기념회를 통해 이전에 가지고 있던 노회한 정치인의 모습을 정책적 이미지로 변화시키는 데 성공했다.

최영호 광주 남구청장은 지난 선거에서 《남구에서 만난 강운태와 최영호》라는 파격적인 제목의 책을 출판했다. 당시 광주 남구 출신의 강운태 국회의원은 광주시장 후보로 출마 중이었는데, 선거를 90일 앞두고

전략적이고 과감한 제목으로 당선에 큰 힘이 된 최영호 구청장의 자서전 표지 ⓒ최영호

유종필 관악구청장, 가장 큰 득표차로 당선된 이유 있었네

유 구청장, 16만4126표로 상대 후보에 비해 6만1798표 차 보여 역대 관악구청장 선거 이래 최대 기록 세워

6.4지방선거에서 당선돼 재선에 성공한 후 5일 구청장에 복귀한 유종필 관악구청장은 16만4126 표(60.49%)를 얻어 상대 이정호 새누리당 후보가 받은 9만2328표(36.23%)에 비해 6만1798표 차로 눌렀다.

유종필 관악구청장 이로써 유종필 구청장은 역대 관악구청장 선거에서 얻은 가장 큰 득표율과 득 표차를 보인 기록을 세우며 재선 고지에 올라 그 배경에 관심이 모아지고 있다.

먼저 유 구청장은 민선 5기 취임 이후 관악구를 '책 읽는 도시'를 만드는데 모든 역량을 쏟았다. 취임 당시 4개 있던 관 악구내 도서관을 4년만에 43개로 만든 '도서관 신화'를 만들어 냄으로써 주민들에게 지역에 대한 자부심을 불러일으 켰다. 이처럼 지식복지도시로서 관악구 이미지를 만든 것이 가장 큰 효과를 본 것으로 풀이된다.

특히 취임 이후 그가 쓴 '세계도서관 기행'은 문화관광부가 뽑은 '좋은 도서'로 선정될 정도로 베스트셀러가 됐다. 또 '좀 다르게 살아도 괜찮아'는 보통 구청장들이 쓸 수 없는 젊은이들을 위한 인생지침서로 평가받으면서 50곳 이상에 서 북콘서트를 가질 정도로 인기를 모았다. 서울대 철학과 졸업후 한국일보와 한겨레신문 기자, 방송작가, 국회도서 관장(차관급)을 지낸 책 전문가로서 솜씨를 십분 발휘했다.

유종필 구청장은 일반 정치인들과 달리 글을 잘 쓰는 장점을 잘 살려 바쁜 선거 운동 기간 동안 주민들과 만나서 느낀 점 등을 '후보 유세일기'를 써내 다음 아고라에서 하루에 5000건 이상 읽히며 베스트1에 등극하는 기록도 세웠다. 이 처럼 유종필 구청장은 정치인으로서 구청장 모습이 아닌 인문학적 소양이 풍부한 구청장으로서 이미지 때문에 이번 지방선거에서 가장 큰 표차로 당선되는 기록을 세운 것으로 분석된다.

9일 기자와 통화에서 유종필 구청장은"기존 정치인들 행보와는 다른 탈정치적 인문학적 행보가 주민들에게 좋은 평 가를 받은 것같다"며 "민선 6기에도 주민들을 위해 양질의 행정 서비스를 선보이겠다"고 다짐했다.

[아시아경제 박종일 기자]

치러진 출판기념회의 주인공이 강운태인지, 최영호인지 논란이 될 정도였다. 최영 호 구청장이 이 같은 파격적인 책을 낸 것은 광주 남구는 강운태 시장이 두 번이나 무소속으로 출마했어도 국회의원에 당선될 정도로 강 시장의 텃밭이었기 때문이 다. 강운태 시장의 측근이라는 사실만으로도 경선에 큰 영향력을 줄 수 있었다. 최 영호 구청장은 과감하게 책 제목에서 부터 자신과 강운태 시장을 연결했다. 책 내 용 역시 강운태 시장과 함께 해 온 정치 역정을 담았다. 광주 남구에서 구의원과 시의원 등을 역임하며 성실하게 일해 온 경력과 강운태 시장의 최측근이라는 이 미지가 시너지를 일으켜 최영호 구청장이 승리하는 데에 발판이 되었다.

이처럼 출판기념회는 출사표로서의 의미와 함께 준비된 후보라는 이미지를 홍보하는 역할을 한다. 당원이나 지지자들에게는 교육용 자료로도 활용해 지지 효과를 얻을 수도 있다. 정치 신인들인 경우 약점인 인지도 제고 효과도 가져올 수 있다. 정치 신인에게 가장 중요한 것은 자신을 효과적으로 알리는 일이다. 정치인에게 인지도와 신뢰도는 비례한다. 많이 알려질수록 신뢰도 역시 높아진다. 그런 점에서 출판은 자신을 제대로 알릴수 있는 좋은 기회이자 도구이다.

한편 선거법상 선거일 90일 전까지는 출판기념회 개최가 가능하지만, 자칫 인원 동원이나 세 과시로 비춰져 문제가 될 수 있다. 또한 출판기념회에서 책을 무료로 배부하면 기부 행위로 간주돼 선거법 위반이 될 수도 있다. 물론 출판기념회는 출판사가 주체가 되어 개최하지만 후보는 각별히 주의해야 한다. 출판사와 전후 사정을 잘 살핀 다음 기획 행사로서 출판기념회를 준비해야 할 것이다. 선거법 위반에 대한 소지를 불식하기 위해 대안으로 온라인 출판기념회도 한 방법이 될 수 있다.

인터넷과 SNS를 활용하라

SNS가 활성화 되어 있는 요즘에는 자서전에서 감동을 줄 수 있는 부분을 발췌하여 블로그와 SNS를 연계하여 적극적으로 홍보할 수도 있다. 블로그를 각 포털 사이트의 게시판과 연동시키고 메타 블로그에도 함께 등재하면 훨씬 많은 수의 사람이 읽을 수 있다. 삶의 이력 중에서 유명인과의 만남 등 밝혀지지 않은 일화가 있다면 언론에 집중 보도될 수도 있다. 김정길 전 부산시장 후보의 자서전에는 밝혀지지 않았던 모 정치인에 대한 비화가 공개되어 유명세를 탔다. 또한 이강래 전 의원은 회고록에서 국민의 정부에서 있었던 비화를 소개하여 일약 톱뉴스의 주인공이 되기도 했다. 이처럼 큰 사건만 뉴스가 되는 것은 아니다. 잔잔하고 감동적인 이야기는 곧바로 인터넷을 뜨겁게 달구기도 한다.

의정보고서는
현역 의원의 특권이다

선거운동기간이 아닌 기간에 후보들의 선거운동은 크게 제약을 받는다. 명함을 주고받거나 온라인을 이용한 사이버 선거운동이 고작이다. 그러나 현역 의원이라면 사정이 다르다. 최소한 선거일 90일 이전까지는 의정보고서를 만들어 소속 지역의 세대에 발송하거나 직접 배포할 수 있기 때문이다. 다른 후보들이 이름 석 자를 알리기 위해 동분서주할 때 자신의 활동 내용을 합법적이고 공식적으로 홍보할 수 있으니 이는 현역 의원만이 갖는 대단한 이점이라 하겠다.

경제 불황의 여파로 의정보고서의 부수를 줄이거나 종이 질을 낮추기도 하고, 홈페이지를 통해 의정보고를 하거나 간단한 유인물로 대체하는 의원들도 생겼다. 형식이야 어떻든 상관없다. 선거를 목전에 둔 시점에서 유권자와의 접촉면을 넓히고 자신을 알릴 수 있는 의정보고서를 포기하지만 않으면 된다. 의정보고서의 배포방법은 가히 무한대적인 자유가 보장되고 있다. 우편발송, 가두배포, 현장 비치 등이 모두 허용된다. 이를 십분 활용하는 것이 의정보고서 활용의 핵심이다.

의정보고서에 포함되어야 할 내용

의정보고서에는 의원의 다양한 활동을 담는 게 좋다. 의회 내에서의 활동을 담은 의정 부분, 지역 내 행사 등에 참여한 지역 부분, 소속 당에서의 활동을 소개하는 정당 부분, 해외 연수나 출장 등의 성과를 기록한 대외 부분 등으로 나누고 이를 각 면별로 적당히 배치하여 실으면 된다. 다만 의원 활동을 통해 얻어진 업적 홍보가 아닌, 차기 선거의 지지를 호소하거나 공약 등의 내용을 포함해서는 안 된다.

다양한 자료를 적극 활용하라

활자로 된 문장보다 다양한 시각적 자료를 활용하는 것이 더욱 효과적이다. 각종 활동을 담은 사진은 기본이며 자신의 활동이 소개된 신문기사나 방송 화면, 잡지 인터뷰 등을 그대로 보여주는 것도 한 방법이다.

기자들은 객관적인 시각으로 기사화한다는 일반적 인식으로 인해 언론에 등장했던 자료들은 유권자들에게 큰 신뢰를 준다. 따라서 평소에 사진이나 기사를 챙기는 습관을 들여야 한다. 언론의 주목을 받는 일이 그다지 쉽지 않은 현실을 감안하면 늘 기자들과 좋은 관계를 유지하고, 지속적인 보도자료를 통해 기삿거리를 제공하는 일도 게을리 하지 말아야 한다. 또 언론이나 각종 사회단체가 뽑은 의정 활동 평가 순위는 홍보에 아주 좋은 소재이다.

다양한 형식으로 시도하라

의정보고서는 다양한 방법으로 진행할 수 있다. 지역 유권자들에게 어필할 수 있고 쉽게 다가갈 수 있는 방법을 찾을수록 좋다. 그리고 참신한 방법으로 진행하다 보면 언론의 주목을 받을 수도 있다. 의정보고서는 별도로 정해진 형식이 없다. 자필 편지도 상관없고, 연하장과 같은 형식으로 만들어도 된다. 거의 전 세대에 컴퓨터와 인터넷망이 갖추어졌다는 점을 감안하면 USB로 제작하거나 온라인 뉴스레터 형식으로 배포하는 것도 나쁘지 않다. 사회적 약자와 소수자에 대한 배려 차원에서 장애인을 위한 점자본이나 녹음본을 제작하는 경우도 점점 늘고 있다. 의정보고서가 의원 활동을 알리는 강력한 홍보 수단이라는 점을 생각하면 유권자가 외면하지 않고 꼼꼼히 읽게 할 수 있는 방법은 무엇인지 고민할 필요가 있다.

중요한 것은 의정보고서 역시 홍보적 차원에서 접근할 필요가 있다는 점이다. 우선 홍보 포인트를 명확히 하는 것이 좋다. 자신을 어떤 방식으로 유권자에게 이미지 메이킹할 것인지 정해야 한다. 이를 위해서 홍보기획사에 의뢰하면 도움을 받을 수 있다. 홍보 콘셉트가 정해지면 내용을 하나로 모으는 것이 좋다. 예컨대 '지역 발전을 위한 일꾼'이라는 콘셉트가 정해지면 사진을 비롯하여 카피, 의정 활동 중에서 지역 발전을 위해 노력한 점을 부각시킨다. 만약 '개혁적 정치인, 소통하는 정치인'으로 홍보 콘셉트가 정해지면 그에 맞추어야 한다. 무엇을 홍보할 것인지 선택하여 집중 공략하라.

주의할 점은 의정보고서에 너무 많은 주장과 이야기를 실으려고 노력해서는 안 된다는 것이다. 잘 보이지도 않는 작고 빽빽한 의정보고서를 찬찬히 읽어 줄 유권자는 극히 드물다. 따라서 확정된 콘셉트에 충실한 내용이 좋다. 간결한 카피는 물론이며 시각적으로도 가독성이 우선이다.

카피와 사진만 봐도 홍보하는 이미지를 각인시킬 수 있는 노력이 필요하다. 홍보 콘셉트를 잡을 때는 다가올 선거 구도를 감안한 전략적 선택이 필요할지도 모른다. 이런 경우 충분한 내부 회의는 물론이며 정치 컨설턴트 등 전문가의 도움을 받는 것이 좋다.

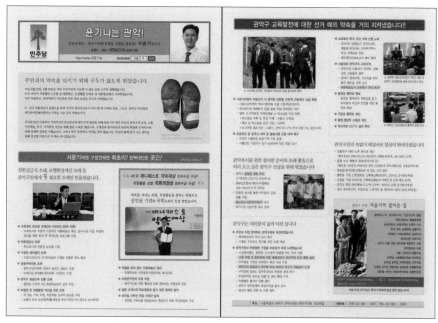

'발로 뛰는 일꾼' 이미지를 강조한 서윤기 서울시 의원

선관위의 의정보고서 관련 선거법 해석

1. 가정집에서의 의정보고회 개최

호별 방문에 이르지 아니 하는 범위 안에서 일반 가정집이나 정당의 당직자의 집에서 의정보고회를 개최하는 것은 무방함(1995. 12. 21. 회답). 다만, 이 경우 의정보고회 장소임을 알 수 있도록 표지를 첨부하는 등 공개적으로 개최하여야 하며, 참석을 원하는 선거구민의 출입을 제한해서는 아니 됨

2. ARS를 통한 의정보고회 고지

컴퓨터를 이용한 자동 송신 장치(ARS)를 통하여 자신의 육성으로 의정보고회 고지에 필요한 개최 일시 및 장소 등을 알릴 수 있음(2003. 6. 26. 회답)

3. 전화 등을 통한 의정보고회 고지

전화·초청장·휴대폰·문자메시지를 통하여 의정보고회 개최 일시·장소 등을 고지할 수 있음 (2003. 7. 29. 회답)

4. 신문 광고를 통한 고지

의정보고회를 개최함에 있어 보고자의 직명·성명·개최 일시·장소 및 진행 순서 등을 신문에 광고로 게재할 수 있음(1994. 10. 24. 회답)

5. 의정보고회 공동 개최

선거구가 중첩된 국회의원과 지방의원 등이 중첩된 지역에서 서로 지지·호소·선전 하는 내용 없이 공동으로 의정 활동 보고회를 개최할 수 있음(1994. 11. 14. 회답)

6. 다른 목적의 행사·모임에서의 의정보고

다른 목적을 가진 선거구민의 행사나 모임이 끝난 후 주최자의 허락 하에 원하는 선거구민만을 대상으로 의정 활동을 보고할 수 있음(1994. 7. 25. 회답)

7. 반송용 요금 후납 우편엽서 형태의 의정보고서

국정 활동에 필요한 범위 안에서 선거구민으로부터 의정 활동에 필요한 자료 또는 의견을 수집하는 것은 직무상의 행위로 무방할 것인 바, 반송용 요금 후납 우편엽서를 절취형태로 게재한 의정보고서를 선거구민에게 배부하는 것은 무방함(1999. 12. 9. 회답)

선관위와
친해져라

선거에 출마하는 후보자나 참모들은 선관위에 대해서 일단 거리감을 느끼게 된다. 이 거리감 때문에 종종 후보자들은 선관위를 부정적인 기관으로 인식하곤 한다. 하지만 선관위는 선거를 치르는 기간 내내 항상 협조와 긴장의 관계를 맺어야 하는 기관이므로 단순히 부정적으로 생각해서는 안 된다. 즉 선거를 원활히 치르기 위해서는 선관위와 친하게 지내는 것이 절대적으로 필요하다. 선관위와 싸우기보다는 선관위를 적극 활용하는 것이 득이 된다.

선관위는 기본적으로 선거의 심판자로서 제반 선거과정을 규제하는 독립 규제위원회의 성격을 지니지만 한편으로 선거와 관련된 각종 행정 서비스를 제공하는 행정 기관이기도 하다. 우리나라 선거 전체를 총괄하는 중앙선거관리위원회가 있으며, 16개 광역시·도의 선거를 총괄하는 시·도 선거관리위원회가 있다. 시·도 산하에는 각 시·군에 지역 선거관리위원회가 있는데, 각 후보자들은 주로 지역 선거

관리위원회를 상대하게 된다.

선거법에 대한 유권해석은 지역 선관위에서 애매한 경우 시·도 선관위로, 시·도 선관위에서도 확신을 갖지 못하면 중앙선관위에 의뢰하게 된다. 후보자가 유권해석을 의뢰하는 기관은 지역 선관위, 시·도 선관위, 중앙선관위 어디든 가능하다.

애매하면 무조건 선관위에 전화해서 물어봐라

지역 선관위에 들어가면 관리과와 지도과가 있다. 작은 시·군은 과가 아니라 계로 있는 경우도 있다. 관리과는 선거 사무 업무를 담당한다. 입후보 등록 등 서류를 제출하고 검토 받는 부서이다. 지도과는 선거법에 저촉되는 사항을 지도하고 단속하는 부서이다. 따라서 선관위와 후보자 간의 마찰은 주로 지도과와 있게 된다.

지도과 직원들은 후보와 선거 캠프 관계자들이 좋든 싫든 선거 현장에서 가장 빈번히 마주쳐야 할 사람들이다. 선거를 관리하고 선거 부정행위를 감시하는 해당 지역의 선관위 직원과 선거 부정 감시 단원이 지도과 직원들이다. 따라서 이들과 친하게 지내는 것은 선거의 흐름을 원활히 하는 데 있어서 매우 중요하다. 유세 현장에서 단속하는 지도과 직원들과 쓸데없는 마찰을 일으키거나 애매한 사항을 무조건 안 되는 사항으로 규제 당하게 되면 굉장히 피곤한 선거가 되기 때문이다.

선거에 관해 규제나 제한을 받을 경우 선관위가 마치 방해꾼으로 여겨질 수도 있을 것이다. 특히 선거가 치열해질수록 선관위에 대해 공격적이고 적대적인 태도를 보여 상황을 어렵게 만드는 후보와 선거 사무관계자들이 있다. 가능한 한 선관위와 싸우지 않는 것이 좋다.

지역 선관위가 불공평하다고 느껴질 때는 광역 선관위나 중앙선관위에 문의하여 답변을 얻은 후 지역 선관위에 따질 수도 있다. 무엇보다 중요한 것은 캠프에 선관위의 잘못된 판단을 시정 요구할 수 있는 선거법에 정통한 참모가 있어야 한다는 점이다.

　정치든 선거든 결국은 모두 사람이 하는 일이다. 선거법을 집행하고 적용하는 선관위도 그 조직 내부에는 사람들이 있다. 그렇기에 후보와 선거 사무 관계자들이 선관위에 부담 없이 정치 관계법을 문의하며 상호 협력·신뢰 관계를 형성하는 것은 선거를 잘 치르기 위해 매우 중요한 일이다. 평상시나 선거를 앞두고 선관위가 주최하는 각종 설명회와 교육 등을 이용하여 궁금한 사항들을 해결하고 선거와 관련된 정보를 공유하는 네트워크를 형성하도록 하자.

tip

애매한 사항은 항상 선관위에 묻고 문서로 답신을 받는 것이 좋다
선거를 치르다 보면 선거법상 저촉 여부를 파악하기가 애매한 사항들이 발생하기도 한다. 법규에 명문화 되지 않은 사항은 선관위에서 유권해석을 하기 때문에 더욱 애매해 진다. 행사를 하는데 과자는 되고 밥은 안 되는 사항, 음료수는 되는데 맥주는 안 되는 사항 등 매우 복잡한 문제들이 있다. 그런데 선관위에서 긍정적인 답변을 받아 한 행위가 선거법에 저촉이 되어 고소·고발되는 경우도 발생할 수 있다. 이럴 경우 선관위에 전화로 문의했다고 하면 증거가 남지 않아 피해를 볼 수 있다. 만약 당락을 결정하는 중대한 문제라면 과연 누가 책임지겠는가? 따라서 항상 선관위의 해석이 필요한 사항은 나중에라도 문서로 답변을 받아놓아야 한다. 그래야 이후에 문제가 발생해도 대처할 수 있다.

김익규

2006년 이후 후보자 빼고는 기초의원부터 대통령선거까지 현장에서
낮은 직책으로 경험을 쌓았다. 유권자를 표가 아닌 사람으로 대하고,
조직 못지 않게 정책으로 승부하는 후보가 이겼으면 하는 바람을 늘 지닌다.
슈퍼 갑부터 울트라 을에 걸쳐 있는 사회 경험폭이 독인지, 득인지 늘 헷갈린다.
오늘을 소중하게 살려고 노력한다.

Part 05

SNS
뉴미디어

스마트할수록
강해진다

스마트 선거운동이
경쟁력이다

[카]   [페]   [트]   [인]

4년 전 선거운동에서 스마트폰은 손가락을 문대는 유리판이 달린 전화기였다. 문자 대신 카카오톡이 가능했고, 트위터로 소통하고, 카카오스토리로 1촌을 늘렸다. 온라인은 홍보 공간이었다. 앱 기능은 빈약했고, 서비스는 허술했다.

시간이 흘렀다. 바깥 세상이 확 변했다. 공유, 연결, 협업하여 업무를 진행한다. 인터넷(네트워크)에 물리면 내가 있는 자리에서 일을 볼 수 있다. 성능이 미흡하지 않고, 디자인이 어설프지 않았다. 무료인 서비스와 앱이 많으며, 가성비가 뛰어난 유료기능도 있었다. 선거운동에서 이 기능을 왜 활용하지 않을까? 민간과 기업에서 활용하는 절차와 결과를 사알짝 바꾸면 훌륭하게 쓸 수 있겠다 판단이 들었다.

2018년 6월 13일 지방선거에서 스마트폰은 전화기가 아니다. 앱과 인터넷 서비스를 활용하여 지지자를 지도에서 관리하고, 일정을 챙기며, 정책을 홍보하는 도구다. 사용법은 더 쉬워졌다.

후보자가 온라인 서비스와 앱을 조금만 더 활용하면, 당선에 정말 가까워질 수 있다. 유권자라면 묻지도 따지지도 않고 찾아가는 기존 방법은 불필요한 곳에 힘을 쓰는 것이다. 진심으로 유권자를 대하기 힘드니 관성으로 대한다.

자신감이 떨어질수록 조급하고 초조해지기 마련이다. 이 사람 저 사람 소개하느라 묻혀 버리는 행사장에서 내 이름 석 자가 스피커로 크게 울려 퍼진다고 지지자가 늘어나지 않는다. 누구 찍을 지 모르는 유권자 1,000명에게 알리는 방식이 기존 선거운동이었다면 이제는 나를 찍을 100명에게 쏟아 붓는 방식으로 바꿔야 한다. 다시 말하면 10명 가운데 나를 선택할지 말지를 모르는 9명에게 엄한 힘 쓰지 말아야 한다. 나를 선택하는 1명에게 진짜 힘을 쏟아야 한다. 그 1명이 나를 지지할 다른 2명을 데리고 오도록 하면 선거는 이긴다. 이 장은 온라인 서비스와 앱을 활용하여 지지자 한 명에게 집중하고, 그 한 명이 2명, 3명 지지자를 더 늘릴 수 있는 방법을 제시했다.

앱과 서비스를 활용하면 한정된 내 시간, 힘, 그리고 자금을 나를 찍어 줄 지지자에게 집중할 수 있다.(돈이 적게 든다) 경선 투표소에서 나를 찍어야 본선을 나갈 수 있지 않은가. 이 책에서 알려주는 서비스와 앱을 사용하면 모든 후보에게 주어진 하루 24시간 내용이 달라진다. (사용법은 정말 쉽다) 나를 좋아하는 지지자 중심으로 일정을 짜고, 충실하게 만날 수 있다. 내용이 다르게 대할 수 있다. 격의없이 소통할 수 있고, 공약과 주장을 산뜻하게 알릴 수 있다. 한 번만 입력하고, 다양하게 우려먹을 수 있다. 바로 고치고, 최근 자료도 추가할 수 있다. 끝으로 당선이 되면 4년 동안 의정활동을 다른 의원보다 더 잘 할 수 있다.

스마트 선거운동에
필요한 앱과 서비스

후보자가 사용하는 서비스와 앱은 쉽고, 무료(또는 저렴)이며, 유권자가 많이 써야 한다는 기준으로 정했다.

쉬워야 한다. 화면이 복잡하거나 손가락을 이리 대고, 저리 누르면 안 된다. 화면이나 안내 문구가 한번에 알 수 있거나 , 사용법을 익히는 데 시간이 적게 걸리는데 촛점을 맞추었다.

최대한 무료를 찾고, 유료이면 가능한 저렴한 서비스와 앱을 찾았다. 가성비가 낮다고 판단하면 이를 추천했다. 8년전, 4년전과 견주어 사진과 영상 비중이 높아진다. 선거를 준비하면서 사진을 숱하게 찍고, 영상 촬영이 늘어나는데 사진과 영상을 안전하게 보관하고, 편하게 관리할 수 있어야 한다. 이와 관련하여 한달 24,090원을 내면 온라인에 무제한으로 저장할 수 있는 서비스가 있다.

소수가 몰래 쓰는 앱이나 서비스는 제외했다. 검증이 되지 않았고, 이후 성능 개선이 잘 이루어질 지 모른다. 유권자가 많이 사용하니 검증을 받았다. 서비스나 앱을 만든 개발자(또는 회사)는 안정하게 유지하고, 유권자(사용자) 의견을 받아 들여 계속 기능을 추가하거나 개선하여 성능을 강화할 가능성이 높다. 덤으로 유권자가 잘 사용하니, 후보가 따로 교육 시간을 낼 필요가 없다.

안드로이드용   아이폰 용

이 기준으로 정한 서비스와 앱은 아래와 같다.

서비스	주소	용도
구글 포토	photos.google.com	· 사진 및 동영상 저장 · 용량은 무제한 (1600만 화소 이하사진과 1080P 이하 동영상에 해당)
구글 지도	maps.google.com	· 지지자, 당원 관리 · 공약, 맛집 지도 등

구글 주소록	contacts.google.com	· 스마트폰 주소록 · 구글 주소에 사용
구글 캘린더	calendar.google.com	· 일정 관리 · 일정을 스마트폰 내 앱과 연계
구글 설문지	forms.goole.com	· 정책 설문 조사
구글 문서	docs.google.com	· 설문조사 응답 집계 · 구글 지도 연계를 위한 스마트폰 또는 PC 주소록 정리
원노트	www.onenote.com	· 자료 수집 및 공유PC, 안드로이드, 애플용 앱이 있음
리멤버	rememberapp.co.kr	· 명함 관리

그 외 유료로 사용하는 서비스나 앱은 다음과 같다.

서비스	주소	용도
오피스365	www.office365.com	자료 백업(최대 5TB를 사용할 수 있다. 무제한 공간을 사용하려면 Enterprise E3를 구독해야 한다.) 파워포인트, 엑셀, 워드, 억세스 등
아래아한글	www.hancom.com	문서 작성

knowhow 32

스마트 선거운동에
필요한 장비

지지자가 소개한 주민을 만났다. 며칠 잠을 줄여가며 준비한 내용을 보여주려고 한다. 아뿔싸. 전원 스위치를 켰는데, 화면이 뜨는 데 30초가 넘게 걸린다면 그 자체로 꽝이다. 주민은 기다리지 않는다. 스마트 선거운동은 좋은 연장이 좋은 성과를 부른다. 비싼 연장, 몸에 익숙치 않은 연장은 제값을 못한다.

필요한 도구는 스마트폰, 짐벌, 디지털카메라(삼각대), 펜입력이 가능한 태블릿 (또는 PC), 핸즈프리 이어폰이다.

스마트폰은 타입랩스와 슬로모션 촬영이 가능해야 한다. 긴 시간을 짧게 줄여서 보여주는 기능이 타입랩스이며, 빠른(짧은) 동작을 느리게(길게) 보여주는 영상이 슬로모션이다. 선거사무소를 얻고, 외부 현수막을 거는 과정을 타입랩스 기능을 사용해 찍으면 좋은 자료가 된다. (삼각대와 넉넉한 보조배터리가 필수다), 조기축구회에서 골을 넣을 때, 어린이가 신나게 노는 모습을 담을 때 등에 슬로모션을 이용 한다. 슬로모션은 적절한 타이밍이 필수다. 스마트폰 카메라 화소는 우열을 가리기 힘들다. 조리개와 셔터 속도 등으로 비교한다. 후보자는 선거운동을 하지, 선거사진을 찍는 사람이 아니다.

페이스북 라이브, 유튜브 방송(실시간 스트리밍)을 하려면 짐벌이라는 도구를 사용하면 좋다. 손떨림을 막고, 대상을 자동으로 추적하는 기능이 있다. 행사 소개, 본인 소개, 현장 방문 등 다양한 동영상을 스마트폰으로 찍을 때, 짐벌을 사용하면 흔들리지 않고, 후보자 움직임을 자동으로 쫓아가며 찍을 수 있다.

디지털 카메라는 찍은 장소(Global Positioning System: GPS)를 저장해야 한다. 사진은 분류할 때 의미가 있다. 사진을 계속해서 찍다 보면, 장소만 알면 설명을 더 달 수 있는 일이 왕왕 생긴다. 사진에 GPS 값이 들어가면 좀 더 정확하게 알 수 있다. 디지털 카메라는 비싼 카메라가 좋은 카메라가 아니라 후보 또는 캠프 실무자가 다룰 수 있는 카메라가 제일 좋다.

선거는 사진 한 장이 책 한 권을 압도할 수 있다. 사진을 잘 아는 사람만이 좋은 사진을 찍는 법은 아니지만, 사진을 모르는 사람이 좋은 사진을 찍을 수는 없다. 상식 수준에서 구도, 조리개, 셔터 스피드, ISO, 빛 등을 알아두면 좋다. 자동모드(A)에서는 평균 수준 사진만 얻을 수 있다. 수동모드(M)로 놓고 다양한 시행착오를 거치면서 사진 찍는 느낌을 길러야 한다.

펜 입력이 가능한 태블릿 또는 PC가 필요하다. 골목, 공원, 노인정, 아파트 입구, 상가, 체육시설, 학교, 운동장, 커피숍, 카페, 교회, 사찰, 성당 등에서 주민을 만나면 악수만 하고 헤어질까? 의견을 경청하고 수첩에 적고 마무리할까? 주민이자 유권자는 기다리지 않고, 후보가 원하는 대로 움직이지 않는다.

짧은 시간 틈을 내어서 요령껏 홍보하고 주장을 제시해야 한다. 의견을 경청하고, 대안을 보여주어야 한다. 또한 주민들이 어떤 생각과 경향을 띠고 있는 지 정책 설문조사로 확인해야 한다. 펜을 사용할 수 있는 태블릿이나 PC가 적격이다.

PC는 마이크로소프트, 레노버, 델, 에이수스 등이 나왔다. 펜입력이 가능한 태블릿은 삼성, 애플 등에서 찾을 수 있다.

태블릿으로 선거운동에 활용하는 방법은 많다. 휴대폰으로 테더링하여 연결한 후, 사진을 찍고, 펜으로 적어서 카톡이나 메일로 바로 보낼 수 있다. 정책 설문조사를 화면으로 주민과 함께 쳐다보면서 입력하고, 대화를 나눌 수 있다. 예비후보자가 되면 지역 현안과 관련한 입장을 태블릿에 담아서 프리젠테이션 할 수도 있고, 지도에 넣어서 보여줄 수도 있다.

PC는 기기를 다루는 연습이 필요하다. 특히 PC와 태블릿은 동일한 프로그램이라도 메뉴와 단추 위치가 다를 수 있다.

마지막으로 핸즈프리 이어폰이 필요하다. 휴대폰으로 전화를 받을 때, 두 손을 사용하느냐 여부는 다음 동작에서 큰 차이를 낳는다. 2014년 지방선거에서 지사에 당선한 광역단체 캠프는 핸즈프리 이어폰을 일괄로 구매했을 만큼 효과가 크다.

한 손으로 휴대폰을 잡고 있으면, 남은 한 손이 두 손 몫을 해야 하므로 부산해진다. 전화 통화로 일정을 잡거나 메모를 해야 한다면 두 손이 훨씬 빠르고 정확하다. 외부 바람과 소음을 차단하는 기능이 든 핸즈프리 이어폰은 시끄러운 광장에서도 바로 옆에 있듯이 대화를 나눌 수 있다. 핸즈프리 이어폰으로 전화를 받으면서, 태블릿에 펜으로 적거나, 일정을 추가 하는 모습을 지지자와 주민에게 자연스럽게 보여줄 수 있다.

화면으로 진행하는
정책 설문조사

.

공직선거법은 오프라인 활동 규제가 심하다. 법을 지키면서 활동을 하는 것이 쉽지 않다. 정책 설문 조사 정도만 가능하다고나 할까.

2014년 지방선거를 위한 당선 노하우(이하 '당선노하우'로 줄여 씀)를 보면 Knowhow33으로 "발로 뛰는 정책 설문조사 100% 활용하기"를 소개한다.

핵심은 종이 설문지로, 유권자를 만나자이다. 종이 설문지는 휴대성이 떨어진다. 한번에 여러 개를 갖고 다니기 불편하다. 연령과 직업에 따라 설문조사를 다양하게 구성하면 설문항목이 늘어난다. 두툼한 설문지를 본 유권자는 지레 놀라 시원 시원하게 답을 하기 불편하다.

조사 시간과 내용은 반비례 관계다. 꼼꼼하게 물어보면 시간이 많이 걸리고, 시간을 고려하면 설문 내용이 부실해지기 쉽다. 설문 응답을 분석하려면 반드시 한번은 통계 프로그램이나 엑셀같은 스프레드 시트 프로그램에 입력해야 한다. 입력을 제대로 했는 지 확인해야 한다.

바꾸자. 설문지를 화면에 담아 유권자를 만나자. 4년 전에 비해 무선 인터넷을 좀 더 쉽게 이용할 수 있고, 저렴해졌다. 무료로 쓸 수 있는 공공기관이 늘었다. 커피숍이나 식당은 고객 서비스로 무선인터넷을 제공한다.

설문조사 관련한 인터넷 서비스와 앱 등 경쟁이 치열해지면서 초보자도 쉽게 만들 수 있도록 용어나 화면 구성이 편리해졌다. 기능 또한 갈수록 강력해져, 정책 설문조사는 충분히 담을 수 있다. 주민은 한 두 번은 이런 설문 조사에 참여했다. 익숙한 분은 당연하듯이 대해서 좋은 응답 결과를 얻을 수 있고, 낯선 분은 이 설문조사 방식을 통하여 후보자를 참신하게 여길 수 있다.

종이를 화면으로 바꾸니 후보자와 주민은 설문지를 같이 봐야 한다. 화면으로 진행하기 위해서 좋은 태블릿 PC와 테더링(휴대폰을 모뎀으로 활용하는 기능)이 가능한 스마트폰으로 도구를 바꾸어야 한다. 스마트폰으로 설문조사를 진행해도 되는 데, 노안이 오신 분들은 글자 크기가 작아서 읽기가 불편하다.

설문지 결과는 다양하게 활용할 수 있다. 책을 내는 기초 자료로 쓸 수 있고, 예비후보자홍보물을 만드는 데 요긴하게 사용할 수 있다. 설문지 결과를 내기 위해 1,000명을 만났으니, 인지도는 덤으로 올라간다.

설문조사가 가능한 인터넷 서비스는 구글 설문지와 마이크로소프트 오피스365가 가능하다. 구글설문지가 오피스365보다 기능이 강력하다.(2017년 6월 20일 기준) 오피스365를 활용하는 방법은 블로그에서 찾으면 된다.

구글 설문지 기능 중 정책 설문조사에 관련한 주요 기능은 아래와 같다.

– 대상자에 따라 설문 항목이 자동으로 바뀐다.

정책 설문조사 핵심은 대상을 좁히는 데 있다. 모든 주민이 아니라 해당 주민에게 설문조사를 진행해야 의미있는 답을 얻을 수 있다. 설문지 하나에 모든 정책과

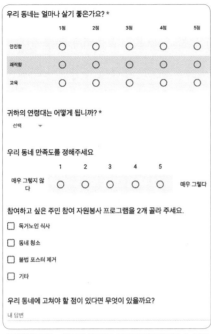

우리 동네는 얼마나 살기 좋은가요? *

	1점	2점	3점	4점	5점
안전함	○	○	○	○	○
쾌적함	○	○	○	○	○
교육	○	○	○	○	○

귀하의 연령대는 어떻게 됩니까? *
선택 ▼

우리 동네 만족도를 정해주세요

	1	2	3	4	5	
매우 그렇지 않다	○	○	○	○	○	매우 그렇다

참여하고 싶은 주민 참여 자원봉사 프로그램을 2개 골라 주세요.
☐ 독거노인 식사
☐ 동네 청소
☐ 불법 포스터 제거
☐ 기타

우리 동네에 고쳐야 할 점이 있다면 무엇이 있을까요?
내 답변

구글설문지는 설문지 응답을 다양하게 구성할 수 있다

현안을 담을 수 없다. 보육, 노인, 환경, 지역경제 등 주제에 맞는 대상을 좁히고, 여기에 맞는 설문지를 준비해야 한다. 정책 설문조사는 설문 조사 못지 않게 응답자를 (잠재) 지지자로 만드는 관계를 형성해야 한다. 기존 종이 설문지는 설문 목적, 대상, 동네 별로 설문지를 만들어야 했다. 설문지가 두꺼워지고, 복잡해져 설문조사를 쉽게 할 수 없다.

구글 설문지는 대상별로 설문지를 구성할 수 있도록 했다. 이를 테면 보육, 노인, 환경, 지역 경제 등 설문지를 하나에 모아 놓고 응답자가 이 가운데 하나를 선택하면 다음 설문은 선택한 주제로 설문이 이어진다. 예를 들어 자영업, 직장인, 취업준비생으로 응답자가 선택하면 다음 질문은 맞춤형으로 나타날 수 있다.

– 응답 방법을 다양하게 할 수 있다.

구글 설문지는 다양한 응답 방법이 있다. 하나만 선택하는 객관식 질문, 두 개 이상 선택이 가능한 체크박스, 긴 응답 항목을 줄여서 보여주는 드롭다운이 있다. 직선 단계나 객관식 그리드를 활용하면 5점이나 7점 척도를 쉽게 잴 수 있다. 주관식으로 의견을 받을 수 있다. 주관식 입력은 최소와 최대 글자 수를 두어서 의견을 좀 더 분명하게 받을 수 있다.

정책 설문 조사

* 필수항목

동행(同幸)

구글설문지는 문항에 이미지를 넣어서 좀 더 잘 전할 수 있다

– 응답 결과를 실시간으로 저장하고, 응답자에게 이메일로 전달한다.

구글 설문지는 설문을 마치면, 결과값을 자동으로 구글 스프레드시트로 저장한다. 구글의 스프레드시트에 저장한 내용은 엑셀에서 읽을 수 있다. 입력 과정에서 오류를 최소화할 수 있다. 이메일을 입력하면 응답자에게 본인 설문조사 결과를 이메일로 자동으로 보낼 수 있다.

– 설문지에 그림과 동영상을 넣을 수 있다.

구글 설문지는 꾸밀 수 있는 기능을 여러 곳에 넣어 두었다. 배경에 내가 찍은 사진을 넣을 수 있다. 객관식 질문과 체크박스에는 그림과 동영상을 넣을 수 있다. 이전 설문조사는 글자만 적었다면, 구글 설문지는 이미지를 넣을 수 있다. 다만 구글은 무료로 제공하는 모든 서비스가 사용하는 하드드라이브를 15G로 제한했다.(구글 포토는 제외) 이 한도 내에서 얼마든지 이용할 수 있다. 또 하나 구글 설문지에 넣은 그림과 동영상이 공직선거법을 위반하지 않도록 유의해야 한다. 본인 사진, 슬로건, 소개 자료 등을 그림과 동영상에 넣으면 사전선거운동 소지가 있다. 정책 설문조사를 하러 유권자를 만나는 순간에 굳이 본인 소개와 슬로건을 알릴 필요가 없다. 그 자체로 홍보가 된다.

- 카톡, 밴드, 페북, 문자메시지 등으로 홍보할 수 있다.

구글 설문지는 설문조사를 링크로 보낼 수 있다. URL 단축을 누르면 한 줄 이내로 줄일 수 있다. 악성코드, 바이러스 등을 링크로 보내서 오해를 살 수 있다. 설문조사 URL 주소만 달랑 보내지 말고, 받는 이가 안심할 수 있도록 설명을 달아서 보내 주는 에티켓을 사용하자.

명함을 찍고, 지도에 올리고

후보자가 받은 명함은 소중하다. 내년 지방선거에서 나를 찍어주는 소중한 한 표가 될 수 있고, 나에게 명함을 준 사람이 내 분신처럼 나를 홍보할 수 있다. 무엇보다도 지인이라는 확실한 물증이 아닌가. 선거법에서 허락하는 선거운동을 할 수 있다.

관리하지 않은 명함은 무용지물이 아니라 위험하다. 내가 기억하지 못하는 데, 상대방이 기억한다면 그 표는 날라갔다. 칭찬은 흘러들어도, 비난은 쫑긋하는 게 사람 심리다. '내가 명함을 줬는데도(악수까지 했는데도) 기억을 못하더라고. 인간이 안 되었어.'

명함관리는 쉽지 않다. 들인 품에 비해 건질 게 없다고 한다. 잃어버리지 않으려고 모아두거나 성함, 전화번호, 소속, 직책, 간단한 메모 정도만 휴대폰에 입력하기 일쑤다. 하루 10장씩 받은 명함을 매일매일 주소록으로 옮기는 작업이 만만하지 않다.

다행히 이 어려움을 풀어주는 서비스가 있다.(리멤버앱) 휴대폰으로 명함을 촬영하면 사람이 직접 입력하여 주소록에 넣어준다. 100만 명 이상이 사용한다. 무료다.(명함정보를 공유하는 서비스는 유료로 전환할 예정이나, 2017년 6월 15일 현재는 무료다) 정확도는 99% 이상이다. 한글은 10분 내에, 한자는 1시간 가량 걸리지만 내가 직접 입력하지 않으니 얼마나 편리한가. 입력시간이 사라진다. 명함 정보를 다른 서비스나 프로그램으로 가공하거나 연계할 수 있다.

명함 정보를 실시간으로 연동하는 기능이 이 서비스 장점 가운데 하나다. 네이버, 구글, 페이스북 아이디 가운데 하나로 회원 가입이 가능하다. 회원으로 등록하면 나를 아는 기존 이용자(규모가 100만명이 넘는다)와 자동으로 연결된다.

내 명함을 바꾸면 나랑 연결된 이에게 자동으로 바뀐다. 페이스북 프로필 사진(프사)처럼 시기, 이슈에 따라 온라인 명함을 자유롭게 바꿀 수 있다. 거꾸로 상대방이 명함을 바꾸면 나에게 자동으로 알려준다. 이직, 창업, 승진 등을 바로 알 수 있으니 응대를 놓칠 일은 없다.

전화를 받을 때 명함이 함께 나타나게 할 수 있다. (스마트폰마다 설정이 약간씩 다르다). 누구지 하며 전화를 받을 일이 사라진다. "여보세요"라는 식상한 인사말 대신 맞춤형 인사말을 꺼낼 수 있다.

리멤버앱은 명함 정보를 스마트폰 내 기존 주소록과 구글 주소록으로도 저장할

리멤버 소개

리멤버를 사용하면 지역주민
맞춤형 정보 제공 및 관리 가능

명함을 리멤버앱을 이용하여
찍으면 입력을 해준다

수 있다. 리멤버 앱이 삭제하거나 서비스를 쓰지 않아도 기존 주소록에 고스란히 남길 수 있으며, 스마트폰을 분실하거나 고장이 나서 주소 정보가 하나도 없더라도 주소를 그대로 가져올 수 있다.

명함은 구글주소록에 자동으로 추가 또는 수정이 된다

구글 주소록에 명함 정보가 들어가니 구글 지도로 옮길 수 있다. 구글 지도로 명함 정보를 옮기면 스마트폰 안에 내 지인이 사는 곳을 표시한 지도를 들고 다니는 셈이다. 4년 전에는 선거사무실 한쪽 벽에 지도를 붙이고, 핀으로 꽂았다. 이 정보가 귀해서 소수 사람만 볼 수 있도록 했다. 이렇게 붙여 놓아도 막상 현장가면 활용하기 힘들었다. 정리용이자, 대비용이었지 실시간 활용 용도는 아니었다.

구글주소를 구글 지도로 옮기는 방법은 구글주소를 CSV 타입 파일로 저장한 다음, 저장한 파일에서 불필요한 정보를 다 지우고, 구글지도에 추가하면 된다. 구글 지도가 4년 전에 비해서 많이 좋아졌다. 기존 주소 뿐만 아니라 새주소도 잘 찾아준다.

가장 쉽게, 빠르게 활용하는 방법은 내 주변에 내 지인이 누가 있는지 바로 확인하고 연락하는 방법이다. 구글지도를 켜고, 내 위치 확인을 누르면 내 주변에 있는 지인이 나타난다. 전화 연락할 수도 있다. "근처에 와서 안부 전화 드렸어요. 잘 지

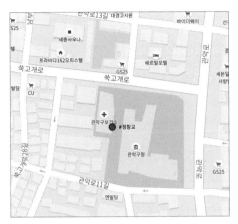

구글주소록을 구글지도로 옮길 수 있다

내시죠? 이번 선거 저를 꼭 찍어주세요", 문자나 카톡을 맞춤형으로 보낼 수 있다. "밤길 걷는 데 위험하다고 해서 현장을 나왔습니다. (사진 한 장 넣고) 범죄예방설계(CEPTID)기법을 적용하여 안전한 골목길이 되도록 하겠습니다. 아무개 올림"

　지인을 동네별, 단지별, 상가별로 엮어서 만나는 자리를 만들면 효과가 크다. 지인과 후보간 일대일로 만났다면 후보가 그 곳에 산다는, 장사한다는, 직장을 다닌다는 이유로 모임을 만들면 장소라는 공통점이 의외로 강한 구심력을 발휘한다. 개인간 서로 낯설고 거리를 둘 수 있지만, 후보가 소개하거나 아는 지인끼리는 꺼려하는 감정이 누그러지기 마련이다. 이렇게 모인 모임이 후보에게는 조직 기반이 되고, 참가자에게는 정보를 교류하는 공간이 된다. 온라인 서비스가 조직을 강화하거나 모임을 안정시킬 수는 없다. 허나 자연스러운 모임을 보여줄 수 있다. 그것도 꽤 강력하게. 나머지는 후보자 몫이다.

내 지지자는 어디에 살까?

　선거에 필요한 개인정보 항목은 몇 가지나 될까? 성명, 성별, 생년월일, 휴대폰, 집 전화, 이메일, 카톡 아이디, 주소, 직책, 부서, 회사, 당원 구분(비당원 포함), 지지 성향, 처음 만난 날, 메모 등 15가지다. 그리고 주민번호가 있다.

　주민번호는 없어도 된다. 주민번호 뒷자리에 기록한 지역 코드를 토대로 출신 지역을 확인하면서 선거를 준비하던 때가 있었다. 10년 전에 모지역 호남 향우회 회원 중 일부 주민번호 자료를 받아서 검색을 했다. 60%만 호남 지역이고, 나머지는 비호남 지역이었다. 알고 보니, 주민번호에 나온 지역 번호는 출생기록을 등록한 주민센터가 가진 번호였다. 요약하면 주민번호는 '나고 자란 고향'에서 자란 곳과 항상 일치하지 않는다.

선거운동 관련하여 선관위에 등록하는 서류 중에서 후보자, 후보자의 배우자, 선거사무장, 회계책임자 외에는 주민등록을 적는 난이 없다. 선거사무원은 생년월일만 적으면 된다. 주민번호는 적지 않아도 선거 치르는 데 지장이 없다.

만약 최대 10,000명까지 한 사람당 정보를 50 항목까지 적을 수 있고, 그 주소를 지도 위에 표현할 수 있는 서비스가 있다면 선거에 어떤 도움이 될까? 지도에서 정보를 검색할 수 있고, 해당하는 사람을 표시할 수 있다면 현장에서 바로 써먹을 수 있지 않을까? 구글지도는 가능하다.

지방선거는 지지자가 투표소에 가면 당선되는 선거다. 지지자가 어디에 있는지 모른다는 사실이 문제일 뿐. 해결 방법은 단 하나. 유권자가 많이 모인 장소나 행사에 가서 고개를 숙이거나(인사), 손을 내밀거나(악수), 종이를 건네거나(명함), 소리를 내는(축사) 방법을 주로 썼다. 지지자를 정한 유권자는 잘 안 바뀌고, 누구를 지지할까 하는 유권자는 후보가 너무 많아 기억을 못한다.

제일 중요한 지지자는 당원이다. 각 정당은 지방선거 후보를 선출하는 절차에서 당원 의사를 확인하고, 반영하는 과정, 곧 경선을 거친다. 선거가 1년 가량 남으면 후보자는 신규 당원을 발굴하고, 당원으로 입당시키려고 노력한다. 또한 기존 당원을 만나서 지지를 호소한다.

후보자가 발품 팔고, 직접 만나서 당원으로 가입한 유권자부터 지지자로 만들어야 한다. 후보자, 후보자를 지지하는 지인 등이 열심히 뛰었다. 신규 당원을 300명, 500명 가입시켰다. 많은 후보자는 자신이 가입시킨 당원이 자신에게 투표할 거라고 기대한다. 허나 당원은 그렇지 못하다. 인간관계로 가입한 사례가 많으며, 인터넷으로 투표하거나, 전화로 누르거나 또는 경선 투표장에 나가서 직접 투표하는 일이 귀찮다고 여기는 분들이 의외로 많다.

당원 관리를 잘해야 지지자로 만들 수 있다. 구글 지도를 활용하면 밀도있게 당원을 만나고, 짜임새있게 관리할 수 있다. 구글 지도로 당원 주소를 표시하면, 당원이 어느 투표구에 치우쳐 있는 지, 따라서 앞으로 어느 투표구에 집중해야 하는 지 한 눈에 알 수 있다.

같은 곳에 사는 당원을 모아서 만날 수 있다. 이제는 당원 한 명이 아니라 당원 7~8명 정도 모임으로 당원을 만날 수 있다. 어느 정당도 주변에 사는 당원이 누구인지 알려주는 서비스를 하지 않는다. 같은 동네(단지)에 살고, 동일 정당 당원에, 가입시킨 사람이 후보자라는 3가지 공통 요소가 구글 지도에 드러난다.

이제 당원을 만날 때 한 사람이 아니라 모임으로 만날 수 있다. 그 동네(단지)에 사는 당원에게 연락을 할 수 있다. 동네(단지)가 같으면 들어야 할 이야기는 비슷하고, 같은 의견을 한번에 전달할 수 있다. 게다가 당원끼리 서로 알게 된다면, 동네(단지)에서 남남이 아니다. (남남이 안 되도록 후보자는 잘 챙겨야 한다)

후보자가 지도에 표시해야 하는 지지자 수는 최소한 예비후보자홍보물(이하 예비홍보물) 발행부수를 넘겨야 한다. 거꾸로 예비홍보물 발행부수를 넘기는 지지자를 후보자가 들고 다니는 스마트폰에 담겨 있다면, 그 선거는 여간해서 지기 어렵다.

선거법상 예비홍보물은 한종류를 발행하고, 부수 제한이 있을 뿐, 한 번에 발송하라는 규정이 없다. 이전까지 캠프가 보유한 명단보다 예비후보자 홍보물을 보내야 하는 숫자가 많았다. 캠프는 지지하는 연령층, 동, 성별을 나름 따져서 행정기관에 명단을 요청하고, 이를 받아서 출력해서 보냈다. 한 번에 보내느라 외부 업체를 쓰거나 자원봉사자가 와서 봉투에 담고, 풀칠했다.

지지자가 사는 곳을 휴대폰 지도에 표시하면 활용할 방법이 많아진다

구글지도를 활용하면 동네(단지)별로 미리 예비홍보물 수령 여부를 물어보고, 보낼 수 있다. 이를 일정과 연계하면 예비홍보물을 미리 받아 본 지지자가 예비홍보물을 갖고 나와 후보자와 대화를 나누는 프로그램을 짤 수 있다. 후보자는 잘 아는 내용을 설명할 수 있으니 편하고, 지지자는 내용을 두 번 세 번 반복하여 들으니, 후보자를 좀 더 자신있게 홍보할 수 있다.

지지자 명단을 엑셀에 보관했다면, 이제는 구글 지도로 옮기자. 지지자를 좀 더 만나고, 잘 만나고, 자세히 만날 수 있다.

꼼꼼한 검토를 거친
하나의 일정

일정관리를 하지 않는 후보자는 없다. 캠프를 만들면, 후보자와 참모진은 일정을 정하고, 변동 일정을 관리해야 한다. 동일 시간에 열리는 여러 행사에서 가야 할 곳이 있다면 어디를 가야 하는 지 골라야 한다. 동선을 고려하여 일정을 정해야 한다.

일정관리 서비스와 앱이 아주 많다. 후보자와 참모진은 각자 익숙한 앱이나 서비스를 사용한다. 후보자와 참모진이 다른 앱이나 서비스를 사용하면 서로 호환을 못해서 일정 사고가 날 수 있다. 이를테면 후보자 일정 앱에만 기록하여, 참모진이 중복하여 일정을 넣을 수도 있는가 하면, 참모진 일정에만 표시가 되어 있어, 후보 자가 어리둥절 할 수도 있다. 구글 캘린더를 사용하여 일정을 공유하면 이런 일은 막을 수 있다. 다행인 점은 구글 캘린더와 연계하지 않는 앱(서비스)치고 유명하다 또는 좋다라고 평가받은 앱(서비스)은 없다.

일정관리 원칙은 단순하다. 일정은 하나만 존재한다. 일정은 공유한다. 일정 접근에 권한을 둔다. 구글 캘린더는 이 원칙을 쉽게 구현할 수 있다.

일정은 최소 3단계로 구분한다. '모든 일정', '고른 일정', '결정 일정'. 구글 캘린더는 이를 모든 일정, 고른 일정, 결정 일정 캘린더로 만들면 된다. (서비스 이름이 구글 캘린더이고, 개별 일정 또한 캘린더라고 붙여서 헷갈리기 쉽다)

'모든 일정'은 후보와 조금이라도 관계있다고 여겨진 일정을 넣는다. 최대한 자세하게 넣는다. 일시, 장소, 행사명은 기본이고, 메모난에 후보에게 필요한 내용을 적는다. '고른 일정'은 '모든 일정' 가운데 후보자(그리고 배우자)가 참석하는 일정이다. 참모진이 고른다. 후보자(그리고 배우자)는 '고른 일정' 가운데에서 '결정 일정'을 정한다. 이 내용을 구글 일정으로 모은다. 후보자나 참모진이 쓰는 앱이 구글 캘린더를 연동할 수 있으면 종이로 뽑지 않고, 각자 스마트폰 화면을 보면서 일정을 조정할 수 있다.

'모든 일정'은 캠프내 한 사람이 전담하여 입력하기를 추천한다. 일정 정보를 얻은 사람은 카톡이나 문자로 캠프로 전달한다. 이 정보를 입력한 사람이 모든 일정 캘린더에 넣는다. 이때 누가 연락하고, 언제 입력했는지를 적어야 나중에 혼란을 막을 수 있다. 캠프는 '모든 일정'에서 후보자(그리고 배우자)가 갈 만한 일정들을 골라서 '고른 일정'으로 옮긴다. 이를 옮길 사람은 지역 현황을 잘 아는 2명 이상이 검토해야 오류를 줄일 수 있다.

후보자(그리고 배우자)는 '고른 일정'에서 '결정 일정'을 고른다. 만약 빠지거나 비공개로 해야 할 일정이 있다면 후보자가 '결정 일정'에 넣는다. 권한은 후보자는 '모든 일정', '고른 일정', '결정 일정'을 볼 수 있도록 하고, 캠프는 '모든 일정', '고른 일정'만 보도록 조정하면 된다. 후보자는 일정을 공개하면 경쟁 후보에게 일정 정보가 넘어가서 문제가 되지 않을까 걱정을 많이 한다. 이를테면 우리만 알고 있는 행사인데, 이를 공개함으로써 경쟁 후보가 참석하면 어떻게 하느냐인데, 후보자가

일정표 예시

일정을 공개하고, 공유할 수록 얻는 득이 생기는 실보다 훨씬 크다. 특히 공개 행사, 지역 행사 일정은 캠프내에서 공유하는 것이 낫다. 캠프내에서 후보자가 어디 있는지, 어디 갈지를 소수 몇 명 만 알고 있으면, 그 자체로 분란이 생기기 쉽다.

최소 일주일 치 동선을 점검하자

두루마리 풀리듯, 하루하루가 갈수록 후보자는 시간이 더 짧아진다. 조급하면 불리해진다. 차분하게 가라 앉히고, 지난 일을 점검해야 한다. 후보자가 지난 일정을 지도에서 복기하고, 하루 단위로 확인하면 해결 방안을 찾을 수 있지 않을까?

동선을 확인하거나 추적하는 스마트폰 앱은 아주 많다. 기능도 다양한다. 후보자는 언제, 어디 갔는지 정도만 알 수 있는 단순한 기능이 좋다. 페이스북에서 MOVES 앱을 내 놓았다. 원래 용도는 건강 용도인데, 동선관리용으로 전용해서 써도 훌륭하다. 무료다.

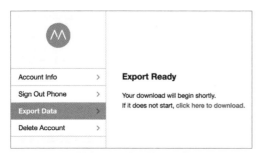

단순한 기능을 추천한 이유는 동선 앱에 본인만 아는 내용을 기록했다가 여러 가지 실수로 드러나기 쉽다. 내용을 안 적는 방법이 가장 안전하다. 지도는 표시하고, 내용은 일정표에서 확인하는 방식으로 관리하면 동선 유출이 생겼을 때 발생할 피해를 최소화할 수 있다.

앱 사용법은 간단하다. MOVES 앱을 다운 받고, 켜 놓으면 된다. 앱을 실행 하지 않더라도 항상 실행하도록 "위치 접근 허용"(아이폰)을 항상으로 놓는다. 앱이 자동으로 내 활동을 기록한다. 늘 기록하므로 배터리가 빨리 닳는다. 여벌로 배터리를 챙기거나 충전할 수 있는 보조배터리를 갖고 다니면 좋다. 기록은 하루 단위로 한다. 앱에 모인 내 정보를 어떻게 다루는가에 대해서는 MOVES 앱이 제시 하는

2018.6. 선거 일정

선거 일정에서 장소 표시, 11~12일 관악구 법정 3개동(신림, 봉천, 남현동) 마지막 유세 및 선거일 일정과 장소

그림 2에서 선거일 당일 관악구민종합체육센터 (개표장) 지도 표시

Moves 앱 파일을 구글어스에 얹으면
내 동선을 한눈에 알 수 있다

Policy를 참고하기 바란다.

하루씩 모은 기록을 모아서 일주일 단위로 살펴봐야 한다. 이 앱은 구글 어스로 내 활동기록을 볼 수 있다. MOVES 앱 설정을 누르고, 데이터 내보내기를 통하여 내 활동 기록을 다운 받을 수 있다. 이 가운데 KML 폴더를 열고, 파일을 누르면 구

글어스로 표시가 된다. 100% 정확도는 아니지만, "와우!" 할 정도로 비슷하게 나타난다. 자주 간 곳은 점이 빽빽하게 몰려 있고, 방문을 소홀한 곳은 점이 띄엄띄엄 떨어져 있다. 점을 누르면 날짜와 시간이 나온다. 일정표와 비교하면 내 활동 범위와 내용을 판단할 수 있다. 지역구 내에서 한정하여 본다면 내가 뛴 만큼 정직하게 드러 난다. 내 동선을 어떻게 조정해야 하는 지 한눈에 알 수 있다.

기억보다는 기록이, 기록보다는 정리한 사진이…

선거를 준비하면 사진이 가파르게 늘어난다. 백 마디 말보다 사진 한 장이 힘이 세다고. 선거 판세를 유리하게 만들 현장 사진 한 장을 건지기 위해서 행사장과 지역 곳곳에 후보를 담은, 공약이 들어간 사진 용량이 하루에 1~2GB는 가볍게 넘는다. 추리고 추린 사진이 감당할 지경이 안된다. (언제 쓰일 지 몰라) 지우지도 못하고, 문서처럼 검색하기가 쉽지 않다. (사진 파일에 태그를 붙여 관리가 가능하나, 무엇을 태그로 정해야 하는 것도 일이다)

10여 년 전에 지역구 사무실에서 일할 시절이었다. 행사를 마치고 사진을 찍으면

인화해서 사무실 벽에 붙여 놓았다. 사진을 찾아가라고 문자로 알려주었다. 사진 찾으러 오면, 사진을 떼는 김에 차 한 잔 하면서 동네 이야기를 나눴다. 사진을 찾아 얼굴대로 사진을 붙이고, 문자로 찾아가라고 알려주는 게 내 임무였다. 저렇게 사진 한 장 가져가는 게 무슨 효과가 있나 싶었다. 나중에 알고 보니 나에게는 숱한 사진 가운데 하나가 그 분에게는 나만의 사진이었다.

구글 사진(https://phots.google.co.kr)을 활용하면 사진 정리가 정말 쉬워진다. 지지자 한 사람 한 사람만을 위한 전자 앨범을 만들어 줄 수도 있다. 구글 사진은 2017. 7. 31일 현재 용량이 무제한이다. 사진은 1,600만 화소가 넘지 않는 한, 영상은 1080p가 넘지 않는 한, 다 받아 들인다. 1,600만 화소이면 A4 용지 크기로 출력해도 깨지지 않는다.(구글 도움말은 24인치 × 16인치가 최대라고 한다), Youtube에서 볼 만한 영상이 720p 수준이다. 1080p 이상을 찍는 카메라는 전문가용이나 가능한다.

구글 사진을 활용하려면 카메라는 GPS를 기록하는 기능이 갖춰주어야 한다. 최근 3년 이내에 나온 DSLR 치고, GPS 기능이 빠진 카메라는 찾기 힘들다. 카메라 설명서에 따라 GPS를 자동으로 기록하도록 설정해야 한다. 휴대폰은 GPS를 사진에 기본값으로 기록한다. 안될 수도 있고, 앱에 따라 GPS 기능을 끌 수도 있으니 모델별로 앱별로 한 번 확인해야 한다.

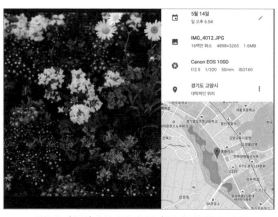

위치정보(GPS)가 들어간 사진은 촬영장소를 알 수 있다

구글 사진은 사진을 백업하지 않고, 이미지 파일을 백업한다. 내용을 가리지 않는다. 파워포인트, 워드, 아래아한글, 엑셀 등 어떤 프로그램이든지 이미지로만 저장하면 구글

구글 사진은 이미지로 된 모든 파일을 백업한다

사진에 등재할 수 있다. 이를 잘 활용하면 요새 유행하는 카드뉴스, 인포그래픽 등을 구글 사진에 올려 놓을 수 있다. 예를 들어 공약을 카드 뉴스로 만들 수 있으며, 인포그래픽으로 우리 동네를 설명할 수 있다.

구글 사진은 인공지능 기능을 활용하여 얼굴을 검색하여 추려낸다. 신기하다고 할 정도로 잘 찾고(유사한 얼굴이라 다른 사람이 들어가기도 하는 데, 그 비율은 그렇게 많지 않다), 빠르다.

구글 사진은 GPS 기능을 활용하여 시단위로 사진을 모아주고 표시를 해준다. 사진에 설명을 달 수 있어서, 검색을 용이하게 할 수 있다. (다만 한 번은 설명을 적어야 한다) 구글 사진은 프로그램을 설치하고, 설정만 하면 자동으로 백업한다. 인터넷에 연결해 놓고 자기 전에 설치한 컴퓨터(보안상 이유로 집에 있는 노트북을 권장한다)에 꽂아 놓으면 아침에 일어나면 백업이 끝나있다. (간혹 네트워크나 구글 포토에 따라서 백업이 완료가 안되는 경우가 있기는 하다)

구글 사진은 앨범 기능이 있다. 구글 사진에 올라간 사진 파일들을 내가 골라서 모아 둔 것이 앨범이다. 앨범은 행사별로 만들고, 사진에 설명을 달 수 있고, 검색이 가능하다. 구글 사진이 공유가 가능하므로, 앨범 또한 다른 이와 함께 정리할 수 있다.

구글 사진 기능인 얼굴 찾기 기능을 앨범과 연계하면 지지자에게 나만의 사진 앨범을 전할 수 있다. 얼굴 찾기로 지지자 별로 사진을 모으고, 이 사진을 골라서 앨범을 만든다. 앨범 가운데 1장은 본인을 알리는 그림 파일을 담는다. (파워포인트, 워드, 아래아한글, 심지어 엑셀 등을 저장할 때 이미지로 저장하면 구글 사진에 등록할 수 있다) 사진 1~2장에 짧은 내용을 담는다. 앨범을 카톡으로 공유시켜 준다. 안부 인사를 담으면서.

구글 지도에 구글 앨범을 넣을 수 있다. 이는 공약을 지도로 표시하고(지지자가 금방 이해한다), 공약 내용을 글이 아니라 사진이나 영상으로 알릴 수 있다는 장점이 있다. 펜입력이 가능한 태블릿(미리 휴대폰을 이용하여 인터넷에 연결한다) 지지자를 만나서 본인이 내세울 공약을 지도를 열고, 사진과 영상으로 보여줄 수 있다.

구글포토와 구글 지도를 활용하면 공약이나 주장을 알기 쉽게 전할 수 있다

부록

매니페스토
선거 홍보물 사례

새우가 고래를 이긴
매니페스토

2003년 이후 매니페스토가 정착된 일본은 해마다 매니페스토 어워드 (manifesto award)를 개최한다. 그해 치러진 선거에서 가장 훌륭한 매니페스토 홍보물을 만든 후보를 선정해 상을 수여하는 것이다. 여기서 소개할 홍보물은 2005년 매니페스토 어워드에서 대상을 받은 홋카이도 에니와시(惠庭市) 나카지마 코세이 전 시장의 사례이다. 우리나라의 선거홍보물이 후보자를 알리는 데 중점을 두고 있다면, 나카지마 시장의 홍보물은 철저하게 유권자 중심으로 작성됐다. 2018 선거에서 이런 역발상의 홍보물이 많이 나오길 기대해본다.

에니와시(인구 6만8천 명) 나카지마 코세이 전 시장은 1946년생으로 홋카이도 대학 법학부를 졸업했다. 1978~2002년까지 24년간 에니와시 공무원으로 일했다. 기획부, 총무부, 경제부(농정과장)를 거쳐 2000~2002년에는 도서관장으로 일했다. 2002년 사표를 내고 2003년에 시의원 의원으로 당선된 후 2005년에는 "아이들이 즐겁게 살 만한 도시를 만들겠다"는 매니페스토로 시장에 당선되었다.

나카지마 전 시장은 공무원 시절에도 '공부하는 공무원'으로 유명했으며, '살기 좋은 에니와시 만들기 연구회', '시골 클럽' 등을 조직해 지역현안에도 관심을 갖고 연구를 계속해왔다. 시의원 24명을 뽑는 선거(대선거구제)에서 1위로 당선되었는데, 이는 시청 공무원으로서 공부 모임과 주민 활동을 통해 쌓은 시민들과의 네트워크가 있었기 때문이다.

나카지마 전 시장은 당시 시장이 추진하던 종합 운동장 건설에 반대해서 싸웠으나 시장의 견제와 다른 시의원들의 비협조로 반대 운동이여의치 않자 자신의 의지를 실행하기 위해서는 직접 시장이 되는 방법밖에 없다고 판단, 2005년 시장 선거에 출마했다. 상대는 3선을 노리는 현직 시장이었고 자민당의 지지를 받고 있었다. 특히 에니와시는 3곳에 자위대 주둔지가 있어서 보수적인 지역이고 여당인 자민당의 추천만 받으면 바로 당선된다는 분위기가 강했다. 그 누구도 현직 시장의 당선을 의심하지 않았다.

선거 46일 전에 입후보한 나카지마 전 시장의 선거운동 조직은 후보자를 포함해 가족 3명과 자원봉사자 1명, 총 4명뿐이었다. 선거 막판까지 그의 사무실에 모인 사람은 40명으로 상대 후보의 수십 분의 일에 불과했다. 이처럼 조직 기반이 없다 보니 민주당마저 외면하는 상황이었다. 시장 선거에 나오면 관내의 단체를 돌며 인사를 다니는데, 대부분 건물 안에 들어오지도 못하게 하는 분위기였다. 그는 "조직 면에서 압도적 열세이니 정책과 의지로 싸울 수밖에 없다. 정책에 모든 것을 걸겠다"며 선거운동 초반의 10일은 아예 외출을 하지 않았다. 자신을 포함해 4명의 조직원들과 사무실에서 매니페스토를 만드는 데 전력을 기울였다.

그렇게 해서 만들어진 것이 <매니페스토 2005, 어린이들의 행복이 커지는 마을> 이라는 16페이지짜리 홍보물이었다. 천연색 삽화를 넣어 동화책처럼 꾸민 형식은 물론, 어린이 교육 문제에 초점을 맞춘 것도 파격적이었다. 그는 "일본에서 오늘날 지방의 과제는 도로 깔고 다리 놓는 인프라 정비가 아니라 살아가면서 겪는 생활의 문제를 해결하는 것이다. 그런 것을 가장 많이 체감하고 있는 사람은 여성이다. 여성들이 무엇을 생각하는지를 파악해 정책을 만드는 것이 중요하다"는 소신으로 여성자원봉사자들과 함께 매니페스토를 만들었다. 그의 선거운동은 매니페스토를 만들고, 이를 배부한 것이 거의 전부였다.

'고래와 새우의 싸움'이었다. 하지만 그 싸움에서 나카지마 전 시장은 달랑 매니페스토 하나로 승리를 일궈냈다. 그가 얻은 표는 18,146표, 상대 후보는 13,971표로 4,000표 이상의 대승이었다. 본인도 놀라고 상대도 놀랐다. 그는 이 승리가 매니페스토 정책 선거가 일궈낸 기적이라고 말했다.

그가 시장에 당선된 뒤 만든 '아이 키우기 지원 센터'에서는 취학 전 아이들에게 시설을 모두 무상으로 이용할 수 있도록 했다. 시에서 파견한 보육 선생님 2명이 아이들을 돌봐주고 부모에게 조언도 해주었다. 보육원처럼 아이들을 단순히 맡아주는 공간이 아니라 부모와 아이들이 공동체를 만들어 서로 도울 수 있도록 프로그램이 짜여 있다. 시는 생후 9개월 된 아이가 건강 진료를 받으면 동화책 2권을 무료로 주는 '북 스타트' 운동도 벌였다. 또 노인 자원봉사자를 조직해 시내 모든 유치원에서 동화책을 읽어주도록 했다. 홋카이도에선 처음으로 에니와시의 모든 초·중등학교에 비상임 공무원 사서를 파견했다. 나카지마 전 시장이 재출마를 하면서 만든 2기 매니페스토 팀은 '아이들이 건강하게 자라는 도시 건설 매니페스토'가 획기적인 성과를 거두었다고 평가했다.

특히 최우선 공약이었던 독서 커뮤니티가 가장 큰 성과를 올렸다. 책 읽어주는 자원봉사자가 5백 명 이상으로 늘었고 모든 학교에서 아침 독서가 실시되는 등 일본 제일의 책 읽는 도시가 되었다. 근거리에 있는 삿포로시가 인구와 산업을 흡수해 위기에 처해 있던 에니와시는 이러한 성과로 인해 '아이 키우기 좋은 도시'로 변모하면서 오히려 인구가 늘어가고 있다.

Manifesto 2005
매니페스토
[아이의 행복이 퍼져가는 마을]

Manifesto

『매니페스토』란?

　선거에는 지반, 간판, 가방이 필요하다고 합니다. 지반은 조직, 간판은 지명도, 가방은 돈을 의미합니다. 그리고, 선거공약이라고 하면 보통 구체책을 표현하지 않은 애매모호한 공약으로 흘러가고 맙니다. 그러나, 선거는 정책 일 때 비로소 싸울 수 있는 것입니다.

　매니페스토의 어원은 라틴어로 「명시하다.」의 의미 입니다. 「정권공약」이라고도 의역되어 정당과 정치가의 선거공약을 의미합니다만 예를 들어서 「복지의 충실」 「지역경제의 끌어올리기」와 같은 윤곽을 얼버무린 슬로건은 아닙니다. 구체적인 정책을 밝히고 후에 실행여부를 검증 할 수 있는 프로그램 이어야 하는 것이 필요조건입니다.

　이 매니페스토에서 보여지는 것은 모든 것이 4년 안에 실현 가능한 것 입니다. 할 일을 전부 나열만 한 것이 아니고 그렇다고 절대 망라적이지만은 않습니다만 현 상태를 어떻게 인식하여 무엇을 하고 싶은지 구체적으로 전할 수 있는 매니페스토를 목표로 하고 있습니다. 惠庭(에니와)의 현 상태를 타개 할 돌파구를 어디에서부터 보여줄 것인지를 한눈에 알 수 있는 매니페스토로 남고 싶습니다.

　부디 여러분들의 소중한 의견을 말씀해 주십시오.

아이들의 문제야말로 가장 중요한 지역과제

惠庭(에니와)시의 재정위기의 본방은 여기서부터 입니다. 지금의 재정위기는 앞으로 더욱 심각화 된다는 것 입니다. 이 힘겨운 상황을 우리들은 어떻게 해쳐 나가면 좋을까요? 그러기 위해서는 우선 자체단에의 목적, 역할, 나아가야 하는 방향을 명확히 하는 것입니다.

사람이 살아가는 최대의 큰 목적·의의는 아이들의 행복 입니다. 그럼에도 불구하고 신생아와 아이에 대한 학대사건은 후에도 끊이지 않고 학교에 들어가는 나이가 되면 학교에 가지 않거나, 집에서 나오질 않거나, 친구들에게 괴롭힘을 당하거나, 교내폭력, 학급붕괴 아이를 둘러싼 환경과 아이들에게 직면한 문제는 대단히 심각 합니다. 부모자식간의 문제와 아이의 문제는 우리들의 마을과 나라의 미래에 관계되는 중요문제 입니다. 이 문제야말로 자치단체는 비중을 두고 몰두하지 않으면 안 된다고 생각합니다.

新潟(니이가타)의 長岡藩(나가오카항)은 자치유신으로 관군과의 싸움에 져서 먹는것 조차도 괴로운 상태에 있었습니다. 거기에 보기 힘든 타번(藩)으로부터 쌀 백 가마니가 구원마로 보내져 왔습니다. 長岡藩(나가오카항)대참사 小林虎三郎(고바야시 토라자부로)는 번(藩)민의 어렵고 궁핍함을 알면서도 이 쌀 백 가마니를 매도해서 앞으로 미래를 이끌어 나갈 아이들의 교육을 위한 학교를 만드는데 사용했다고 합니다.

위기에 대처하는 전략이라면 이러한 미래를 응시하는 이념 있는 전략을 말 합니다. 목적, 역할, 나아가야 하는 방향을 명확하게 한다면 해야 할 일도 명확하게 보이게 됩니다. 아이들의 문제를 해결하기 위해서 시민과 자치단체가 협동해야 합니다.

괴로워도 무엇보다 먼저 아이들의 행복을 바란다면 시민의 굳은 각오도 요구 됩니다. 그러나 거기에 우리들에게 부과되는 사명이 있다는 것을 잊어서는 안됩니다.

목차

독서 커뮤니티

아이와 부모의 문제를 방지하는 방법 중 하나는「어렸을 때에 책을 읽는 일」이라고 최근 알려지고 있다고 합니다.

아기는 Book Start로 처음 그림책을 만나게 됩니다.

마을사람들의 책 읽어주기 활동이 활발하게 행해져 마을 단위로 젊은 부모들의 육아를 지지하고 있습니다. 형과 할아버지, 중학생·고등학생이 아기들에게 들려주는 것도 멋진 일 입니다.

그러한 환경에서 그림 책에 익숙해진 아이들은 나중에 커서도 학교도서관을 많이 이용하게 됩니다. 이렇게 보통 책을 읽는 습관을 몸에 익히는 교육을 권장하고 있는 학교에서는 아이들이 이성을 잃거나 폭력을 휘두르거나 하는 일이 없다고 합니다. 이것은 매우 중요한 사실 입니다. 왜냐하면 마음이 건강한 아이들이 마음이 건강한 어른이 되기 때문이지요.

학교 도서관의 책을 빌려서 초등학생 한 명이 1년에 100권의 책을 읽는것을 목표로 시민과 협력하여 마을의 독서환경이 정착되도록 고안하겠습니다.

●아이들의 문제와 예방대책

아이들의 문제대책의 대부분은 학대와 집에서 나오지 않는 아이들을 구하기 위한 것들로서 문제의 발생 그 자체를 예방 할 수는 없습니다. 다른 예방대책이 필요합니다. 아이들의 문제를 예방하는 열쇠가 되는 것은 독서 입니다. 학교내의 폭력과 괴롭힘, 이성을 잃어버리는 행동은 생활이탈·독서이탈의 문제와 같은 맥락을 가진 문제들 입니다. 독서에 의해서 뇌를 잘움직이게 하면 능력과 함께 상상력과 인간다운 감성도 풍부하게 기를 수 있다고 합니다.
Book Start로 아기는 그림책을 만날 수 있습니다. 책 읽어주기가 넓게 퍼져 육아를 돕는 따뜻한 환경도 있고 학교에도 풍부한 독서 환경이 있습니다. 이러한 지역(=독서 커뮤니티) 만들기를 목표로 하겠습니다. 惠庭(에니와)시의 Book Start를 전국에서 최초로 실시하여 홋카이도(北海道)에서 처음으로 학교도서관에 전임사서를 배치하였습니다. 그러나, 학교도서관의 책은 많지 않고 너무 낡았습니다.
학교구의 시민·마을회의 협력을 얻어서 도서를 위한 기부가 있다면 같은 가격을 예산 조치하는 제도를 연구하고 싶습니다. 거기에 기부한 사람의 이름을 책에 세기는 등 기부를 유인현창하는 구조를 생각해보고 싶습니다. 그리고 (沖繩)오키나와처럼 초등학교도서관에서 학생 한 명당 년간 대출 책 수 100권을 목표로 하고 싶습니다.

갓 지은 밥을 아이들에게…

아이들의 마음과 몸을 건강하게 기르기 위해서는 식사가 매우 중요합니다만 식사하는 습관에 길들여지지 않은 아이들이 늘어나고 있습니다.

아침식사를 먹지 않거나 혼자서 먹기 때문에 식사시간이 맛있고 즐거운 시간이라고 하는 것을 느끼지 못합니다. 급식을 남기는 경우도 많이 늘어나고 있다고 합니다.

그렇다면 만약 초등학교의 급식에 갓 지어낸 밥이 나온다면 어떻겠습니까?

시코쿠(四国)의 미나미쿠니시(南国市)에서는 급식에 나오는 밥을 각 학급에서 직접 지어서 아이들에게 따뜻한 밥을 먹이고 있다고 합니다. 갓 지어낸 밥은 맛있기 때문에 밥을 남기는 일이 없어 졌다고 합니다. 클래스의 모두가 갓 지어낸 밥을 먹을 수 있는 급식은 정말로 기쁘고 즐거울 것 입니다.

음식으로 아이의 마음과 몸을 지키거나 아이들에게 매끼 식사의 소중함을 가르치거나 그리고 자기들의 마을에서 재배한 음식의 맛을 알게 하여 무엇보다 먹는다는 것의 소중함을 아는 아이들로 자라게 하는 것 입니다. 이것은 「식육(食育)」이라고 해서 지금 사람을 보육하는데 있어서 매우 중요한 일이라고 알려져 있습니다.

아이들에게 부디 갓 지어낸 밥으로 맛있는 급식시간을 느끼게 해주고 싶습니다.

● 급식을 갓 지어낸 밥으로 맛있게 먹는 습관을 들이면 식사의 소중함을 배울 수 있다!!

惠庭(에니와)의 아이들의 식사 실태도 큰 문제 입니다. 식사를 소중하게 생각하는 습관이 없고 아침식사를 먹지 않는 아이들은 4%, 아침식사를 가끔 먹는 아이들은 14% 이고, 혼자서 식사를 하는 「고식(孤食)」의 아침식사는 초등학생이 21%, 중학생이 30% 입니다. 거기에서 중요한 역할을 완수하고 있는 것이 학교 급식 입니다. 가정에서의 식생활이 잘 이루어지고 있지 않은 현 상태에서 학교급식에 기댈수밖에 없다고 해도 과언이 아닙니다. 그런데 惠庭(에니와)시의 학교급식의 남김 현상은 하루에 300kg, 년간 60t에 이르고 있습니다. 코우치현(高知県)미나미쿠니시(南国市)에서는 학급별로 가정용 전기밥솥을 2대씩 두고 급식에서 갓 지은 밥을 먹이고 있습니다. 갓 지은 밥보다 맛있는 밥은 없기 때문에 대부분 남기지 않습니다. 밥이 맛있으면 반찬도 저절로 맛있어 지기 마련이지요. 자연스럽게 식욕이 왕성해 집니다. 미나미쿠니시(南国市)타치쿠니부(立国府)초등학교에서 일주일간 남긴 밥의 양을 조사한 결과 전교에서 0.5인분 뿐이었다고 합니다. 반찬의 남김도 아주 매우 적었다고 합니다. 惠庭(에니와)는 홋카이도(北海道)의 한랭지 발상의 땅 입니다. 그 발상의 등불을 소중히 하며 갓 지어낸 밥의 맛을 초등학교들이 아이들의 신체에 깊이 스며들게 하여 식사의 소중함을 가르칩니다. 아이들의 마음과 몸의 건강을 위해서 학교에서 밥을 지어 먹이는 방식의 학교급식을 반드시 실현 시키고 싶습니다.

플레이 센터에서 아이를 서로 기르면서 부모도 성장 한다

지금 아이를 기르고 있는 부모들이 육아의 부담과 고민에 부딪혀 여러 가지 문제를 껴안고 힘들어 하고 있습니다.

부모는 누구든지 처음부터 훌륭한 부모가 될 수 없고 아이를 기르는 가운데 배우고 익혀 비로서 부모가 되어 가지만 요즘은 주위에서 보고 배울 표본이 없는 것이 현 실정입니다. 거기에 육아의 부담으로 괴로움이 쌓여가면 갈수록 아이를 꺼림 칙하게 생각하게 되어 아이를 갖지 않는 일이 많아 지고 있는지도 모릅니다.

그런 중에 부모들이 서로 같이 육아를 돕는 시스템이 「플레이 센터」 입니다.

여기서 아이를 서로 돌아가면서 맡기고 조금씩 자신 만의 시간을 가지거나 육아정보를 서로 공유하며 배우기도 합니다. 아이들도 여럿이 같이 놀이를 하면서 사람과의 인과관계를 저절로 배우게 됩니다. 부모와 자녀들이 같이 더불어 성장해간다는 의미에서 좋지요.

「플레이 센터」 는 마을의 육아를 지원하는 새로운 형식으로서 이것의 실현을 목표로 달려 가고자 합니다.

● 부모들간에 육아를 서로 돕는 플레이 센터!!

육아의 부담감에 괴로워한다든지 육아에 전념하는 생활의 문을 사회가 닫아버리는 초조함으로 걱정을 안고 사는 부모가 급증 하고 있습니다. 그렇다고 처음부터 부모는 당연한 듯 훌륭한 육아를 해낼 수가 없습니다. 아버지도 어머니도 배워가면서 부모가 되어 갑니다. 육아능력은 배워가면서 완성되어진다 라고 하는 이념을 구체화 하는 기관이 「플레이 센터」 입니다.

예를 들어 일주일을 오전과 오후로 나누어 로테이션으로 조를 짜서 부모들이 교대로 보육을 맡고 비번인 날에는 자신의 시간을 갖거나 다른 취미생활을 할 수 있게 됩니다. 플레이 센터에 모이는 부모들은 자기아이, 남의 아이로 구분하지 않고 아이들과 같이 놀아주면서 동시에 다른 부모들의 육아방법을 배웁니다. 육아방법을 서로 교환하면서 부모로서의 자신감을 성장 시켜갑니다. 이렇게 해서 아이들은 부모들의 보호를 받으면서 여러 연령의 아이들과 놀면서 사회성을 몸에 익히게 됩니다. 부모와 아이들이 같이 함께 성장해가는 거점을 지역안에 만드는 것입니다. 육아를 부모 기르기라고 생각하여 부모의 「부모로서 성장할 수 있는 가능성」 을 믿고 따라주는 것이야말로 지금 사회가 전력을 다해 힘을 쏟아야 하는 육아 지원입니다. 반드시 플레이 센터의 사회실험을 실시하여 육아지원의 새로운 모습을 만들어 보고 싶습니다.

명농 교육농장

프랑스에서는 아이들의 거칠어진 마음을 달래주기 위해서 농촌의 자연과 흙 그리고 살아있는 생명과의 만남의 자리가 필요하다고 말하고 있습니다. 그리고 일년간 600만 명 이상의 아이들이 농촌에 와서 농업과 가축, 자연환경을 배우고 있습니다.

농촌의 농부들이 선생님이 됩니다.

惠庭(에니와)에도 많은 농가가 있습니다. 소, 도산코(홋카이도산 말), 포니(체구가 작은 말)등의 동물이 있는 목장도 있습니다.

동물과의 만남과 농업체험을 학교교육이 도입한 것은 아이들의 건강한 마음을 길러주는 것과 깊이 연결되어 있습니다. 나아가서는 사람이 살아가는데 아주 소중한 산업으로 남아있는 농업의 발전과도 연결되어 가겠지요.

우리들은 마을에서 명농교육농장의 실시를 목표로 하겠습니다.

●사람의 마음을 달래주는 동물과의 만남을 명농 교육농장으로 전개!!

일본의 미래를 위해서 아이들의 마음에 「농업을 소중히 해서 농가를 존경하는 의식을 계발·계몽한다.」 라고 하는 의미가 어떻게 해서든지 필요 합니다. 농업진흥의 기본은 생명을 양성할 농업의 중요성을 이해하는 농업의 담당자 이기도 한 농가를 소중히 하는 마음을 육성하는 일입니다. 농업이 쇠퇴해서 발전이 계속 이어진 나라는 역사상 없습니다. 나라의 기초는 농업에 있는 것 입니다. 때문에 교육농장이 필요합니다.

이 교육농장의 조직은 惠庭(에니와)에서도 벌써 시작되고 있습니다. 엔도우(遠藤)목장은 작년 유치원아동을 포함해 430명이 방문했으며 무라카미(村上)목장에서는 작년 3000명이 넘는 관광객과 학생들이 목장체험을 하고 있습니다.거기에 또 도산코(홋카이도산 말), 포니(체구가 작은 말)을 기르는 농가도 있습니다. 동물과의 만남을 학교교육에 도입하는 일이 가능하지 않을까요?

교육농장은 아이들을 위해서 이기도 하고 농업의 발전에도 크게 기여하는 아주 훌륭한 가능성을 가지고 있습니다.

명농 교육농장의 전개방법에 대해서 조사·연구와 함께 실전에 발을 내딛습니다.

시민의 자금이 아이들을 위한 공모채

● **아이들의 일을 바로 처리하기 위해서 공모채에서 자금 조달**

아이들을 위한 시책으로 자금이 부족할 때 에는 공모채를 모집합니다.

시의 채권을 사달라고 해서 자금을 조달 합니다.

이자는 무이자로 하면 어떨까요?

은행에 저금을 하지만 이자는 알려진 것처럼 그렇지요.

은행에 저금한 돈이 어디에 어떻게 사용되고 있는지는 보이지 않습니다만 공모채를 사주면 惠庭(에니와)의 아이들을 위해서 자금이 어떻게 쓰여지는 지를 알 수 있고 아이들의 웃는 얼굴이 이자 대신 돌아옵니다.

시민의 자금이 살아있게 되는 것 입니다.

아이들의 문제는 「자금이 부족하기 때문에 10년에 걸쳐서 조금씩 추진해 나감」 으로는 그 기간 안 더욱 더 심각화 되어 해결할 수 없게 됩니다.

10년에 걸쳐서 하는 것이 아니라 바로 처리하고 10년 안에 자금을 갚는 것입니다.

원예 주택단지

惠庭(에니와)는 시민의 열의와 노력에 의한 꽃 마을 만들기로 그 이름이 알려지게 되어 스스로도 원예를 즐기고 싶은 사람들이 멀리서 이사를 오게 되었습니다.

그렇지만 진지하게 원예에 임하는 것은 시가화 지역의 70평 정도의 택지가 아니고서는 공간이 부족하고 150평 이상의 넓이가 요구되는 문제가 있습니다.

거기에서 넓은 부지의 전원 주택지를 만드는 것입니다.

「우량전원주택 촉진법」이라고 하는 법률이 제정되어 농지를 이용하여 가격을 맞추어 넓은 택지를 만드는 것이 가능하게 됩니다. 거기에 원예에 정열을 가지고 있는 사람들이 모이게만 된다면 세계에도 예가 없는 아름다운 공간이 惠庭(에니와)에 탄생하게 되는 것입니다.

시로서는 특별히 경비도 들지 않고 꽃 마을 만들기를 더욱더 넓혀갈 수 있는 프로젝트로서 꽃의 원예주택지 만들기가 진행 되게 됩니다.

● 푸르름이 풍성한 농촌에 넓은 부지의 주택지, 니시지마마츠(西鳥松)지구에 꽃의 원예주택지를…!!!

꽃 마을 만들기의 공감대를 형성함과 동시에 惠庭(에니와)에서도 원예를 하고 싶은 꿈을 가지고 이전해 오는 사람들이 증가하고 있습니다. 꽃 마을 惠庭(에니와)가 사람들의 마음을 움직여 이사를 결정하게끔 만들었습니다.

진지하게 원예에 임하고자 하는 사람들의 대부분은 150평이상의 택지를 원하고 있습니다. 그러나 그러한 넓은 택지는 없고 시가화 구역에서는 70~80평 정도를 말하고 있습니다. 여기에 문제와 찬스가 있습니다.

세계각지의 원예를 시찰하고 거기에 惠庭(에니와)에서의 꽃 마을 만들기 운동을 비롯해서 홋카이도(北海島)는 원예아일랜드로서 세계 제일이 될 가능성을 가지고 있다는 것을 알게 되었습니다. 그러나 현 상태로는 원예대국~영국과 뉴질랜드의 Christchurch를 따라잡는 다는 것은 무척 어렵습니다. 그것은 정원의 면적이 너무도 좁기 때문입니다.

1998년에 「우량전원주택 촉진법」이 제정 되었습니다. 이 법률을 사용하면 300평의 택지를 만드는 것도 가능합니다. 농지를 이용하기 때문에 가격도 저렴하게 할 수 있습니다.

대규모 개발은 할 수 없는 제도입니다만 그것으로 좋습니다. 원예에 정열을 가지고 있는 사람들이 모여서 세계 제일의 아름다운 주택지가 惠庭(에니와)에 출현 할 것 입니다.

할머니가 기뻐하는 승합 택시

눈이 내리는 겨울, 다리에 힘이 없는 할머니와 할아버지들께서는 외출이 귀찮아 진다고들 합니다. 속으로는 외출하고 싶다고 생각하시면서 말입니다.

예를 들어 할머니 집 현관 앞에 차가 마중을 나와서 가고 싶은 장소까지 태워준다고 하면 쇼핑도 병원에도 친구를 만나는 것도 쉬워질 것입니다.

승합 택시가 생기면 외출이 불편하다고 생각하는 시민을 위한 일임과 동시에 시의 경비를 절감 하는 데에도 도움이 되며 민간 택시회사가 보유하고 있는 차를 활용할 수 있는 등 많은 메리트가 있습니다.

고령화가 확산되어 겨울이 추운 홋카이도(北海島)야말로 승합 택시의 실용화에 주력하고자 합니다.

● **현관에서부터 목적지까지, 민간 택시를 이용한 새로운 교통 시스템을…!!**

이용자의 현관 앞에서부터 목적지의 현관까지를 기본으로 한 새로운 교통 시스템이 탄생했습니다.

민간택시를 빌려서 행하여지는 승합 택시로 지리정보 시스템, 위치확인 시스템등의 최신기술을 이용한 오페레이션에 의해서 최적의 운행을 확보하는 획기적인 교통수단입니다.

현관 앞까지 마중을 나오는 것으로 이용자는 정류소까지의 거리와 악천후의 불편함을 해소 할 수 있습니다.

또한 지방자치단체로서는 재정지출의 감소가 가능해지고 택시사업자로서는 보유자차량을 유용하게 영업에 사용하고 수입을 확대할 수 있는 메리트를 가지고 있습니다.

추운 겨울, 고령화가 확산되어가고 있는 홋카이도(北海島)에서 실행하고 싶은 시스템입니다.

열린 재무행정 시스템

● 철저한 정보공개와 열린 재무행정 시스템을…!!

예산과 인사의 본연의 모습이 시의 직원들의 행동을 위축시키고 있습니다.

여기에 열린 제도를 도입 합니다.

예산요구, 예산조정의 단계부터 홈페이지에서 정보를 공개 합니다.

또한 각각의 단계에서 퍼블릭 코멘트의 대상으로 합니다.

계장, 과장으로의 승진을 심사하는 승진 심사 위원회에 기업경영자와 연구원 등 외부의 인재를 투입합니다.

상사의 눈치만을 보는 것이 아니고 문제의식을 가지고 시민과 대화하면서 행동으로 옮기는 직원이 아니고서는 승진할 수 없는 제도를 만드는 것입니다.

낙하산 인사의 폐지, 행정관사단체의 자립과 세컨드 캐리어 지원 제도

● 행정관사단체의 경영자립, 열린 채용, 세컨드 캐리어 지원 제도를…!!

행정관사단체에 경영의 자립을 요구 합니다. 경영의 자립에는 경영능력이 있는 인재가 꼭 필요합니다. 시 직원 OB가 전형되는 경우도 있습니다만 공모 등 오픈 된 전형으로 선발 할 수 밖에 없습니다. 관사단체의 직원채용에는 모든 오픈 된 경쟁시험을 요구 합니다. 시직원 OB의 낙하산 인사의 폐지는 이루어 져야만 합니다.

직원이 정년퇴임 후 자립해서 살아갈 수 있도록 직원의 세컨드 캐리어 지원 제도를 만듭니다. 고령사회를 맞이하여 고령자에게는 고령화 사회를 지지하는 적극적인 삶의 방식이 요구 됩니다. 그러기 위해서는 직업훈련 등으로 직원 활동을 지원하고 싶습니다.

시민활동을 지원하는 1% 시스템

惠庭(에니와)에서는 시민 스스로의 활동이 마을의 발전과 활성화를 크게 지지하고 있는 예가 몇 가지 있습니다. 그런데 활동을 위해서 자금을 많이 보유하고 있지 않으며 자금으로 인한 고통이 많습니다.

여기에 시민세의 1%를 사용하여 이러한 활동을 지원하려는 것이 「1% 시스템」입니다.

마을 사람들이 시정(市政)에 미치지 못하는 부분을 지지하고 있는
공공적인 활동은 제대로 인정받아 권한이 주어져
이상적인 「협동」이 틀을 잡아가는 것입니다.

이러한 시민활동을 조달하는 제도를
만들어 가겠습니다.

● **NPO등의 시민활동을 조달하는 제도를···!!**

시민세납세액의 1%를 납세자의 희망에 따라서 NPO등의 시민활동에 조달하는 제도를 만들겠습니다.

지금부터의 자치단체는 공공서비스의 관리를 관료나 전문가에게서부터 지역사회의 손으로 계양 할 필요가 있습니다. 그러기 위해서는 시민 스스로가 여는 공공적인 활동을 지지해서 그것에 권한을 부여하거나 능력을 심어주는 것이 필요 합니다.

1%제도로 인하여 시민은 NPO의 활동에 관심을 가지게 되고 안에서는 참가를 원하는 사람마저 나타나게 됩니다. 시민 한 사람 한 사람이 스스로의 손으로 공공을 계속 유지하고자 하는 마음을 가지게 됩니다.

1%제도는 일반시민과 NPO를 묶어주며 사회전체로 공공부문을 유지하고자 하는 새로운 시험입니다.

시민농원을 지원

농업체험과 함께 자신이 길러온 신선하고 안전한 야채를 먹을 수 있다고 하는 즐거움을 큰 시민농원은 앞으로도 조금씩 보급해 나갈 수 있다고 생각 합니다.

시민농원은 마을의 사람들에게는 흙으로부터 얻을 수 있는 즐거움과 먹을 것을 자기가 일구어 가는 기쁨을 느끼며 아이들의 식육(食育)에도 효과가 있을 뿐만 아니라 건강적인 면에서도 몸을 움직일 수 있는 기회가 생기고 밭일을 하면서 친구를 만든다든지 하는 많은 메리트가 있습니다. 그리고 농가로서는 계속적인 수입이 가능하게 됩니다.

마을의 사람들과 농가와의 상호간의 needs를 파악해서 시민농원을 확대·지원해 나가겠습니다.

● 시민의 needs에 답하고, 농가에 도움도 되는 시민농원을···!!

시민농원은 농가에 수입을 가져다 줄 수 있는 가능성이 있습니다. 시내의 어떤 시민농원에서는 100㎡를 만엔에 100구획을 시민농원으로 빌려주고 있습니다. 수입은 100만엔이 됩니다. 시민농원은 앞으로 고령화 사회의 진행과 사회적 가치권의 변화 등에 의해 급속히 보급해 나아가겠습니다.

시민을 대상으로 야채 재배 강좌를 적극적으로 개최하는 등 이러한 것들을 통해서 그 경향을 한층 더 진행 해 갈수 있게 되었습니다. 시민대상의 농업학교도 만들겠습니다.

어려운 환경에 처해있는 농가에 도움도 되고 또한 시민에게는 흙의 친근함과 만들어 가는 기쁨, 아이들의 교육, 자가표의 신선하고 안전한 수확물의 재배, 거기에 더해서 친구를 만들어 내는 커뮤니티능력, 고령자의 예방 의학적 측면 등을 가져오게 됩니다.

정리에 들어가서...

이 매니페스토는 모든 행정분야에 대해서 기술한 것은 아닙니다.

한정된 분야에 머물고 있습니다. 시정(市政)은 무엇을 목표로 움직여야만 하는 것 인지 현 상태를 타개할 돌파구를 어디에 요구하려고 하고 있는 것일까? 이러한 일들을 명확히 하고 자 합니다.

자치단체의 존립 기반은 지역에 발생하는 공공적인 문제의 해결입니다.

문제해결을 전략적으로 행하는 것입니다. 사람이 살고 싶어하는 마을 만들기를 제안하는 것에서부터 시작하는 것 입니다.

우리나라의 가장 큰 문제는 육아문제입니다. 많은 젊은 부모들이 육아에 불안을 느끼고 있 습니다. 너무 힘들어서 아기에게 손을 대고 말지는 않을까? 아이가 괴롭힘을 당하고 있지는 않을까? 역으로 괴롭히는 쪽에 아이가 있지는 않을까? 그 뿐만 아니라 나가사키(長崎)와 사 세보(佐世保)사건처럼 10살 밖에 되지 않은 우리 아이가 살인자가 되고 마는 경우도 있습니 다.

惠庭(에니와)에서는 Book Start가 있어서 아기에게 책을 읽어주는 운동이 활발하게 이루어 지고 있으며 부모들 사이에 육아를 서로 돕는 플레이 센터도 있습니다. 초등학교에 들어가서 는 년간 100권의 책을 학교도서관에서 빌려서 읽고, 이런 일들이 순조롭게 이루어 진다면 아 이의 출산을 惠庭(에니와)에서 하고 싶어하는 일이 발생할 것입니다.

원예의 주택지도 같은 맥락입니다. 이러한 아름다운 곳에서 살고 싶다고 생각하게 만드는 것입니다.

사람이 살아보고 싶다고 생각하는 곳에 기업도 생겨납니다. 닛세이(日生)바이오 라고 하는 훌륭한 기업이 惠庭(에니와)에 생겼습니다만 이것은 惠庭(에니와)의 꽃 마을 만들기에 공감 대가 형성 되었기 때문에 가능 했던 것 입니다. 아이들의 직장도 자연스럽게 형성 됩니다. 경 제가 활성화 되어 상업이 번창하게 되는 길도 열리게 됩니다.

지금 현재 무엇보다도 아이들이 느긋하고 평안하게 자라날 수 있는 지역 사회를 재생 시키 지 않으면 안됩니다.

아이들의 문제에 신중히 다가가서 지금 이루어내야 할 일이 거기에 있습니다. 아이들을 위 해서라면 무엇이든 참고 이겨낼 수 있습니다. 거기에 마음을 연결하는 것으로 지역사회의 미 래는 열립니다.

실전사례 :
성북구청장 공약 준비

정책공약을 만들기 위해서는

첫째, 도시에 대한 객관적 이해가 있어야 한다. 통계 데이터를 통해 인구, 주요 산업 분야, 학교, 교육 시설 등에 관한 기초적인 숫자들을 파악해야 한다. 또한 지형을 비롯해서 주요 시설들(학교, 노인정, 복지관, 시장 등)을 직접 찾아다니면서 도시에 대한 일차적 이해를 해야 한다. 지역을 계속 다녀야 지역의 장점을 통찰력 있게 파악할 수 있다. 도시에 대한 객관적 이해의 궁극적인 목적은 장점으로 쓸 수 있는 자원을 파악하는 것이다. 도시가 가지고 있는 자원이나 특징에 서 자치단체를 발전시켜 나가는 데 필요한 요소를 끄집어내야 한다.

예를 들어, 성북구는 서울에서 대학과 대학생의 수가 가장 많다. 경기도 시흥시가 서울대 캠퍼스를 유치하려고 땅을 거의 무상 제공하려 했을 만큼 대학은 이제

윤진호

고려대 산업공학과, 고려대 정책대학원 정치학 석사를 졸업하고 지금은 고려대 건축학과 도시 계획 및 설계 전공 석박사 통합과정을 수료했다. 고려대 총학생회장, 서울시장 정책보좌관을 지냈다. 2010년 성북구청장 선거에서 공약을 만드는 일부터 당선 이후 생활구정기획단장을 맡아 공약을 정책으로 만드는 일까지를 경험하였다. 현재 성북구청장 정책 특별보좌관으로 일하고 있다.

자원이다. 동대문구는 경희대, 서울시립대, 외국어대의 삼각지역을 큰 자원으로 활용하고 있다. 또한 성북구는 북한산 등 구릉지 비중이 높아 자전거 도시는 안 된다. 대신 주민들이 쉴 수 있는 녹지가 많다는 것을 잘 활용할 필요가 있다. 자기 지역의 자원이 없으면 옆 지역의 자원도 유심히 살펴야 한다. 묻어가기 전략이다. 성북구의 경우는 대학로, 동대문 패션 클러스터와 인접해 있다. 이것도 장점이 된다. 혜화동 고개만 넘게 하면 대학로의 힘을 성북구의 자원으로 활용할 수 있는 것이다. 대학로 공연장 대표들의 요구는 성북구에 공연장보다 연습장을 지으면 좋겠다는 것이었다. 처음에는 대학로와 보완 관계로 출발해서 이후 발전하면 자체적인 모색을 할 수 있으리라는 기대가 가능하다.

둘째, 주민들의 요구를 파악해야 한다. 지역 주민들과 대화하면서 주민들의 요구를 주의를 기울여 들어보고 인터뷰, 설문조사, 여론조사를 통해 전체 주민의 흐름을 파악해야 한다. 주민 워크숍을 열어 주민들이 정책적 요구를 드러내고 핵심 정책 공약에 대한 의견을 표출하는 기회를 마련하는 것이 좋다. 주민들에 대한 정성적·정량적 조사를 철저히 해서 공약의 기초로 삼아야 한다. 성북구 교육 공약을 세울 때도 좋은 고등학교를 유치하는 것이 가장 중요한 요구일 것이라 가정했지만, 실제 여론조사를 해보니 낙후한 교육 시설 개선에 대한 요구가 훨씬 더 많았다. 즉 교육과 보육은 물론 각 공약에 대한 세부사항까지 조사해야 한다.

셋째, 현안에 대해 알아야 한다. 현재 진행 중인 자치단체의 사업들을 알아야 한다. 자치단체의 홈페이지 구석구석을 살펴봐야 한다. 필자는 처음 3개월 간 시간만 나면 구청 홈페이지를 살펴봤더니 나중에는 보지 않은 데이터가 없을 정도였다. 어떠한 사업을 해왔고, 하고 있는지 알 수 있어 많은 도움이 됐다. 현재 재임 중인 자치단체장의 공약이나 사업도 자세히 알아야 한다. 그래야 추상적인 공약이 아니라 구체적인 수준의 공약을 만들 수 있다. 진행되는 사업에서 세부적인 현황 자료와 숫자들을 챙겨야 한다. 그러한 현실적 데이터를 근거로 해야 구체적이고 현실적인 공약을 정할 수 있다. 그리고 현재 자치단체가 진행하는 사업을 파악해야 이미 진행 중인 사업을 공약으로 내거는 실수를 막을 수 있다. 자치단체가 앞으로 할 사업까지는 그렇다 치더라도, 이미 실행한 사업을 공약으로 내거는 실수는 치명적이다.

이런 준비가 끝나면 본격적으로 공약을 만들어야 한다. 사실 공약을 만들면서 상황을 파악하고, 상황을 파악하면서 공약을 만들어야 하기 때문에 준비와 공약은 함께 진행된다. 다시 한 번 강조하고 싶은 것은 좋은 공약은 현장성이 생명이라는 것이다. 지역을 발로 훑고, 지역민의 요구를 조사하고, 자치단체에서 진행 중인 정책을 파악하는 것은 현장성을 갖기 위해서다. 현장성을 상실한 공약은 주민들의 신뢰를 잃는다. 현장에 직접 나가 시설을 보고 사람을 만나야 한다. 후보가 추구하는 가치는 지역민의 요구와 구체적으로 맞물려야 현실적인 힘으로 전환된다. 막연히 이럴 것이라는 가정은 위험하다. 성북구의 경우 장애인 공약은 장애인복지관을 찾아가 담당자와 세 차례의 인터뷰를 하고서야 비로소 공약을 정리할 수 있었다.

공약은 메시지와 정책을 한 몸으로 만들어서 작성해야 한다. '무엇을 한다'도 중요하지만 '왜 하는가?'도 중요하다. '왜 하는가?'에 대한 답이 메시지이다. 메시지가 있어야 정책의 전달력이 높아지고, 정책이 있어야 메시지의 진정성이 확보된다. '맞춤형 방과 후 학교를 하겠다'는 정책도 중요하지만 '맞벌이 부부들의 고통을 해결하기 위해서'라는 메시지도 중요하다. 이 두 가지 내용을 정리한다면 "맞춤형 방과 후 학교로 맞벌이 부부들의 고민을 덜어드리겠습니다"라는 공약을 만들 수 있을 것이다. 공약에 대해서는 전문가와 사전에 타당성을 검토하고, 시설을 짓는 공약의 경우 평균 건설 비용까지 계산해서 공약에 반영해야 한다. 이런 과정을 거쳐 공약을 만들면 공약의 완성도와 현실성에 대해서 실무를 담당하는 공무원들도 높게 평가할 수밖에 없다. 이는 공약 실천의 힘으로 작용하게 된다.

이제 출마를 결심하고 있는 분들에게 앞에서 한 말이지만 재차 강조한다. 후보는 공약을 일찍 준비하는 것이 좋고, 준비하는 과정을 실무자에게만 맡기지 말고 적극적으로 참여해야 한다. 일정 시간을 내서 참모, 전문가들과 함께 토론하며 좋은 공약을 세우고, 그 공약을 자기 것으로 만들어야 한다. 선거운동본부나 선거 기획사가 마련한 공약을 그저 형식적으로 검토하는 식으로 공약 작업을 방치해서는 안 된다. 후보가 직접 참여하여 구체적으로 토의해야 한다. 이때 들인 몇 시간은 경선을 지나 본선 후보가 되고, 당선자가 될수록 엄청난 영향력을 발휘할 것이다. 지역 언론과의 다양한 인터뷰를 통해 후보는 공약을 점점 자기 것으로 소화할 수 있게 된다. 사전에 토론을 충분히 하면 인터뷰 과정에서 학습 효과가 훨씬 높게 나타난다. 이렇게 하면 당선 가능성도 높아지고, 당선된 이후에는 성공적인 행정을 펼칠 가능성도 높아진다.

100% 당선되는 노하우? 파격 공약 만들어라

선거전문가 정창교가 이야기하는 2014 지방선거

출처: 주간조선 [2266호] 2013.07.22

"선거 결과는 '구도 60%, 인물 경쟁력 30%, 캠페인(선거운동) 10%'의 함수로 이루어집니다. 내년 지방선거에서 정당 공천이 폐지되고 후보자가 난립하는 상황이 벌어진다면 캠페인 10%의 힘은 결코 적지 않을 것입니다."

정창교(51) 관악구청 매니페스토 연구실 정책실장은 자칭 타칭 선거전문가다. 직접 나섰다 쓰라린 패배를 경험한 17대 국회의원 선거를 비롯해 직·간접적으로 참여한 선거가 100번이 넘는다. 인천에서 노동운동을 하던 중 1995년 시의원 선거 사무장으로 뛴 것을 시작으로 국회의원 보좌관, 민주당 정세분석국장, 국회 정책 연구위원을 거쳐 현 구청장 참모에 이르기까지 크고 작은 선거를 치러왔다.

이 선거전문가가 2014년 지방선거 출마자들을 위한 실전 지침서를 들고나왔다. '2014년 지방선거를 위한 당선 노하우'(비타베아타). 400쪽에 가까운 이 두툼한 책에는 자신이 선거에서 직접 사용했던 자료와 경험담 등 출마 예정자들이 실전에 활용할 수 있는 선거 매뉴얼이 담겨 있다.

그가 선거를 준비하는 사람들에게 가장 먼저 건네는 말은 "웬만하면 출마하지 말라"는 것. "잘못하면 나처럼 패가망신한다"는 말로 선거의 엄혹함부터 일깨운다. 그에 따르면, 선거는 아름다운 2등은 없고 승자만 있는 살벌한 경쟁이다. 때문에 시작부터 "패배의 아픔을 이겨낼 수 있는 배짱이 필요하다"는 것이 그의 주문이다.

배짱과 각오가 섰다면, 그가 출마자들에게 가장 중요하게 강조하는 말은 "시간이 돈을 이긴다"는 것이다. 선거를 치밀하게 준비하면 '돈보다 센 시간'을 만들어 낼 수 있다는 말이다. 여기에는 득표와 당선에 대한 명확한 계산과 목표가 필요하다. 예컨대 이런 식이다. "한 선거구에서 2~4명을 뽑는 기초의원의 경우 투표율이 50%라면 득표율이 15~25%일 때 무난히 당선될 수 있습니다. 유권자 10명 중 5명이 투표하고, 그중 한 명만 자신을 찍으면 유효 득표율이 20%가 됩니다. 즉 열 명 중한 명만 잡는 것이 선거 목표가 되면 캠페인도 단순 명확해질 수 있습니다."

그가 강조하는 캠페인은 구체적 예산과 추진 일정을 갖춘 선거 공약, 즉 매니페스토(manifesto)의 중요성을 가리킨다. 그는 2010년 지방선거를 앞두고 국회에 매니페스토 연구회를 만들어 지방선거 출마자들이 매니페스토를 의무적으로 제출토록 하는 법을 만드는 데 앞장섰다. "우리보다 앞서 2002년 매니페스토 입법을 한일본의 경우 매니페스토가 후보를 판단하는 가장 중요한 잣대로 이미 자리 잡았습니다. 우리는 토론회에서 결론이 나지 않는 말싸움을 하지만 일본은 후보들 간토론 자체가 매니페스토를 중심으로 이뤄집니다. 예컨대 당신의 매니페스토 3가지를 얘기하라, 그중 한 가지를 구체적으로 설명해 달라, 상대방의 매니페스토를 비판해 달라는 세 가지 질문을 중심으로 토론회가 진행됩니다. 우리도 작년 서울시장 재보궐 선거에서 '무상급식'이 주요 이슈가 된 데서 알 수 있듯이 이제 생활이슈를 파고드는 매니페스토가 선거를 더 좌우할 것으로 봅니다."

그는 "출마자들이 잘 모르지만 지자체장 선거에 나서는 후보들의 경우 예비후보로 등록할 때부터 명함을 돌리는 것 외에 공약집을 만들어 유권자들에게 판매할 수 있다"며 "이걸 어떻게 만드느냐가 캠페인의 성공을 가르는 요인이 된다"고 강조했다.

선거공약집의 중요성은 2010년 지방선거 당시 서울에서 최다 득표로 당선된 유종필 관악구청장의 사례에서도 드러난다는 것이 그의 말이다. 당시 그는 유종필후보의 참모로 선거 전략을 짜고 공약집을 만들었다.

당시 그가 만든 공약집은 전체 12쪽 중 6쪽을 도서관 문제로 채웠다. 지금 유종필 구정의 트레이드마크가 된 도서관 정책이 이 공약집에서부터 출발했다. 현재 관악구는 특색 있는 구립 도서관을 적극적으로 늘려 나가는 것으로 유명하다. 유 구청장 취임 초 5개에 불과하던 구립 도서관이 27곳으로 늘었고 이를 내년까지 40 개로 확충할 계획이다. "당시 공약집이 논란이 많이 됐죠. 일반적인 후보들이 다루 는 개발 공약 같은 건 거의 없었으니까요. 공약집 절반을 도서관으로 채웠고 나머 지 절반은 교육, 보육 등의 생활밀착형 이슈로 채웠죠."

현재 그가 관악구청에서 맡고 있는 매니페스토 연구실은 선거 당시 내걸었던 공약이 이행되는지를 챙기고 새로운 공약을 개발하는 일을 하는 곳이다. 지자체 에서는 처음 만든 부서로, 그로서는 공약의 시작과 끝을 모두 책임지는 자리에 있 는 셈이다.

그는 내년 지방선거를 노리는 후보들의 경우 자신의 지역을 구체적으로 어떤 공약으로 바꿔 나갈지를 깊이 있게 공부해야 한다고 주문했다. 이를 위한 중요 한 참고자료는 기존 지자체장들의 모범 공약들이다. "한국 매니페스토 실천본부 (www.manifesto.or.kr)에서 매년 경진대회를 갖습니다. 지자체를 상대로 매니페스 토 우수사례를 뽑는 건데, 올해도 7월 3~4일까지 102개 지자체들이 참가해 경쟁했 죠. 이 시상 사례들을 보면 참고할 만한 공약이 많습니다. 이런 사례들을 참고해 자 기가 출마할 지역에 맞도록 연구를 해야죠."

그가 이번 지방선거 출마를 준비하는 사람들에게 던지는 또 하나의 주문은 선 거법과 싸우라는 것이다. 거의 세계 최고 수준의 규제와 제약으로 점철된 우리 선 거법하에서는 신인들이 절대적으로 불리하기 때문이다. 그는 "대한민국 선거법은 공식적인 선거운동 기간(13일)과 예비후보자 선거운동 기간을 제외하고는 원천적 으로 선거운동을 금지하고 있다"며 "사전 선거운동을 금지하는 나라는 우리나라 와 일본 정도"라고 지적했다. 이런 현실에서 그 역시 2004년 총선에 출마하면서 선거법과 싸운 경험이 있다. 신인들과 연대해 예비후보등록 제도를 만들어 신인들의 숨통을 조금이나마 틔운 것이다. "당시 의원들에게 부탁해 어렵게 선거법을 고칠 수 있었는데, 의원들의 반응은 시큰둥했습니다. 현역 금배지들로서는 자신들에게 유리한 규제투성이의 선거법을 고칠 이유가 사실 없죠. 법을 만드는 사람들이 기득권자라는 게 규제의 악순환을 불러오는 요인입니다."

다행히 이번 출마 준비자들은 의지만 있으면 개정 선거법을 고민하는 수고를 좀 덜 수 있다는 게 그의 말이다. 이미 중앙선거관리위원회가 규제를 획기적으로 줄인 선거법 개정안을 지난 5월 국회에 제출한 상태기 때문이다. "선관위의 개정 선거법에 따르면 예비후보자의 등록을 상시 허용하고, 유권자와 후보자가 말로 하거나 전화를 거는 선거운동은 선거 당일을 제외하고 전면 허용하는 방안이 포함됐습니다. 기존 선거법 규제의 핵심이 사전 선거운동 제한과 호별방문 금지인데 이것을 풀자는 겁니다. 사실 아무리 공약집을 정성스럽게 만들어도 선거운동 기간에만 이를 활용하면 후보자들이 자신을 알리는 시간이 너무 짧습니다. 또 선거운동 기간 동안 아무리 발품을 팔아도 유권자의 5%도 못 만나는 게 현실입니다. 사전 선거운동과 호별방문을 허용할 경우 미국처럼 상시 선거문화가 정착되고 선거가 재미있어집니다. 또 정당 입장에서는 누가 열심히 선거를 준비했는지가 드러나기 때문에 좋은 후보를 고르는 데도 유리합니다. 지자체 정당 공천을 없애느니 마느니 논란이 일고 있는데 사실 선거법 개정이 더 중요합니다. 선거법이 바뀌면 신인들이 지금처럼 금배지들의 눈치를 보거나 공천을 부탁하려고 뒤를 졸졸 따라다닐 이유가 없어집니다."

그는 "내년 지방선거를 준비하는 사람들은 서로 연대해 선관위의 개정 선거법이 통과되도록 여론을 조성하고 압력을 가하는 게 승부의 첫걸음"이라며 "선거 규제가 풀릴수록 어떤 공약을 만드느냐가 더 중요해질 수밖에 없다"고 했다.

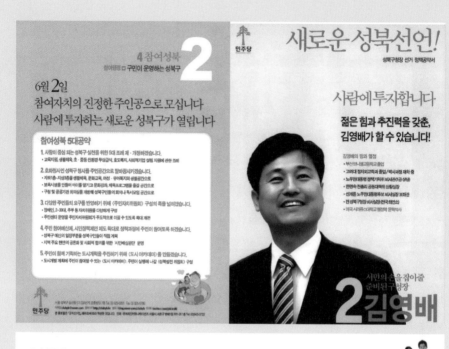

1 사람투자

보육ㅁ아이와 부모가 행복한 성북

성북이 아이들을 키웁니다
보육시설이 늘어나고, 양육비가 지원됩니다

1,000 명

1,000명의 아이들을 더 돌볼 수 있는 공립보육시설 10개소 증설
수용 능력 공립보육시설 부족, 신축, 매입, 임대 등 다양한 방법으로
공립보육시설 10개소를 증설, 더 많은아이들을 돌봄

- 우선순위 : 장기과제(2011~2016)
- 이행방법 : 서울시와 협의하여 시행.
  신축·기존건물매입·임대 등의 다양한 방법으로 단계별 실시
  신축예산(안)으로 5개소를 건립하고 5개소를 매입 완료
- 이행기간 : 2011년부터 2016년까지
  2012년 2개소, 2013년 2개소, 2014년 2개소,
  2015년 2개소 실행 착수
- 재원조달 : 1개소 평균 28억원 ÷ 10개소 = 280억원 소요예상
  서울시 80%, 성북구 20%, 성북구 소요예산 연간 10억원 예상

1,200,000 원

1년간 총 120만원 신생아 양육비 지원
서울시의 합의하여 신생아에게 1년간 아이들에게 1년동안 120만원을
지원, 양·남성 보호자들에 별토르리 임신·산전유소아에 양·남성 보호자들에 지원 지급 환경 조성

- 우선순위 : 중기과제
- 이행방법 : 서울시와 예산 협의 후 단계별 실시
- 이행기간 : 2013년부터
- 재원조달 : 성북구 출생아 4400여명(80여세도) × 120만원 = 52여천만원
  서울시 80%, 성북구 20%, 성북구 소요예산 연간 10억 5천여만원

아이와 부모님을 위해 더 나은 보육환경을 만들겠습니다
- 협미 아빠들이 급한 일을 보시도록 아이들을 맡길 수 있는 어린이집 어린이집 실행
- (맞벌이) 부부들을 위해 보육시설 시간 연장, 방과 후 학교 시간 연장
- 민간 보육시설을 개선하고 보육교사의 처우 개선
- 부모들과 아이들이 원하는 (맞춤형 방과후 교실) 프로그램 실시

---

1 사람투자

어르신/복지ㅁ어르신과 주민을 위한 성북

어르신 삶이 편안해집니다
요양센터 유치, 노인 한방 클리닉을 신설합니다

시립 노인 전문 요양센터 유치

성북구 노인성질환을 가지신 어르신들에게 가정적인 분위기에서 의료, 식사, 재활, 여가, 상담, 프로그램 진행 등 포괄적인 돌봄과 요양을 할 수 있는 시립 노인전문요양센터 유치

- 우선순위 : 중기과제
- 이행방법 : 서울시와 협의하여 유치
- 이행기간 : 2014년까지
- 재원조달 : 서울시 예산으로 건립

성북구 복지관에 노인 한방 클리닉 신설

한방 의료서비스를 원하는 어르신들이 더 편리하고 쉽게 이용할 수 있도록 노인 한방클리닉을 확대 설치 및 운영

- 우선순위 : 단기과제
- 이행방법 : 성북구 구립 및 복지관 순차적 한방클리닉 신설
- 이행기간 : 2013년까지
- 재원조달 : 전액 구비
  소요예산 2014년까지 1억원 예상

경로당, 노인정을 깨끗하고 편리하게 리모델링할 수 있도록 지원하겠습니다
- 우선순위 : 중기과제
- 이행방법 : 초도복지에 관한 조례제정 후 실시, 서울시와 협의
- 이행기간 : 2014년까지
- 재원조달 : 소요예산 2개소 × 1억원 = 매년 5억소 씩
  서울시 50%, 성북구 50%
  성북구 소요 예산 2014년까지 10억원 예상

어르신들과 주민들에게 더 나은 복지환경을 제공하겠습니다
- 경제에 보건분소를 세워 주민 여러분의 불편함을 해소

---

1 사람투자

여가/장애인ㅁ여유로움이 넘치고 차별이 없는 성북

성북의 가족들이 즐거워집니다
스포츠공원 건립, 장애인 지원을 확대합니다

북악스카이웨이에 스포츠공원 건립

약 50억의 리모델링예산으로 부대시설종합체육공원으로
- 인라인스케이트장
- 축구(유소년구단)육성
- 실내 만능구장
- 농구, 배구, 테니스장,
  게이트볼장 등 노인편의시설
※ 추가로 야외수영장도 별도로 전용구장 추진
- 우선순위 : 장기과제(2013~2015)
- 이행방법 : 인근예산(안) 공모
- 이행기간 : 2019년 착공 2019년 완공
- 재원조달 : 소요예산 200억원
  부대시설 유치운영을 조건으로 민간투자사업 유도

가족과 함께 걸을 수 있는 성북 올레길 조성

재순산·북악산길·정릉·북한산 자락, 북장근린공원과 복지솔 솔솔 있는 성북 올레길 조성
- 우선순위 : 중기과제(2011~2016)
- 이행방법 : 서울시와 협의 Green Way 도입, 단계적 추진
- 이행기간 : 2011년부터
- 재원조달 : 서울시예산 7천억원

가족3인 이상 문화시설 관람시 관람료 50% 할인

구내 동포시설(성북구민회관 및 청소년 수련관 등) 가족3인이상 문화시설을 이용할때 관람료 50% 할인

- 우선순위 : 단기과제
- 이행방법 : 성북구 관련 규정 개정
- 이행기간 : 2011년부터
- 재원조달 : 전액 구비

대학 1Km 주위를 무선인터넷 자유지역으로!

- 우선순위 : 중기과제
- 이행방법 : 통신업체와 협의후 추진
- 이행기간 : 2011년부터
- 재원조달 : 통신업체와 투자 유도

장애인 자립을 위한 지원제도 혁신, 차이가 차별이 되지 않는 성북

▶ 구립 발달장애인 지원센터 설립
- 우선순위 : 중기과제
- 이행방법 : 정부와 협의하여 추진
- 이행기간 : 2011년부터
- 재원조달 : 전액 국비 예상

▶ 점자도서관 설치
- 우선순위 : 중기과제
- 이행방법 : 시각장애인복지관과 협의하여 점자도서관 설치 지원
  장애인의 독립적인 점자도서관 설립
- 이행기간 : 2011년부터
- 재원조달 : 전액 구비, 운영비 지원, 소요예산 5천만원 예상

▶ 장애인 자립생활센터 지원 확대
- 우선순위 : 중기과제
- 이행방법 : 장애인복지법 개정
- 이행기간 : 2011년부터
- 재원조달 : 전액 국비, 소요예산 5천만원 예상

▶ 장애인 청소년을 위한 방과후 교육 프로그램 확대
- 우선순위 : 장기과제
- 이행방법 : 2차교 개설, 설치 2개월 × 3년간 운영, 2012년부터
- 이행기간 : 2011년부터
- 재원조달 : 전액 구비, 운영비 지원, 소요예산 5천만원 예상

2 주민을 위한 개발
도시재생과 주민중심의 주거환경

걸어서 10분 내에 생활편의시설이 있습니다
좋은 집을 임대하고, 공영주차장을 확충합니다

걸어서 10분 내에 생활에 꼭 필요한
생활편의시설 제공

작은 도서관, 생활체육시설, 보육시설, 경로당,
공영주차장, 공원 등의 생활편의시설을 걸어서
10분 이내의 생활권에서 이용할 수 있도록 배치
- 우선순위 : 장기과제
- 이행방법 : 도시개발 정책의 단계별 이행,
  신규시설물 건립시 고려방식의 이행
- 이행기간 : 2011년~2015년
- 재원조달 : 정책추진사항

학교복합시설에 공영주차장 건설로 주차문제 해소
- 우선순위 : 장기과제(2011~2015)
- 이행방법 : 서울시교육청, 학교와 협의
- 이행기간 : 2015년부터
- 재원조달 : 주차장 특별 회계비, 민자사업유치

저소득층을 위한 대가구 임대주택 공급
대가구구조세대를 위한 다인생활이 쉬운 집을 싼 가격으로 임대
- 우선순위 : 장기과제
- 이행방법 : 서울시와 협의
- 이행기간 : 대가구주택 4개월 빌 리모델링할 비용 가구당 1.2억원
  국토해양부, 서울시 90%, 성북구 12%
  성북구 소요예산 1억원(가구당 1천2백만원)

성북구 장기전세주택리프트 정책시행 시 가산점 부여
서울시 정책이므로 성북구 우선 선정 이상 진행과 제도화인센티브 부여
- 우선순위 : 중기과제
- 이행방법 : 서울시와 협의
- 이행기간 : 2011년부터 협의 후 진행
- 재원조달 : 정책추진사항

구민이 중심이 되는 재개발, 주거환경을 만들겠습니다
- 원주민 재정착율을 높이고, 철거민과 세입자가 Win-Win하는 재개발
- 정비 녹지로 지역 중 일부를 친환경에서 타운으로 조성
- 자전거 도로를 확대하고 자전거 보급시설을 성북구 곳곳에 설치

---

3 일자리 성북 ❶
일자리/지역경제 민생경제가 살고 돈벼 넘치는 성북

자영업이 잘 되고, 서민생활이 좋아집니다
일자리 +1000개 창출, 서민생활기금 500억원 조성

+1000개

복지서비스를 제공하는 사회적 기업과 일자리 1,000개 추가 창출
전략 발굴과 지역 내 생산하는 상호 원료구입으로, 공정 산업육성강화 확대 사회적기업을
육성하여 일자리 1000개 이상 추가 창출, 사회적기업 설립을 위한 사회적기업 대행업 설립
- 우선순위 : 중기과제
- 이행방법 : 교육, 복지 분야에 100지원율 등 추가 투자유치 1000개의 일자리 창출
- 이행기간 : 2014년까지
- 재원조달 : 다른 공적 실행의 부대 효과, 성북구 소요예산 번 25억원 ×4년=100억원

서민생활안정기금 500억원 조성
개소기구관의 생활안정위급 소상인관의 생활자금 지원
- 우선순위 : 중기과제
- 이행방법 : 조례제정을 통한 지원
- 이행기간 : 성북구 금년의예비비 연 1.5% 출연 50억원 ×4년 = 200억원
  미소금융 무치, 기업, 정부 보조금 75억원 ×4년 300억원

재래시장 활성화를 위해 공영주차장, 공용화장실, 쇼핑보조시설 등 설치
재래시장을 살기 위해 활성화하기 위해 쇼핑 시설의 경우 살기 마을으로 현대화된 재래 편의시설
- 우선순위 : 단기과제
- 이행방법 : 2011년 재래시장 특화 발전 방안 마련, 2012년 지원정책 실시
- 이행기간 : 2011년부터
- 재원조달 : 서울시 예산으로 지원

어르신 일자리를 위한 성북 시니어클럽 유치, 일자리 중계센터 설립
- 우선순위 : 단기과제
- 이행방법 : 노인일자리 전문센터인 시니어클럽과 협의 하여 성북시니어클럽 유치,
  일자리 센터 통해 온 노인 일자리 전문인력을 신설
- 이행기간 : 2011년부터
- 재원조달 : 성북구 소요예산 5억(연내) 예상

500억원

---

3 일자리 성북 ❷
문화산업특구 경제와 문화의 복합도시 성북

경제가 살아 숨쉬고, 문화가 꽃피는 창조산업특구 성북으로 오십시오

지금까지 지역경제 활성화를 꿈꾸어 본 적이 없는 성북, 그때서 성북구는 정체된 지역이었습니다.
이제 사람과 기업이 모이는 활기찬 성북구를 만들어야 합니다. 글로벌과 창조산업특구를 만들겠습니다.
정체되고 변화에 둔감한 성북이 아닌 국제화와 끓고 편리에 찬 성북구로 만들겠습니다.

400개의 창업기업 유치로 일자리 창출과 활기 넘치는 성북
- 레인보우비즈센터 : 7개의 비즈니스센터를 통해 400개의 창업기업 유치
- 레인보우루트센터 : 7개의 특성화 작은 도서관을 건립, 상권 활성화와 지역주민 문화휴식공간 조성
- 레인보우원하생화지센터 : 7개의 대학생(외국인 유학생) 전용 주거시설을 건립

패션봉제산업 아파트형 공장을 통해 지역경제 활성화

성북경제를 활성화시킬 성북 I-City(International City) 추진
도심형 외국어 마을, 외국인관광객 유치활성화

동소문로 일대로 조성으로 공연예술의 새중심지로 육성
대학로와 동소문로를 벨트로 연결하여 연극, 공연, 문화, 예술의 새로운 중심으로

글로벌 대학생 전용 주거시설
레인보우 대학생 셰어캠퍼스
- 7개의 (대학생외국인) 무료임 전용 주거시설 제공

패션봉제산업의 새로운 중심지
패션봉제 아파트형 공장

공연예술의 새중심지
동소문로 연결

대한민국 창조산업의 새로운 거점
레인보우 비즈센터
- 400개 창업기업 유치

성북경제의 동력구를 이끌어가는
성북City(International City)

우리 생활 속 복합형 특성화 도서관
레인보우 루트센터

빼앗긴 들판에서 다시 봄을 꿈꾸다

MB정권 3년, 지방독재 8년
대한민국의 민주주의가 신음하고 있습니다.
국민들은 다시 봄을 기다리고 있습니다.
유종필, 다시 봄을 꿈꾸며 희망의 시간을 갈고 닦았습니다.

학력
· 광덕고등학교 졸업
· 서울대학교 철학과 졸업

경력
· 한겨레신문 기자
· 언론노련 진행위원 겸 국장
· MBC TV 시사만평작가 『단소리쓴소리』 작가
· 한국기자협회 편집국장
· 서울시의회 의원 예결위원장
· 고건 서울시장 인수위원회 대변인
· 청와대 비서관
· 국립중앙도서관장
· 국방영상교방텔레서비스 소장 겸 KTV 대표
· 노무현 대통령후보 언론특보
· 민주당 대변인
· 민주당부설 (사)민주정책연구원 이사
· 제17대 국회도서관장(차관급)
· (현)동국대학교 정치행정학부 겸임교수
· (사)매니페스토 실천 시민연합 공동대표

저서
· 세계도서관기행, 웅진, 2010
· 유종필의 아름다운 선택, 이레북, 2007
· 당신에 대한 절제된 침묵까지 상상하기다, 2003
· 단소리 쓴소리 문제답, 1995
· 굿모닝 DJ 윤도, 1993

누구 없나요?

MB정권 바로잡고
관악을 **확** 바꿀 사람!

제대로 된 구청장 –

2 유종필

www.yocjp.com / http://twitter.com/yoojongpil
서울시 관악구 봉천동 874–5 대명빌딩 3층
전화 : 02878–7902

 민주당
 2 유종필 선거사무소

유종필이 있습니다!

관악이 찾는 확실한 필승 카드는 유종필입니다.
유종필이 승리합니다. 필승을 선택하십시오.

유 일하게 전국적 스케일을 가진 사람
유종필은 풍부한 정치적 경험과 대한민국 민족을 소망한 전국적 인맥입니다.
한국 청와대신 최자수 정책보고, 국립중앙도서관서비스 소장 겸 KTV 대표.
저서로 국회도서관 관리를 역임한 풍부한 행정 실무경험이 있습니다.
그렇만 갈고 닦은 경험으로 관악 구청에 혁신의 바람을 일으키겠습니다.

종 갓집 장손처럼 근본이 반듯한 정통파
유종필은 한겨레신문 같이 온 지조와 소신의 정치정파.
정도를 위하여 권력과 시비시비를 바로고 올곧노소을 미디처지 않은 사람.
이런 반듯한 사람이 구청장이 되어야 관악구가 바로 삽니다.

필 승을 위한 선택, 바로 유종필 입니다
유종필은 규모풍 대통령을 보좌시고 노무현 대통령을 만든 1등 공신입니다.
위기능 정치 감각과 검증된 정책력, 탁월한 리더십. 풍부 추진력을 고루 갖춘 인재입니다.
관악의 확실한 선택, 바로 유종필입니다.

김선생, 소주 한 잔 합시다!

김선생, 오랜만입니다.
김선생을 만난 지 어느덧 스무 해가 다 되어갑니다.
우리 참무동을 만납습니다.
제 아이와 김선생의 아이는 유치원 친구였지요. 그 아이들이 관악에서
초등학생이 되고, 중학생이 되고 고등학교를 졸업 할 때 까지 우린 관악의
학부모였습니다.

김선생, 우리 아이들의 고향이 될 관악,
우리가 함께 노후를 마치리할 관악이 이대로 방치할 순 없습니다.

관악구청장의 비리는 공게입니다. 윗물이 맑아야 아랫물 이맑을 것입니다.
한나라당 서울시 구청장 3분 중 1명이 형사처벌을 받았습니다.
오한한 MB정권이 부도덕한 지방자치를 방조하고 있는 것입니다.
고인 물은 썩고 절대 권력은 부패하기 마련입니다.
바꾸고 확 틀어 고쳐야하지 않겠습니까??

김선생, 생각아보니까
우리의 눈물과 땀방울이 김대중 대통령을 탄생시켰습니다.
우리의 개혁의지가 노무현 대통령의 당선을 탄생시켰습니다.
이제 그 절정과 힘으로 관악을 세움게 확 바꿉시다!!

김선생, 우리 소주 한 잔 합시다.
그 술잔에 우리의 꿈과 희망을 담아
새로운 관악을 열어갑시다.

봄이 오는 김해에서　유 종 필 Dream

'Feel So good'

유종필의 매니페스토(정책공약집)

약속 하나 지식특구 관악 만들기
도서관 붐업 운동을 관악 발전의 원동력으로 전환하겠습니다.
관악구를 지식특구, 수준 높은 지식문화도시로 발전시킬 것입니다.

약속 둘 관의 행정에서 시민의 행정으로
모든 행정의 중심은 시민입니다.
주민을 위해 발로 찾아가는 행정배달 서비스를 실현하겠습니다.

약속 셋 참 좋은 학교 만들기
학원보다 좋은 학교를 만들겠습니다.
공교육의 수준을 끌어 올려, 교육을 찾아 이사 오는 관악으로 만들겠습니다.

책이 자산이고, 든든한 미래입니다
유종필이 만드는 '지식특구 관악'

유종필은 대한민국 최고의 도서관, 국회도서관 관장(차관급)을 역임하며 국회 도서관의 혁신을 만들었습니다.
이제 관악이 수준 높은 지식문화도시로 변모합니다.

하나, 돈 버는 도서관
도서관에서 직업을 찾습니다.
도서관에서 창업을 배웁니다.
도서관에서 문화를 못 피웁니다.

어떻게? 취업 교육 학습기능, 일자리 일선, 벤처 창업 지원
지적문화 활동, 강연, 토론, 예술 공연을 향유하는 복합문화공간
단기사업, 2012년까지 시행됨·구예산을 통해 추진, (50억 원 소요)

둘, 어디에나 책 천지
마을 마다 소담한 도서관이 들어섭니다.
지하철 역사가 도서관으로 변합니다.
정류장 전철을 책을 배달 받습니다.

어떻게? 공공건물에 작은 도서관 개설, 동네 도서관 개관,
어린이 전용 도서관 설치,
관악 도서관 권리의 통합으로 릭북 배달 서비스
중기사업, 2012년까지 예산을 통해서 단계 시행 (100억 원 소요)

셋, 태중에서 무덤까지 책과 함께
일상부에서 무료로 책을 선물하겠습니다.
한 살, 열 살, 열다섯 살 생일날 책을 선물하겠습니다.
영성분 삶에서의 어르신의 지식과 집필을 지원하겠습니다.

어떻게? Iving library, 도서관 카페,
북 스타트 책, 미니시 운동
서울대와 연계로 평생학습 프로그램 실시
지속사업, 2012년까지 구예산을 통하여 시행 (구비 5억원 소요)

官惡(관악)을 뜯어고치겠습니다
행정의 근본을 바로 세웁니다.

지금까지의 관 위주의 일방적 지방자치는 잊어주십시오.
유종필이 구청장이 되는 순간 관악구의
1,300명 공무원 자세가 확 달라집니다.

하나, 주민의 손과 발이 되겠습니다.
축기능은 어떠운 계층에 정기적 판이 전화를 드리겠습니다.
취약계층 정보의 장애인 종합복지관을 만들겠습니다.

어떻게? 복기능인 안전을 센터 운영,
취약계층 돌보미의 사회적 일자리 창출, 공무원 취약계층 담당제 시행
지속사업, 2012년까지 시·시·국비 예산을 통하여 시행

둘, 찾아가는 행정배달
구민을 중심에 두고 구민감동의 서비스를 실현하겠습니다.
민원 배달에 찾아오지 않으도 되는 것도, 공무원이 찾아갑니다.

어떻게? 관악구 기관들의 생활 안내 통합, 관악구 이용 안내서 제작
혁 서비스를 통한 민원서류 수령 창구 개설
지속사업, 2012년까지 시행 (무예산)

셋, 온라인 행정 구현
집에서 구청 서류를 접수할 수 있습니다.
신청한 하시면 e메일과 휴대폰으로 행정 정보교육·문화·복지정책을
보내 드리겠습니다.

어떻게? 온라인 정보 발송 (E-민원 행정), 휴대폰 행정 정보 전송
복합 민원 신속 처리시스템 민원상의의 개설)
지속사업, 2012년까지 구예산을 통하여 시행

좋은 학교가 아이들의 미래입니다.
학원보다 좋은 학교를 만듭니다.

유치원에서 초·중·고 대학까지 관악에서 두 아이를 교육시키고 있습니다.
관악 교육의 문제점과 해결책 누구 보다 잘 압니다.

하나, 학원보다 좋은 학교 만들기
수준 높은 공교육 실현을 위해 교육예산을 늘리겠습니다.
농산·초 교육을 관악구가 같인을 넣어 능산분 유형을 찾고,
교육을 위해 찾아오는 관악구로 만들겠습니다.

어떻게? 방과후 학교 확대, 대학의 반별 전담교사 실시, 통나별 학습방 신설
농산분 추이 상담센터 개설
중·단기사업, 2012년까지 구예산을 통해 시행 (10억원 소요)

둘, 공립형 자율학교 운영
각 학교 방문을 정례화하여
학부모 및 교사들과의 협동체계를 만들겠습니다.

어떻게? 공립형 자율 사범학교 지원, 학부모 단과의 정례화
장기사업, 2012년까지 시행 (무예산)

셋, 스스로 공부박사
자기 주도적 학습 문화를 정착시켜 관악구 학생들이 자기 주도적 학습에서
서울 제일이 되도록 하겠습니다.

어떻게? 자기주도 방법 정보의 신설, 자기 학습법 지도교사제 실시
지속사업, 2014년까지 시행, (무예산)

현)관악구청장

역시 유종필
다시 유종필

지식문화도시 관악 시작도 마무리도 유종필입니다

2

새정치민주연합
관악구청장 예비후보

1688-5515

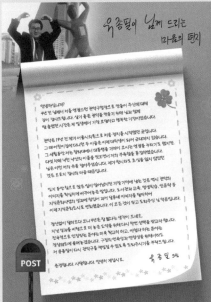

'원칙과 소신'하면 유종필입니다

1 소신파 구청장 중앙권력의 외압과 협박에도 굴하지 않고, 상영과 뒷심으로 3년 동안 청유하고 오랜 불법 종교시설을 철거하였습니다. 국민을 최고의 상전으로 모신다는 소신에 따른 것입니다. '원칙과 소신'하면 유종필입니다.

2 등신화 구청장 지난 4년 동안 현장에서 접의 차림으로 현장을 다니며 민원을 해결했습니다. 우리는 1년에 한 민원을 접수받았습니다. 이중 법규상의 문제로 처리 불가능한 것을 제외하고 약 88%를 처리했거나 처리중입니다. 유종필은 '현장주의자' 입니다.

3 도서관 구청장 지난 4년 동안 37개의 작은 도서관을 설치했습니다. 도서관 1개 건립비용으로 6개 일을 해내습니다. 한국 10개가 넘는 시군에서 도서관에서, 관악의 도서관을 벤치마킹하고 있습니다. 유종필은 '도서관 전문가, 독서 전문가' 입니다.

4 브랜드 구청장 최고의원회의 다산목적대상, 대한민국인국지방 대상, 대한민국브랜드대상, 한국메니페스토 경진대회 4년 연속 수상 등 총 30개의 상을 수상합니다. 대부분 대외기관으로부터 3천여원의 상입니다. 유종필은 '흥미있는 브랜드'입니다.

5 발춤추는 구청장 구청장의 권위는 내려놓고 주민, 직원들과 스스럽없이 어울립니다. 알도 즐겁게 노는 것도 즐겁게. 언제나 유쾌한 유종필은 '발춤추는 구청장'으로 유명합니다.

모든 주민이 지식의
혜택을 누리는 관악구가
좋아요!!

● **걸어서 10분거리 도서관을
'주민복합문화커뮤니티 공간'으로 확대운영하겠습니다**

걸어서 10분 거리 도서관
2010년 (5개소) → 2014년 (38개소)

- 마을 독서동아리 지원 확대
- 찾아가는 인문학 강의 프로그램 지원
- 직은도서관 운영시간 야간 연장
- 각종 동아리활동 공간도 무료 개방 추진

· 기간 : 중장기 · 예산 : 구비

▲ 관악구청사 1층 동문이룸 · 작은도서관 　▲ 낙성대공원 산책마루 · 작은도서관 　▲ 도심안에서 만나는 작은도서관

● **175교육사업(전국최초) 프로그램을
확대해 미래를 이끌어갈 '사람투자'를 하겠습니다**

- 1년동안 학교가 쉬는 주말과 방학 등 175일 동안 문화, 예술, 체육, 체험 프로그램을 학생들에게 제공
- 희망하는 관내 초중고생 대부분이 참여할 수 있도록 프로그램을 확대

· 기간 : 중장기 · 예산 : 구비

● **'Edu-Valley 교육특구' 사업 확대 운영
교육문화센터 2015년초 개관 : 먼 곳 가지 않고 관악구 안에서
직업·진로 체험을 하는 시스템을 완비하겠습니다**

- 서울대, 숭실대, 중앙대 등 학·관협력사업을 확대해 관악영재교육원, 관악시민대학 등 질높은 교육프로그램 운영
- '저항고전, 인간을 말하다'(서울대-풀뿌리 아카데미) 등 관악구 인문학 강의 알품
- 저소득층 교육복지, 평생학습 프로그램 확대 운영

· 기간 : 중장기 · 예산 : 시비, 구비

아이들이 꿈꾸고
어르신이 누리는
사람중심 관악특별구

● **불가능하다던 '장애인종합복지관' 조속 착공해 2016년 완공하겠습니다**

재활치료, 직업상담, 직업훈련,
목욕시설 등 종합 시설과
프로그램을 제공

· 기간 : 중장기 · 예산 : 시비, 구비

● **구립경로당을 어르신 일자리공간 등 거점별 문화공간으로 현대화하겠습니다**

- 100여 개 관내 경로당을 5차례 방문해 어르신들의 애로사항 279건을 직접 접수, 법률과 재정상 실가능한 것을 제외하고 모두 처리
- 어르신 일자리사업, 생신문해교육, 뭉별 지원봉사센터 등의 거점 문화공간으로 운영

· 기간 : 중장기 · 예산 : 시비, 구비

● **아이키우기 좋은 관악, 국공립 어린이집을 더 확충하겠습니다**

- 민선5기 국공립 어린이집 7개소 확충
- 단조로운 어린이공원을 창의력 키우기 '창의어린이공원'으로 업그레이드
  2014년 상반기까지 19개 조성 4분기기 8개소 추가 예정
- 아파트 등 민간 어린이집을 국공립으로 전환운영해 부족한 국공립 어린이집을 확충
- 난항(서울시 소유 건물)에 장난감대여소 추가 확보

● **재난과 범죄로부터 안전한 관악을 만들겠습니다**

안전
안심

- 지구단위 수해로부터 안전한 관악 : 서울시 양 둑 저류조 3개소, 빗물 펌프장 2개소, 대대적 하수관 개량 공사 완료(도림, 신사, 미성, 낙성대동)
- 현 임기 내 CCTV 648대 설치완료(총 903대 운영) : 다음 임기내 총1,400대까지 증설
- 경찰과 협동으로 CCTV 통합관제센터 24시간 모니터링 강화
- 범죄예방디자인(행정동·시범운영)을 확대운영해 음침길 불안감을 해소
- 여성안심귀가스카우트 인력을 늘려 여성과 학생의 안전귀가 지원

● **관악을 새롭게 디자인하겠습니다**

- 서울시 2030 도시기본계획에 관악의 입장 관철 : '광역지구중심'으로 도시계획 확정
- 봉천 남측, 신림, 서남권시가지 등의 토지용도 성장, 건축·규제 완화로 관악의 남부순환도로 서울 서남권의 상업문화교통의 중심지로 부상할 수 있는 기반을 다졌습니다

● **사통팔달 교통체계 완비, 차질없이 진행하겠습니다**

- 강남순환도시고속도로(소하JCT~서울대입구~수서) 2016년 완공 예정
  (예산 : 시비 164,179억원, 민자 7,730억원)
- 신림~봉천면간(사당IC~강남순환도로 접속) 2017년 완공 예정
  (예산 : 시비 5,507억원)
- 경전철 신림선(여의도~관악산입구) 건설 2019년 완공
  (예산 : 시비 3,324억원, 민자 1,050억원, 민자 4,373억원)
- 경전철 난곡선(보라매공원~난곡로) 건설 2018년 완공
  (예산 : 시비 1,454억원, 민자 460억원, 민자 1,950억원)
- 경전철 서부선(장승배기~서울대입구역) 연장 건설 2021년 완공
  (예산 : 시비 5,964억원, 민자 1,664억원, 민자 7,849억원)

" 사람의 생명과 안전, 인권, 최소한의 생활보장 "
이것이 사람중심 관악특별구 입니다.

우리는 누구나 세상을 향해 끊임없이 도전하고 있습니다. 힘들고 어려운 상황에서도 모든 것을 걸고 세차게 달려왔습니다. 꿈을 이루기 위해 수많은 어려움 감수합니다.

그렇게 뛰어든 세상은 어떻습니까. 그 드넓은 바다와 육지에 어떤 세상이 펼쳐져 있습니까?
친한 친구도, 경쟁자도 되는 대학입학, 시작에서 바늘을 찾아야 하는 청년층 취업환경, 또 하나의 인생을 설계하기에는 부담스러운 어르신들, 서로 맞닿아 변화를 빚어 가정 돌이부담, 풍람이 아니라 다름이라는 말이 허상이 되어가는 상대빈곤과, 사람을 생각하지 않는 판피했던 부정부패와의 정경유착, 내가 잘되면 된다는 극심한 이기주의, 이 모든 것들이 하나로 모여 세월호의 비극을 만들었습니다.

세월을 일시를 보며 분노했습니다. 왜가 나고, 눈물이 흘렀습니다. 아직 이리다. 무능함에, 어째서 이렇게나 엄격한 분노는 끝이 없는 겁니까. 이거룬 분노 속에서 다짐하기 시작했습니다. '무언'의 무언을 위해 무언가를, 소리 없이 울음 속에서 저나 유족의 구정이 어려웠는지를 돌이보고 뼈의 같이 되지않아보았습니다.

4년 간 혁신하며 많은 성과가 있었습니다. 그러나 아직 부족합니다. 관악이 더 높이 도약하기에는 충분하지 않습니다. 우리 관악이 지향하는 '사람중심 관악특별구'는 사람의 생명과 안전, 인권, 최소한의 생활보장, 소통과 배려를 의미합니다. 우리가 살고 있는 세상이 아무리 차갑고 딱딱하더라도, 우리 관악만큼은 따뜻하고 부드러워야 합니다. 지역 구민 한 분 한 분 모두가 어깨 걸고 서로 냉새 내는 관악을 함께 만들어 갑시다.

서로의 손을 잡아 이끌어 줄 수 있는 희망찬 도시, 내가 아니라 우리를 생각하고, 혼자가 아니라 함께를 추구하는 마음, 이 때, 매니페스토 공약서는 그러한 사람 중심의 관악을 위해 주민 여러분께 드리는 저 유종필의 약속입니다.

유종필 DREAM

유종필 2

" 모든 주민이 지식의 혜택을
누리는 관악을 만들겠습니다. "

목표1 동네 도서관 운영시간 및 동아리 지원을 늘리겠습니다

> 문　집 근처에 도서관이 생겨서 좋은데 너무 일찍 문을 닫는 것 같아요.

> 답　밤늦은 귀가 시간 때문에 도서관 이용이 어려운 주민을 위해 올해 2월부터 시범적으로 용문도서관의 운영시간을 밤 10시까지로 연장하였고, 마을 동아리가 동네 도서관을 활동 공간으로 이용할 수 있도록 만들었습니다.
> 작년에 이어 올해에도 50개 내외의 독서동아리 활동을 지원합니다. 앞으로도 동아리 지원을 다양한 영역으로 확대하겠습니다.

법적근거	○ 작은도서관 진흥법 / 관악구 자원봉사활동 지원 조례, 관악구 독서문화진흥
이행절차	○ 작은 도서관 운영시간 연장 운영 ○ 주민들에 직접도서관 내 독서동아리 모집 및 연계 - 전문 독서동아리 활동비 지원 / 독서동아리 지역 워크샵 및 독서토론 개최
재원조달	○ 연간 임원운영 약 44,000천원
이행기간	○ 2014년부터

목표2 인문학 강의를 확대해 주민의 평생학습을 돕겠습니다

> 문　인문학 강의를 더 많이 늘려주세요.

> 답　인문학 강의 시간을 놓치서 혹은 구청까지 방문하기 어려운 분들을 위해 〈찾아가는 인문학 서비스〉를 시행하였습니다.
> 작년에 월 2회 친절했던 인문학강좌를 더욱 확대해 주 1회씩, 연 52회로 주민 여러분들의 인문학적 소양 강화에 매진하겠습니다.

법적근거	○ 평생교육법
이행절차	○ 2014년 7월부터 주 1회 인문학강좌 ○ 찾아가는 인문학 교육을 위해 '인문학센터' 설립
재원조달	○ 인문학 운영 시 104,000천원
이행기간	○ 2014년부터

목표3 〈Edu-Valley 교육특구〉 사업을 확대하겠습니다

> 문　'Edu-Valley 교육특구' 사업이 무엇인가요?

> 답　〈Edu-Valley 교육특구〉 사업은 관악구의 교육 인프라를 활용해 관악구 내 초·중·고·대학에 보다 다양하고 질 높은 교육 기회를 제공하기 위한 사업입니다.
> 우선적으로 2015년 초 관악구 〈교육혁신마〉가 개관하여, 이제 먼 곳에 가지 않고 관악구에서 직업 및 진로 체험을 할 수 있습니다.
> 또한 다문화 가정 및 소외계층 학생들이 서울대생들로부터 직접 과외지도를 받을 수 있도록 〈멘토링 제도〉를 시행하는 한편 심리 상담 등을 통해 우리 아이들의 학습 의욕을 강화하겠습니다.
> 전국 최초로 실시한 관악의 175 교육사업은 관악구 내 초등고생 중 약 72%가 참여할 정도로 호응이 좋습니다. 이를 관내 모든 학생들이 참여할 수 있도록 프로그램을 확대하겠으며, 창의성과 인성을 겸비한 미래지향적인 인재육성을 위해 더욱 힘쓸 것입니다.
> 서울대·중앙대·숭실대 등 주변 대학들과의 〈학·관 협력사업〉을 더욱 강화하겠습니다.

법적근거	○ 평생교육법령, 평생교육법 ○ 지역혁신협의체구축 / 관련 교육혁신법 ○ 관악구 175교육특구확대지원 등 각 운영에 관한 조례
이행절차	○ 교육혁신 프로그램 운영 / 관악구 교육특구 ○ 서울대·학·관 협력 교육사업 ○ 175교육특구2015년대 초부터 각각 프로그램운영
재원조달	○ 연 1,500백만원
이행기간	○ 2014년부터

▲ 관악구청사 1층 용문관는: 작은도서관　▲ 낙성대용문 건배이되: 작은도서관　▲ 도림천에서 만나는 작은도서관

목표4 아이키우기 좋은 관악을 만들겠습니다

> 문　요즘 마마 키우기가 너무 어려워요. 구에서 도와줄 수 있나요?

> 답　적은 예산으로 더 많은 어린이집 시설을 늘릴 수 있도록 민관연대 및 공공기관을 활용하겠습니다. ※ 신축: 약 19억원 예산 소요, 민관연대 및 공공기관을 활용: 약 1.6억원 예산 소요
> 난방영비서울시 소장 건물에 장비급 대여사를 추가 확보하겠습니다.
> 단포로도 어린이 공원을 참여와 테마가 있는 '창의어린이공원'으로 업그레이드로서 부모와 아이들이 즐거운 관악을 만들겠습니다.

이행절차	○ 민관 공공연대 등 활용한 국공립, 통과대책, 책식, 아이돌 등 안심키우스 ○ 난방영비서울시 소장건물내 장비급 대여사 추가 확보 ○ 일시보육사 지원·정산, 구청 등 운영 서비스 어린이집 당시 추가
재원조달	○ 민관 공공연대 1건도, 10억원 (신축 60억원), 위탁운영 등 1건 1.7천천원내 ○ 난방영비서울시 장비급여 1건도 / 소장, 건물당 장지 500천원 지원 ○ 단포어린이공원 2014 / 월3건 1억원내 ○ 일시보육사 / 하부 2천만원 지원 ○ 일시보육사 1건도, 시설 / 구비 1건 : 10 ~ 25 ~ 25
이행기간	○ 14년 후비저참건급 (구비 1억 개월도정)

목표5 2015년 3월 보라매동에 도시보건지소를 건립하겠습니다

> 문　보건소가 부족해서 보건복지 혜택을 받기가 너무 힘들어요.

> 답　기존 보건소에는 공간, 시설, 장비 부족 등으로 재활치료 서비스가 쉽지 않았습니다. 관악구는 보라매동에 2015년 5월 준공을 목표로 도시보건지소 건립을 추진하고 있습니다.
> 앞으로 40여 종의 재활·물리치료기를 설치해 장애인 및 주민도 편리하게 이용할 수 있도록 만들어 지역주민이 내 집처럼 편히이 이용할 수 있는 보건지소를 만들겠습니다.

법적근거	○ 지역보건법
이행절차	○ 주요시설규모: 재활보건연보재정사업실, 운동치료실, 어린이·영유아 건강증진센터, 기능·인지 검서치료실 등 ○ 2014. 5. 착공 ○ 2015. 3. 도시 보건지소 설치조례 제정 ○ 2015. 5. 도시보건지소 준공
재원조달	○ 연 2,500백만원 ○ 함부 전 180백만원
이행기간	○ 2014년부터

2012년 윤후덕 파주갑 국회의원 후보 예비홍보물

01 더 빠르게 통하는 파주, 교통문제, 반드시 해결하겠습니다

집에서 강남까지 27분만에 갑니다! GTX 노선 파주 출발

급행노선
파주가 빠진 채 GTX 광역급행철도망노선이 검토되고 있습니다. 애버랜드삼성에서 GTX 출발역이 일산 킨텍스가 아닌 과주 킨텍스를 통과하도록 해야 합니다. 전체구간 50km 범위에 제한된 「대도시권 광역교통관리에 관한 특별법」 시행령을 더 국회에서 고쳐서 파주 출발역의 장점을 살려가겠습니다.

야당역사 조기 착공

운정 1, 2지구 주민과 이용할 야당역사는 운정 3지구 사업 일정과 연관이 없습니다. 교통수단 분산을 위해서도 야당역사가 하루빨리 착공되도록 하겠습니다.

버스타고 강남 갈시대 광역급행·직행버스 노선 신·증설

일상을 거치지 않고 서울 어디에나 가야지요. 서울로 직행하는 광역급행버스와 직행버스를 늘려갈습니다. 노선도 명동로, 합정, 당산, 광화문 뿐 아니라 강남 여의도 등 다양해지겠습니다.

내 집 앞에서 지하철 탑니다! 지하철 3호선(일산선) 파주 연장

경제성 타당성은 입증됐습니다. B/C편익/비용 1.07 지하철 철도로 「국가철도망 구축계획」에 반영시켜 3호선 파주 연장, 반드시 실현하겠습니다.

운정역 활성화

운정역 부근 버스정류장 건립시 조기에 완공되도록 하겠습니다. 그래야지 유람한 연결수단이 마을버스를 증차·증회시고 열차 철행 시간에 맞추어 운행시간도 연장하도록 하겠습니다. 운정역 연결 도로를 정비하고, 중심상업지구 개발을 조속히 마무리하여 문정신도시의 랜드마크가 되도록 하겠습니다.

02 교육선진도시 파주, 교육여건 개선 책임지겠습니다

고교 가숙사 건립, 재정 지원 확대로 모든 학교를 명문고로 만들겠습니다

"일산으로 이사 갈래?" 파주에서는 아이들이 초등학교 5학년만 되면 걱정합니다. 파주에서 중고등학교 다니면 '서울에 있는 대학' 여기 가기 힘들다는 생각 때문이지요. 명문 고등학교, 좋은 학군이 부족하기 때문이지요. 기존 고등학교를 지원해서 모두 명문으로 만들겠습니다.

가숙사가 필요한 모든 학교에 가숙사를 지원하고 우선 관리고등학교부터 시작하겠습니다. 방과후 학교 지원을 늘려서 더 좋은 보충수업이 되도록 하겠습니다.

"파주에서 고등학교 다니면, 서울에 있는 대학 간다, 파주로 이사 가자!" 민주통합당 시장과 함께 해내겠습니다.

반값 등록금 / 청년 일자리 / 최저임금 민주통합당이 해내겠습니다

비싼 등록금으로 일보기 주렸지만 학업이 주업인지 학업이 어려운 요즘 대학생. MB정부가 내대린 반값등록금 약속은...

속, 윤후덕 과 민주통합당이 실현하겠습니다. 가숙사 건립/편의과 공공형 원룸임 등으로 대학생의 주거비를 책임지겠습니다.

청년들의 알바 최저임금을 근로자 평균소득의 50%로 상향하여 청탁을 해결으로 바꾸겠습니다.

중소기업 인턴 확대, 대기업 청년인턴제도 도입. 공공서비스 일자리 확대와 사회기업 지원으로 청년들이 보람과 긍정을 일자로써 사회생활을 출발할 수 있도록 하겠습니다. 문화예술이 양성되고, 민주통합당이 책임지겠습니다.

학교가지 않는 175일 윤후덕이 책임지겠습니다

이제 '감보'도 없어져 학교가지 않는 날이 175일이나 됩니다. 부모들은 걱정이 태산입니다. 지수체증을 맞벌이 부부는 더 걱정이지요. 아이 혼자 보낼 시간이 늘고, 학원에 부탁도 할때가 때문이죠. 부모의 소득 격차로 아이들이 느끼는 주체과 박탈감도 문제. 학교 안에 지속이 멈춘다면 이를 이제는 학교 방과후 지원금이 멈추 된다면 나서야 합니다.

학교가지 않는 175일을 지역사회가 책임지도록 하겠습니다. 지역 교육청과 함께 해도 '175일 희망 만들기' 공동협의체를 구성해서 교육청·재원을 확보해서 다양한 프로그램을 만들겠습니다. 민주통합당 시장과 함께 해낼 하겠습니다.

03 지역맞춤형으로 발전하는 파주, 지역편차 없는 균형발전 실천하겠습니다

문화예술특구로 발전하는 탄현

- 통일동산신도시 지 시계획 변경, 한 취미 욕구에 부응하는 계획 수립 추진
- 탄현중학교로의 등하교 결을 불편 해소
- 지하철운호선(일산선 연장)헤일동산
- 유승산버스다 토지들도 변경
- 중규모 공공도서 건립 추진

문화·테마공원 조성으로 변모하는 조리

파주시가 책임한 병은 하우스 공예지역 문화·테마공원을 조성. 조리읍의 면모로 일신하겠습니다.

- 심물국립공원을 자유롭게 이용할 수 있게 하겠습니다.
- 50번도로 정체구간 조기 개통
- 공공천 생태하천 조성
- 등원 그린나티 단지 도로 문제 해결

사통팔달 도로망 정비로 거듭나는 광탄

공원로 광탄 조건으로 동이 교통망의 세종시 동선 단정로하고, 아당시 4호 문화시설을 유치하고 관공서문화 확충하겠습니다.

- 56번도 가형 도로의 정체구간을 거의 해소하겠습니다.
- 광탄고등학교 유치
- 중규모 공공도서관 건립 추진

지역 주요현안

- 운동식도시의 문화, 행정, 체육, 도서관, 복지 상업지구 개발 등 편의시설 조속한 완공 독려
- 특수목적고등학교 유치
- 아당2동, 4동, 상지석동의 불규칙 발전으로 인한 주민 불편 해소도시계획 유치
- 마을버스 증차 유치
- 지구계획은 추가 확보
- 가중·교과평생교육문화촉터 관련 향상가 유치
- 드라마타운 에너지과 관광단지화
- 임진강 관광자원화
- 전통시장 활성화
- 국산사정 보호구역 완화 추진
- 통일경제특구 파주 우선 설치
- 미군반환공여지 개발신청 「개발시」 조기 추진
- 파주시 수도권 정책규제 완화 문제
- 동두리 역 유동구조 개선(사거리) 파주의 진입
- 노파역자치
- 가구/섬유/전기/전자 도자업과 전통 생활 향상
- 신성시 재개발 정비합 지원 사업/시공단기간 마을 조성 등 주민 경제와 유·인 구성화를 위한 다양한 지원산업

04 도서관과 함께 꿈이 크는 파주, 지역사회의 구심 도서관, 실현하겠습니다

도서관은 우리 아이들의 미래입니다

빌 게이츠가 이런 말을 했다고 합니다.
"나를 이렇게 창의적인 사람으로 만들고 성공할 수 있게 한 것은 하버드대학도, 하버드대학교의 교수님도, 대학도서관도 아니고 더 예전 일했던 동네 작은 도서관고 다서관 마을의 작은 도서관이 오늘의 나를 만들었다"
엄마 손잡고 작은 도서관에 나는 파주 어린이들이 책을 읽고, 놀이도 하고, 음악같은 예술작품도 보고, 친구들과 이야기하며 자랍니다. 아이들은 꿈꾸며 자랍니다. 약으로의 길을 갖게 될 것입니다.

윤후덕은 지나해 고려도시대에 '평생학습 리더과정'에 입학하기도 하고 졸업하여 현재 박사과정 모임 '책읽는 파주'를 발전시키고 하고 있는 도서의 광팬입니다.

'아파트단지 내 작은도서관' 지원 확대, 활성화하겠습니다

300세대 이상 아파트단지에는 '작은도서관' 설치를 의무화한다는 것은, 10명 이상 책 만큼 이런 설비를 쉽게 이용하루어야 합니다. 단지 주민끼리 자원봉사나로 운영하지만...

'아파트단지에 반드시게도 될 더 다시 줄게 어렵게 정책생깁니다. 지나 잘 운영하는 단지와 그 지원만이 많지 않습니다. 청과 중앙도서관을 연계하여 지원시스템을 강화할 것입니다. 운도서관 주민들이 공공재 봉사도 할 수 있도록 돌보겠습니다. 큰 빛만지 앞의 작은도서관은 늘 원활하게 운영되고 있다니다. 작은 도서관은 단지 내의 장이러서비스망을 약하구는 있습니다.

민주통합당 시장과 함께 해내겠습니다.

해솔도서관 같은 중간규모의 공공도서관을 더 많아야 합니다

해솔도립은의 명예 있는 해솔도서관에 들어가면 내치 꿈이 도서관-문화도서관 같은 느껴움 받아요. 어린 공에서 어린이방 책을 보며 원롱이 아래터에 반드시 재능있는 아이를 성장합니다. 광탄, 문산에 중규모 공공 도서관을 자고 지역의 문화 문화의 공간으로 발전할 수 있도록 하겠습니다.

'책읽는 파주' 독서운동을 더 발전시키겠습니다

"책읽는 파주" 독서운동에 더 참여하고 더 지원하겠습니다. 도서관 확충, 생애주기별 독서프로그램 북스타트, 동네한에 토론 빛, 북바시 등등 어린아 노인까지 아이드지까지 책읽는 문화를 만들어 나가는 데 필요한 지원을 확대하겠습니다. 딴 기꺼이 윤 도서관에서 파주도시의 있는 모든 책이 다음이 가능하게 생도서관이 민들었습니다. 크지 작은 도서관이 제일 관 교육도서관에 있는 책을 직접 이용할 수 있는 산디는 일이지요.

2018. 6. 13(수) 실시 제7회 전국동시지방선거 주요사무일정

시행일정	요일	실시사항	기준일	관계법조
1. 15까지	월	인구수 등의 통보	인구의 기준일(예비후보자 등록 신청 개시일이 속하는 달의 전전달 말일) 후 15일까지	법§4, 60의2① 규§2①②, §118①
2. 3까지	토	선거비용제한액 공고·통지 예비후보자홍보물 발송수량 공고	예비후보자등록개시일전 10일까지	규§51①② 규§26의2③
2. 13부터	화	예비후보자등록 신청 [시·도지사 및 교육감선거]	선거일 전 120일부터	법§60의2①
3. 2부터	금	예비후보자등록 신청 [시·도의원, 구·시의원 및 장의 선거]	선거기간개시일 전 90일부터	법§60의2①
3. 15까지	목	각급선관위 위원, 향토예비군 중대장이상의 간부, 주민자치위원, 통·리·반의 장이 선거 사무관계자 등이 되고자 하는 때 그 직의 사직	선거일전 90일까지	법§60②
		입후보제한을 받는 자의 사직	선거일전 90일까지 [비례대표지방의원 선거에 입후보하는 경우 선거일전 30일 : 5.14(월)]	법§53①②
3. 15~6. 13까지	목 수	의정활동 보고 금지	선거일전 90일부터 선거일까지	법§111
4. 1부터	일	예비후보자등록 신청 [군의원 및 장의 선거]	선거기간개시일 전 60일부터	법§60의2①
4. 14~6. 13까지	토 수	지방자치단체장의 선거에 영향을 미치는 행위 금지	선거일전 60일부터 선거일까지	법§86②
5. 22~5. 26까지	화 토	선거인명부 작성	선거일전 22일부터 5일이내	법§37, 규§10
		거소투표자신고 및 거소투표자신고인명부 작성		법§38, 규§11
		군인 등 선거공보 발송신청		법§65⑤
5. 24~5. 25까지	목 금	후보자등록 신청 (매일 오전9시~오후6시)	선거일전 20일부터 2일간	법§49 규§20
5. 30까지	수	선거벽보 제출	후보자등록마감일 후 5일까지	법§64② 규§29④
5. 31	목	선거기간개시일	후보자등록마감일 후 6일	법§33③
5. 31~6. 12까지	목 화	선거방송토론위원회 주관 대담토론회 개최	선거운동기간중	법§82조의2
6. 1까지	금	선거공보 제출	후보자등록마감일 후 7일까지	법§65⑥ 규§30⑤
		선거벽보 첩부	제출마감일 후 2일까지	법§64② 규칙§29②⑤
6. 1에	금	선거인명부 확정	선거일전 12일에	법§44①
6. 3까지	일	투표소의 명칭과 소재지 공고	선거일전 10일까지	법§147⑧
		거소투표용지 발송 (선거공보, 안내문 동봉)	선거일전 10일까지	법§65⑥, 154①⑤, 규§77
		투표안내문(선거공보 동봉) 발송	선거인명부확정일 후 2일까지	법§65⑥, 153①, 규§76
6. 8~6. 9까지	금 토	사전투표소 투표 (매일 오전6시~오후6시)	선거일전 5일부터 2일간	법§155②, §158
6. 13	수	투표 (오전6시~오후6시)	선거일	법 제10장
		개표 (투표종료후 즉시)		법 제11장
6. 25까지	월	선거비용 보전청구	선거일후 10일까지(기간의 말일이 토요일 또는 공휴일인 때에는 그 익일)	법§122의2①, 민법§161 규§51의2①
8. 12이내	일	선거비용 보전	선거일후 60일이내	법§122의2①, 규§51의3②

256　당선 노하우